음악활동과 동작표현을 위한

2판 영유아 음악교육

강보라

창지사

머리말

교육현장에서 영유아들과 음악적으로 의사소통하고 다양한 창의적 표상활동을 직접 지도해 본 경험은 영유아 음악교육에 대한 새로운 생각과 확신을 갖는 계기가 되었습니다. 또한, 대학에서 영유아 음악 관련 교과목을 강의하고 연구하면서 영유아 음악교육 여건을 향상시키는 데 작은 보탬이 되기를 바라면서 이 책을 집필하였습니다. 음악교육은 활동 그 자체만으로 창의적이라는 일반적인 인식 때문에 정형화된 표현과 활동이 반복되어 이루어지기 쉽습니다. 즉, 음악교육을 통하여 영유아의 음악성과 창의성을 자극하고 발전시키기보다는 일상적으로 반복활동을 자주 하는 것이 현실이기도 합니다. 영유아기 음악 경험은 평생에 걸쳐 한 개인의 삶의 질에 영향을 미치므로, 교육현장에서 영유아 음악교육에 대한 올바른 이해가 한층 더 요구됩니다. 따라서 이 책은 영유아 음악교육의 기초 지식을 이해하고 음악을 즐기고 표현할 수 있는 다양한 교수-학습방법뿐 아니라 교육현장에 실제로 적용해 볼 수 있는 창의적 음악활동 방안을 제시하고자 합니다. 이를 통해 영유아 음악교육에 대한 안목을 갖고, 영유아의 창의적인 표현과 전인적 발달에 도움이 되길 바랍니다.

이 책은 총 12장으로 구성되었습니다. 제1장에서는 영유아 음악교육에 대한 이해를 돕기 위하여 영유아 음악교육의 개념 및 목적, 영유아 음악교육의 의의를 살펴보았습니다. 제2장에서는 세계적으로 주목받는 음악교수법을 서술하였으며, 제3장에서는 음악성 발달을 연령별로 구분하여 제시하였습니다. 영유아 음악교육 내용을 다룬 제4장에서는 표준보육과정과 누리과정의 예술경험영역 및 음악적 요소로 나누어 설명하였습니다. 제5장에서는 영유아 음악교육의 교수학습방법으로 영유아 음악교육을 위한 교수-학습원리, 통합적 접근, 교사의 역할을 중심으로 살펴보았습니다. 제6장 환경구성에서는 음률영역의 환경구성 및 음악 자료, 가정과 지역사회 음악교육 환경을 소개하였습니다. 제7장에서는 음악활동의 구체적 지도계획과 평가 방법에 대해 설명하였습니다. 제8장부터 제12장까지는 듣기, 음악 감상하기, 노래 부르기, 악기 다루기, 동작으로 표현하기, 음악 창작하기를 차례로 소개하면서 교육내용, 교수방법, 평가, 실제 활동들을 제시하였습니다. 특히, 제시된 각각의 음악활동은 영유아를 대상으로 그들의 흥미와 발달 수준에 적합하면서 창의적 음악능력을 촉진시킬 수 있는 활동 위주로 선정하였습니다. 또한, 음악활동을 대상 연령에 맞게 구분하였으나 교육현장에서는 영유아의 실제적 발달 수준, 요구에 따라 적용하도록 참고사항도 함께 제시하였습니다. 그뿐만 아니라 교사가 영유아의 창의적 음악표현능력을 촉진시키는 데 도움이 되도록 다양한 개방적 질문과 반응의 예를 구체적으로 소개하였습니다.

이 책이 대학에서 영유아 음악교육을 비롯한 관련 과목 등의 교재로 활용되고 유아교육학, 아동학, 보육학 및 관련 학과 학생, 유치원과 어린이집에서 영유아 음악교육을 지도하는 교사, 그 밖에 영유아 음악교육에 관심 있는 분들에게 도움이 되길 기대합니다.

이 책이 출판될 수 있도록 많은 분이 베풀어 주신 도움과 격려에 감사드립니다. 교육자로서 성장할 수 있도록 이끌어 주신 이숙재 교수님과 김희연 교수님께 진심으로 감사드립니다. 또한, 영유아 음악교육 연구에 큰 힘이 되어 주신 전홍주 교수님, 성신여자대학교 유아교육과 교수님들, 이방실 교수님, 학부 학생들과 대학원 석·박사생들에게도 고마운 마음을 전합니다. 그 밖에 자료 수집을 도와주고 생생한 영유아 음악교육 현장 자료를 보내 주고 활동 검토 작업을 도와준 선생님들과 제자들에게 고마운 마음을 전합니다. 끝으로 출판을 맡아주신 창지사 김기섭 사장님과 그리고 책을 만들기까지 정성과 수고를 아끼지 않으신 편집부 직원 여러분께 진심으로 감사를 드립니다.

2022년 9월

강보라

차례

■ 머리말 / 3

Chapter 01 영유아 음악교육의 이해 9

1. 영유아와 음악 / 9
2. 영유아와 음악교육 / 11

Chapter 02 세계 음악교육가와 음악교수법 17

1. 코다이 음악교육 / 17
2. 달크로즈 음악교육 / 20
3. 오르프 음악교육 / 22
4. 고든 음악교육 / 25
5. 스즈키 음악교육 / 27

Chapter 03 영유아의 음악적 발달 29

1. 영유아의 음악성 발달 / 29
2. 연령별 음악적 능력 발달 / 31
3. 영유아의 음악성 발달요인 / 36

Chapter 04 영유아 음악교육 목표 및 내용 38

1. 제4차 표준보육과정 예술경험영역에서의 음악교육 / 38
2. 2019 개정 누리과정 예술경험영역에서의 음악교육 / 44
3. 음악적 요소 및 내용 / 47

Chapter 05 영유아 음악교육의 교수–학습방법 55

1. 영유아 음악교육 교수 · 학습의 원리 / 55
2. 영유아 음악교육의 통합적 접근 / 58
3. 영유아 음악교육을 위한 교사의 역할 / 61

Chapter 06 영유아 음악교육의 환경구성 64

1. 교육 · 보육기관의 음악교육 환경 / 64
2. 가정의 음악교육 환경 / 71
3. 지역사회의 음악교육 환경 / 73

Chapter 07 영유아 음악교육의 계획 및 평가 75

1. 영유아 음악활동 지도계획 / 75
2. 영유아 음악교육 평가 / 82

Chapter 08 듣기 및 음악 감상하기 94

1. 영유아와 음악 감상하기 / 94
2. 듣기, 음악 감상하기 내용 / 95
3. 듣기, 음악 감상하기 교수방법 / 98
4. 듣기, 음악 감상하기 평가 / 111
5. 듣기 및 음악 감상하기 활동의 실제 / 112

Chapter 09 노래 부르기 132

1. 영유아와 노래 부르기 / 132
2. 노래 부르기 내용 / 133
3. 노래 부르기 교수방법 / 136
4. 노래 부르기 평가 / 147
5. 노래 부르기 활동의 실제 / 149

Chapter 10 악기 다루기 171

1. 영유아와 악기 다루기 / 171
2. 악기 다루기 내용 / 173
3. 악기 다루기 교수방법 / 181
4. 악기 다루기 평가 / 187
5. 악기 다루기 활동의 실제 / 189

Chapter 11 동작으로 표현하기 212

1. 영유아와 동작으로 표현하기 / 212
2. 동작으로 표현하기 내용 / 215
3. 동작으로 표현하기 교수방법 / 220
4. 동작으로 표현하기 평가 / 231
5. 동작으로 표현하기 활동의 실제 / 233

Chapter 12 음악 창작하기 253

1. 영유아와 음악 창작하기 / 253
2. 음악 창작하기 내용 / 254
3. 음악 창작하기 교수방법 / 254
4. 음악 창작하기 평가 / 262
5. 음악 창작하기 활동의 실제 / 264

- 부록 / 287
- 참고문헌 / 315
- 저자소개 / 318

CHAPTER 01

영유아 음악교육의 이해

영유아를 위한 음악교육은 자연과 생활 속에서 놀이를 하며 다양한 소리에 귀 기울이게 함으로써, 음악을 통한 전인적 발달에 관심을 두고 있다. 영유아기 음악적 경험은 음악적 잠재력과 창의성 계발뿐 아니라 예술에 대한 가치관을 확립시킬 수 있다. 따라서 음악교육의 질을 높이고 영유아의 음악적 발달을 도모할 수 있도록 다양한 기회를 제공해야 한다. 본 장에서는 영유아 음악교육의 개념, 음악교육의 필요성, 발달적 가치에 대해 살펴보고자 한다.

1. 영유아와 음악

음악은 모든 문화에서 영유아의 다양한 발달을 촉진하는 매개체로 중요한 역할을 담당한다. 영유아의 성장에 음악이 갖는 다면적 기능에 대해 Merriam(1964)은 다음과 같이 기술하고 있다(Campbell & Scott - Kassner, 2014, 재인용).

- 정서표현의 기능을 한다: 음악은 말이나 글로 표현하기 어려운 감정이나 생각을 전달하는 도구의 역할을 하며, 느낌을 쉽게 표현할 수 있다. 예를 들어, 영유아는 노래 부르거나 춤을 추면서 슬픔과 즐거움을 표현할 수 있다.

- 미적 즐거움(심미감)을 느끼게 한다: 영유아는 단어로 표현되는 문장보다 비언어적 표현으로 음악을 통하여 아름다운 예술적 경험을 좀 더 쉽게 할 수 있으며, 깊은 정서적 · 지적 즐거움을 느낄 수 있다.
- 오락적인(entertainment) 즐거움을 느끼게 한다: 음악은 기분 전환과 오락적인 즐거움을 제공한다. 예를 들어, 비디오, 영화, 텔레비전, 음악 테이프 등 다양한 매체를 통하여 쉽게 음악을 들을 수 있으며, 즐거움을 느끼거나 여가를 즐길 수 있다.
- 의사전달(communication)의 기능을 한다: 음악은 특정 문화 안에서 이해하고 공유되는 정서와 감정을 전달한다. 어떤 문화, 지역사회, 가족에 속해 있는 사람은 자신의 생각과 감정을 독특한 양식의 음악으로 표현한다. 그 문화에 속한 영유아는 이러한 의미 있는 전달 방식을 수용하고 서로의 정서를 교환할 수 있게 된다.
- 상징적 표상(symbolic representation)을 할 수 있게 한다: 음악은 상징적 표현으로 다양한 음악 소리와 노랫말은 문화적 의미가 있으며, 그 노래의 맥락 내에 존재하는 상징을 표상하여 상황을 이해할 수 있다. 영유아는 가족이나 지역사회의 음악문화를 통하여 노랫말이나 어떤 특별한 분위기를 다른 사람보다 좀 더 의미 있게 연결하고 이해할 수 있다. 예를 들어, 〈생일축하노래〉와 같은 멜로디가 들릴 때 누군가의 생일을 기념한다는 메시지를 전달받을 수 있다.
- 신체적 반응(physical response)을 유발한다: 음악은 춤과 여러 다른 신체동작을 할 때 사용되며, 신체 움직임은 음악에 따라 상당한 영향을 받는다. 영유아는 소리에 따라 몸을 움직이거나 춤을 추거나 호핑(hopping), 스키핑(skipping), 흔들기를 하며, 부드러운 음악을 들으면 이완되어 잠이 들기도 한다.
- 사회적 규범을 강화한다: 음악은 예의범절이나 규칙을 가르칠 때 사용되고, 사람들의 행동에 영향을 미친다. 특히, 어린 연령의 경우 사회에서 필요로 하는 규칙을 리듬이 있는 찬트나 노래(예: 손 씻기, 감사 인사 노래 등)를 통해 지도한다.
- 사회 제도와 종교의식을 공유하게 한다: 음악은 궁중의례, 종교의식, 국가적 행사 등에 사용된다. 예를 들면, 시민으로서 국가가 연주될 때 일어서거나 종교적으로 찬송가 등을 부른다. 영유아는 빈번하게 자신의 팀 구성원을 선택할 때 의식처럼 노래나 찬트를 부른다(예: "○○놀이할 사람 여기 붙어라.", "어느 것을

고를까요? 알아맞혀 보세요.").

- 사회와 문화의 연속성에 기여한다: 음악은 문화적 가치를 나타낸다. 역사나 문화, 사회적 윤리를 다음 세대에 계승 및 유지할 수 있도록 기여하고 그때의 정서와 분위기를 간접적으로 경험할 수 있다.
- 사회 통합에 이바지한다: 음악은 사람들을 화합시키며, 집단적 연대 인식을 함께 느끼고 공유하기 위해 음악을 사용한다. 영유아는 음악을 통해 사회화되고 자신이 어느 집단에 속해 있는지 인식한다. 예를 들면, 노래게임은 집단 구성원을 인식하게 하고 학교의 교가, 응원가 등은 공동 연대 의식을 제공한다.

이상에서 살펴본 음악의 다양한 기능은 영유아에게 중요한 의미가 있다. 영유아는 음악적 경험을 통하여 자신의 감정과 생각을 표현하는 방법을 배우고 정서적 안정과 풍부한 심미적 감각을 소유하게 된다. 또한, 말이나 글로 표현하는 것이 어렵기 때문에 비언어적 표현으로 심미적 즐거움을 음악을 통해 표현할 수 있다. 이처럼 영유아가 음악의 아름다움을 경험하고 음악을 삶 속에서 즐길 수 있도록 하기 위해서 체계적인 음악교육이 필요하다.

2. 영유아와 음악교육

1) 영유아 음악교육의 개념

영유아 음악교육은 모든 영유아를 위한 음악교육을 의미한다. 즉, 영유아 음악교육은 음악 자체로 영유아에게 만족감과 즐거움을 주고, 다양한 음악활동에 참여할 수 있는 기회를 제공한다. 영유아에게 의미 있는 음악교육은 다양한 음악활동을 통해 자신의 생각과 느낌을 마음껏 표현하는 통로가 되어야 한다. 이를 위해 영유아는 음악적 행위에 참여하여, 폭넓고 다양한 경험을 축적함으로써 음악적 개념을 학습할 수 있다. 즉, 영유아의 음악적 발달을 위해 음악 감상하기, 노래 부르기, 악기 다루기, 동작으로 표현하기, 음악 창작하기 등의 활동에서 멜로디, 리듬, 음색, 빠르기, 셈여림 등과 같은 음악적 요소에 대한 학습이 이루어질 때 음악교육으로서의 교육적 의의와 가치를 가질 수 있다.

2) 영유아 음악교육의 필요성

음악은 영유아에게 하나의 언어이자 자신을 표현하는 즐거운 수단으로써의 의미를 지닌다. 즉, 표현 매체인 음악을 통해 영유아는 자신의 생각과 느낌 그리고 감정과 정서를 더욱 잘 표현할 수 있다. 영유아는 자신만의 방식으로 음악을 즐긴다. 영유아는 노래를 흥얼거리고 악기를 연주하는 동안 익숙한 노래를 부르거나 새로운 음악을 만들기도 한다. 또한, 음악이 들리는 순간 몸을 움직이는 등 영유아가 음악과 교감하는 행동은 아주 자연스러운 생활의 일부처럼 보인다. 영유아기는 삶 가운데 가장 창의적이고 즐거운 음악가가 되는 시기이며, 음악적 발달이 집중적으로 이루어진다.

Gardner(1995)에 의하면 개개인이 가지고 태어난 모든 지능 가운데 음악지능이 가장 먼저 발현되고 발달된다. 이러한 특성은 영유아기 음악교육의 필요성을 암시한다. 음악지능은 음높이, 음색, 리듬 등 음악적 구성 요소를 이해하고 연주하거나 작곡하는 기술들이 포함된다. 이처럼 영유아는 음악에 대해 타고난 인식과 감각을 지니고 있다. 특히, 영유아기는 어느 다른 시기보다 더 즉흥적으로 음악을 탐구하고 자신만의 감정을 음악과 동작을 통해 표현한다(Edwards, 2013; Keil & Campbell, 2012). 이러한 능력을 지속적으로 발달시키기 위해서는 풍부한 음악 환경과 질 높은 음악교육이 필요하다. 즉, 영유아가 음악을 탐색하고 실험하는 방법으로 노래하고, 간단한 곡을 연주하고, 적극적으로 감상하고, 음악에 맞추어 몸을 움직이는 등 음악의 아름다움을 충분히 느끼고 자유롭게 표현할 수 있는 음악적 경험이 제공되어야 한다. 이러한 경험은 매일 영유아의 일상생활, 놀이, 활동 속에서 통합되어야 한다. 영유아를 위한 음악교육은 단순한 음악적 지식의 습득보다는 생활 속에서 음악을 즐기고 활용할 수 있도록 이끌어 주는 것이 중요하다. 또한, 영유아기 발달 특성을 반영한 통합적 접근으로 음악적 상상력을 일으키는 교육을 실시하는 것이 바람직하다. 발달에 적합한 초기 음악 경험은 음악 감각과 아름다운 음악에 대한 이해를 확장시키고, 음악적인 영유아로 성장할 수 있는 토대가 될 수 있다(Lindeman, 2015).

영유아 음악교육은 미래를 위해 심는 씨앗이다. 음악교육은 영유아의 삶에서 씨앗이 되어 뿌리내리고 성장하면서 아름다움, 기쁨, 즐거움 등을 경험하게 하여 미래를 윤택하고 풍요롭게 만들 수 있다.

3) 영유아 음악교육의 목적

영유아 음악교육의 목적은 영유아가 즐겁고 의미 있는 다양한 음악활동을 통하여 음악적 개념과 음악적 행동, 음악적 태도를 형성하고, 궁극적으로 음악에 대한 소양과 능력을 증진하는 것이다. 영유아를 대상으로 하는 음악교육은 음악 전문가나 전문적인 연주가를 양성하는 것이 아니라 영유아가 자신의 느낌과 생각을 창의적으로 표현하게 하고, 음악활동에 스스로 참여할 수 있게 함으로써 음악적 감수성 개발과 풍부한 심미적 경험을 할 수 있도록 하는 것이다. 특히, 영유아기 음악교육은 발달단계의 특성에 맞추어 음악의 본질을 체험하고 음악적 능력과 음악적 심성을 계발하는 것이다. 이를 통해 영유아의 음악적 능력 발달뿐만 아니라 언어, 인지, 정서, 신체, 사회성, 창의성 발달 등의 모든 영역에서 전인적 발달을 촉진할 수 있다. 음악과 발달적 측면을 구체적으로 살펴보면 다음과 같다.

(1) 음악과 언어발달

음악은 이전부터 언어교육을 위한 매개체로 선호된다. 동요는 음악과 언어로 표현되며, 그 소재가 놀이, 가족, 친구, 음식, 식물, 동물 등 매우 다양하다. 노랫말은 의성어, 의태어, 이야기 등을 포함하고 있어, 노래를 부르면서 새로운 어휘를 습득하고 어휘의 표현과 개념을 자연스럽게 학습할 수 있다(Gfeller & Darrow, 1987). 예를 들어, 〈빙빙 돌아라〉는 방향, 〈달팽이 집〉은 크기, 〈리듬악기노래〉는 강도, 〈작은 동물원〉은 의성어, 〈수박파티〉는 의태어 등을 배울 수 있다. 또한, 음악을 감상한 후 자신의 생각과 느낌을 이야기 나누며, 언어적 교류를 유도할 수도 있다. 영유아는 새로운 노랫말을 지어 보면서 읽기와 쓰기에 관심을 두게 되고, 음악활동 과정 중에 손의 조작능력, 눈과 손의 협응력이 발달하여 읽고 쓰는 문해능력의 기초를 다질 수 있다. Linde(1999)에 의하면, 언어를 배우는 과정과 음악을 배우는 과정에는 많은 공통점이 있다. 언어를 배울 때 먼저 듣고, 말하고, 읽고, 쓰는 것처럼, 음악도 마찬가지로 듣고, 노래하고, 악보를 읽고, 곡을 쓰게 된다. 이처럼 음악과 언어는 밀접한 관련이 있으며, 언어능력이 발달함에 따라 음악적 능력도 함께 성장하기 때문에 말을 배우듯 노래도 함께 배워야 할 것이다.

(2) 음악과 인지발달

영유아는 직접적이고 구체적인 경험을 통해 새로운 정보를 기존의 지식과 비교하고 세분화하면서 개념 체계를 확장시켜 학습한다(이숙재 외, 2016). 이러한 관점에서 볼 때 다양한 경험을 할 수 있는 음악활동은 영유아의 인지발달과 밀접한 연관이 있다(Spodek & Saracho, 1994). 영유아는 소리를 탐색하고 만드는 경험을 통해 사물을 직접 관찰하고 이해하는 능력이 증진된다. 또한, 음악활동을 하면서 음의 특성을 이해하고 음악의 개념을 형성하는 과정은 음의 같고 다름을 구별할 수 있는 변별력(discrimination), 정확한 음을 찾아내는 인식력(identification), 음의 개념에 따라 음을 분류할 수 있는 분류능력(categorization), 음을 차례로 나열할 수 있는 서열능력(ordering), 음을 기억하고 재생할 수 있는 기억과 재생능력(memory and recalling)과 같은 인지적 능력을 향상시켜 준다. 또한, 노래를 부르면서 박자와 리듬, 음의 높낮이, 셈여림, 빠르기 등을 신체로 어떻게 표현할까? 라는 사고과정에서 자신이 알고 있는 지식을 재구성하여 창조하면서 자신의 지식을 축적한다. 박자나 리듬에 맞춰 손뼉치기와 무릎 치기를 하는 것은 패턴에 대한 이해력과 규칙성을 익힐 수 있다.

(3) 음악과 정서발달

음악은 영유아에게 감정을 전하며, 느낌을 포착하고 이해하는 수단이자 매개체가 된다. 영유아는 악기 두드리기, 리듬에 따라 몸 움직이기 또는 노래를 흥얼거림으로써 자신의 기쁨, 흥미, 슬픔 등의 모든 감정을 쉽게 표현할 수 있다. 즉, 음악활동을 통해 불안, 질투, 스트레스 같은 부정적인 감정을 정화함으로써 정서를 긍정적으로 조절하고 표현하는 방법을 학습한다. 따라서 영유아의 마음속에 내재되어 있는 긴장과 갈등을 해소하고 정서적 안정과 균형을 이루게 된다. 이처럼 음악은 영유아가 다양한 감정을 표현하고 더 나아가 타인의 정서를 이해하는 데에 필요한 기술을 촉진시키는데 중요한 역할을 한다. 또한, 다양한 주제의 노래를 부르고, 다양한 종류의 악기를 연주하고, 다양한 장르의 음악을 감상함으로써 풍부한 감성과 심미감을 길러 준다.

(4) 음악과 신체발달

음악은 신체 움직임을 동반한다. 즉, 음악활동은 운동적 기능을 유도하는 다양한 악기 연주나 동작 그리고 춤을 포함한다. 영유아가 다양한 악기를 연주하고 다양한 음악에 맞춰 손뼉을 치고, 음악에 맞춰 신체표현을 하는 등의 활동을 통하여 대소근육은 물론 눈과 손의 협응력도 발달한다. 예를 들어, 채를 잡고 타악기를 연주할 때 손가락과 손바닥의 힘을 이용해야 하는 반면, 건반악기의 경우 손바닥의 움직임으로부터 독립된 손가락의 힘을 중심으로 써야 한다. 이는 소근육 발달에 효과적인 활동이며, 이러한 작업은 물건을 조작하는 기술에도 도움을 준다(정현주, 2015). 노래 부르기는 호흡에서부터 소리 생성에 필요한 모든 운동신경을 자극하고 촉진시킨다. 영유아가 노래를 부를 때 노랫말에 맞는 동작과 다양한 신체활동을 구성함으로써 더욱 흥미를 느끼며 오래 기억할 수 있다. 특히, 음악의 리듬적 요소는 동작의 속도를 조절하거나 속도를 유지하는 역할을 하고 균형, 평형성, 순발력, 민첩성, 유연성, 방향성 등의 다양한 운동신경을 강화시켜 준다(박숙희, 2006; Thaut, 1999).

(5) 음악과 사회성 발달

영유아는 음악활동 속에서 자신의 경험과 생각을 다양하게 표현하며, 음악을 타인과의 의미 있는 의사소통의 수단으로 인식하게 된다. 음악을 통한 영유아의 사회적 발달은 음악활동 과정 중에 이루어진다(Custodero, 2003). 예를 들어, 어느 문화권에서나 아이를 돌보는 행위로 불러 주는 자장가는 영아를 진정시켜 주고 위안을 준다. 또한, 자장가는 수면을 유도하는 데 효과적이며, 양육자와의 상호작용 속에서 애착을 발달시킨다(Honig, 1995; Sluss, 2005). 영유아를 위한 음악활동은 대부분 대소집단으로 이루어지며, 또래와 집단으로 다양한 형식의 노래를 부르고, 악기 연주를 하면서 다른 사람의 생각, 감정, 관점을 이해하고 존중하게 된다. 또한, 서로의 의견을 교환하고 협동적으로 음악활동을 하면서 타인과의 교류, 타인인식능력을 향상시키며, 공동체 의식도 기를 수 있다. 〈둥글게 둥글게〉 노래에 맞추어 손을 잡고 원을 그리며 돌다가 제시하는 숫자에 맞추어 짝을 짓는 놀이는 소속감을 느끼게 한다. 또한, 다양한 악기를 친구와 나누어 연주하고 차례를 지키며 정리 정돈을 하면서 사회성의 기초 능력이 발달한다. 음악극과 같은 이야기 전개가 있는 활동에서는 맡은 역할을 통하여 함께 만들어 가는 과정을 경험으로써 성취감을 얻을 수도 있다.

(6) 음악과 창의성 발달

음악교육의 가장 중요한 가치는 창의성 계발이다. 특히, 영유아기는 예술적인 창의성이 가장 풍부한 시기이다(Gardner, 2006). 창의성은 고정된 방식으로 틀에 박힌 사고에서 벗어나 새롭고, 독창적이고, 유용한 것을 만들어 내는 능력을 의미한다. 이러한 창의성의 본질은 독창적이며 창의적인 아이디어의 발현을 중시하는 음악교육의 특성과 일맥상통한다. 음악적 표현은 한 가지 정답만 있는 것이 아니라 영유아의 느낌, 생각, 경험을 바탕으로 실험하며 독창적으로 표현할 수 있다. 영유아는 소리 탐색하기, 음악에 대한 느낌을 동작으로 표현하기, 즉흥연주하기 등을 통해 상상력과 탐구심이 신장되고 창조적 희열을 느끼면서 창의적 사고력이 발달하기 시작한다. 또한, 음악 창작하기, 재활용품 악기 만들기 등의 과정 중에 문제 상황에 직면하면 확산적으로 사고하고 문제를 해결해 가는 능력을 키울 수 있다. 이처럼 영유아는 음악활동을 통해 다감각적인 탐색과 실험, 창작을 하면서 새롭고 융통성 있게 생각하고 표현하는 창의성이 발달한다.

이처럼 음악은 발달영역의 세부적인 기능과 연관되어 있다. 생애 초기 기본학습능력이 집중되는 시기인 영유아기의 음악교육은 영유아의 전인적 성장발달에 아주 중요한 자양분이다.

CHAPTER 02

세계 음악교육가와 음악교수법

현대의 음악교육가들은 영유아기의 음악교육이 중요하다는 것을 강조하면서 다양한 음악학습 경험이야말로 음악적 성장을 위한 필수조건이라고 한다. 본 장에서는 코다이(Zoltan Kodály, 1882~1967), 오르프(Carl Orff, 1895~1982), 달크로즈(Emile Jaques Dalcroze, 1865~1950), 고든(Edwin Gordon, 1927~2015), 그리고 스즈키(Shinichi Suzuki, 1898~1998)를 중심으로 교육철학과 주요내용을 살펴보고자 한다.

1. 코다이 음악교육

"아이들의 음악에 대해 관심을 갖는 것은 단순히 교육의 문제가 아니라 한 나라를 건설하는 것이다."

- Zoltan Kodály-

코다이(Zoltan Kodály, 1882~1967)는 헝가리의 작곡가이자 음악교육자로서, 헝가리 음악교육의 질적 향상을 위해 보다 훌륭한 교사와 교재 사용으로 효과적인 음악교수법을 개발하였다. 특히, 영유아가 모국어를 배우는 원리와 과정을 접목시켜 음악적인 모국어, 즉 민요를 초기 음악교육 자료로 삼았다. 코다이 음악교육의 목표는 국민 전체가 음악적으로 읽고 쓸 수 있는 기술을 획득하는 것으로, 영유아기부터 교육을 시작해야 한다고 주장하였다. 코다이 음악교수법은 리듬 훈련, 귀 훈련, 음악 듣기 훈련으로 구분된다. 지도 곡 대부분은 영유아가 즐겨 부르는 민요조의 놀이 노래이다. 특히, 코다이는 영유아가 자신이 부르는 노래로부터 영감을 얻어 청감각을 기를 수 있다고 생각하여 노래 부르기를 강조하였다. 노래 부르기는 누구에게나 주어진 목소리를 언제나 자유롭게 사용할 수 있어서 음악학습의 기본이 된다고 보고, 독창보다는 합창이 더 효과적이라고 하였다.

1) 교육철학

코다이의 음악교육철학을 살펴보면 다음과 같다.

- 음악은 모든 사람의 것이다.
- 모든 사람은 글처럼 음악도 읽고 쓸 수 있어야 한다.
- 음악학습은 조기에 시작되어야 한다.
- 음악교육은 선천적 악기인 목소리로 시작해야 한다.
- 음악교육은 음악적 모국어인 민요와 예술가곡으로 시작해야 한다.
- 음악은 예술적 가치가 있는 것으로 경험해야 한다.
- 음악은 교육과정의 핵심이어야 하며, 교육의 기초가 되어야 한다.
- 음악은 매일의 일과 속에서 지속적으로 가르쳐야 한다.
- 음악은 즐겁게 가르쳐야 한다.
- 음악은 다 함께 노래 부르기를 통해 배운다.
- 음악교육은 바르게 교육받은 훌륭한 교사가 가르쳐야 한다.

2) 주요내용

(1) 리듬지도

리듬지도는 영유아가 실제로 박자와 리듬을 느낄 수 있도록 각 음표에 리듬기호를 표시하여 리듬읽기(rhythm syllables)를 한다. 또한, 리듬을 보다 쉽게 읽고 쓸 수 있도록 2분음표와 온음표를 제외하고는 음표 머리 없이 기둥만을 표시하는 리듬기보를 사용한다. 코다이 리듬읽기와 리듬기보는 다음과 같다.

〈표 2-1〉 코다이 리듬읽기 및 리듬기보

리듬읽기		리듬 기보
	타(ta)	
	티–티(ti–ti)	
	(쉼)(rest)	
	티카티카(tikatika)	
	투우(too)	
	티–티카(ti–tika)	
	티카–티(tika–ti)	
	탐–티(tam–ti)	
	싱–코–파(syncopa)	
	팀–카(tim–ka)	

(2) 이동도법에 의한 계이름으로 노래 부르기

이동도법은 움직이는 도(Do)를 사용하여 음악의 기초를 가르친다. 움직이는 '도'란 조성에 따라 으뜸음 '도'의 위치를 바꿔서 계명을 읽는 것을 의미한다. 즉, 조가 바뀌어도 각 계명 사이의 음정이 일정하기 때문에 정확한 음정으로 노래할 수 있다. 코다이는 초기 C(다장조), G(사장조), F(바장조)의 조성을 중심으로 이동도법에 의한 독보력을 기른다.

(3) 손 기호(hand sign)

손 기호는 손의 위치와 모양을 이용하여 음정을 시각적으로 제시한 것이다. 즉, 음의 높낮이나 멜로디의 흐름을 표현하면서 추상적인 음악개념을 실제로 보고 느낄 수 있다. 특히, 악보 읽기가 어려운 초보자에게 음높이를 가르치는 데 매우 효과적이다. 손 기호 범위는 으뜸음(도)을 허리에서 시작하고 점차 그 위치를 높여 옥타브는 이마 높이이다.

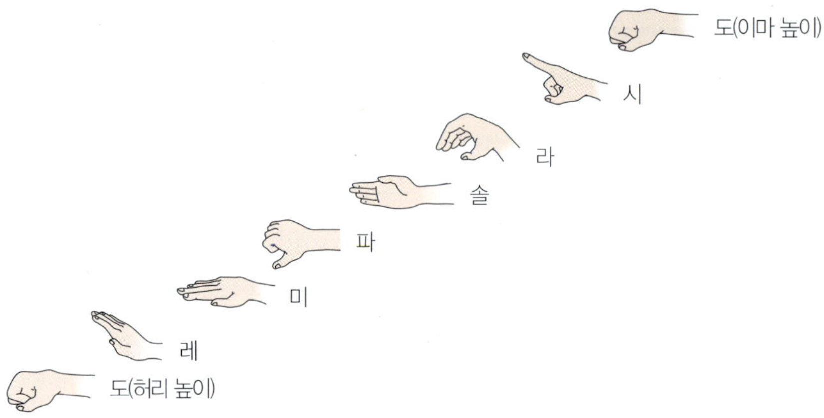

[그림 2-1] 코다이 손 기호

(4) 학습 순서의 계열화

음높이와 음정은 학습 순서를 계열화하여 단계적으로 지도한다. 초기 학습 단계에서는 하행 단3도인 '솔-미'로 부르게 한다. 이후 정해진 순서에 따라 계이름과 음의 기능을 학습하게 된다. 예를 들면, '솔-미', '라-솔-미', '미-레-도', '솔-미-레-도', '라-솔-미-레-도' 순서로 계이름과 음의 기능을 학습하게 된다. 이러한 음정은 동요에서 가장 많이 쓰이는 멜로디이자 영유아 찬트나 이름을 부르는 음형에서 자주 나타나는 익숙한 음정이다.

2. 달크로즈 음악교육

> "음악교육에서 가장 중요한 것은 아이들이 음악을 귀로만 듣는 것이 아니고 몸 전체로 들음으로써 음악을 느끼고 음악에 빠져들 수 있도록 해 주는 것이다."
>
> - Emile Jaques-Dalcroze-

달크로즈(Emile Jaques-Dalcroze, 1865~1950)는 스위스의 작곡가 겸 피아니스트이자 음악교육자이며, "한 사람의 미래는 어린 시절 받은 교육에 의해 좌우된다."라고 하였다. 달크로즈는 음악의 가장 근본적 요소를 리듬으로 여기고 청음 훈련을 통한 리듬과 신체의 신속한 연결을 음악교육의 기초 방법으로 사용하였다. 즉, 음악적 개념과 느낌을 신체 움직임을 통해서 지각하고, 내면화해야 한다고 하였다. 달크로즈는 영유아의 리듬 감각 및 청각능력의 발달과 창의력 신장을 목표로 하여, 유리드믹스(eurhythmics), 솔페이지(solfege), 즉흥연주(improvisation)의 통합적 음악교수법을 개발하였다.

1) 교육철학

달크로즈의 음악교육철학을 살펴보면 다음과 같다.

- 음악은 지적으로 받아들이기 이전에 감각적으로 받아들여져야 한다.
- 음악적인 듣기 훈련은 모든 음악학습에서 우선이 되어야 한다.
- 영유아의 음악적 느낌이나 생각, 반응은 신체 움직임을 통해 표현되어야 한다.
- 영유아의 음악적 경험은 단계적으로 이루어져야 하며, 그 발달 정도는 개인마다 차이가 있다.
- 영유아 개개인의 음악 성향과 창조성은 절대적으로 존중되어야 한다.
- 영유아로 하여금 음악의 본질에 대한 감각적 체득과 음악적 개념에 대한 이해와 표현, 경험은 중시되어야 한다.

2) 주요내용

(1) 유리드믹스(eurhythmics)

유리드믹스의 어원은 '훌륭한 리듬(good rhythm)'으로 음악의 리듬에 맞춰 신체적으로 반응하는 것을 의미한다. 유리드믹스를 통하여 멜로디의 흐름, 화성의 변화, 프레이즈 등 모든 종류의 음악적인 움직임을 체험하고 파악하여 음악적 개념을 습득해 나가도록 한다. 예를 들면, 4분음표(♩)는 정상적인 걸음걸이로, 8분음표(♪)는 달리기, 2분음표(𝅗𝅥)는 한 걸음 걸은 후 다리 굽히기 등으로 표현한다. 이러한 동작은 교사의 즉흥 반주에 맞추어 나타나며, 음악적 체험을 통하여 내면화된다.

(2) 솔페이지(solfege)

달크로즈의 솔페이지는 계이름으로 부르기에서 고정도법(fixed do)에 의한 보고 부르기 방법을 익히도록 한다. 이동도법은 조성에 따라 '도'의 위치가 달라지지만, 고정도법은 조와 상관없이 '절대음 C'를 항상 '도(Do)'로 부르는 방법이다. 이를 통해 절대음감 습득을 목적으로 한다.

(3) 즉흥연주(improvisation)

즉흥연주는 모든 음악 행위의 집합체를 의미하며, 음악을 만들기 위해 필요한 요소들을 창의적으로 결합하고 표현하는 것이다. 즉흥연주는 주로 피아노로 시작한다. 피아노는 즉흥적으로 음악적 의도를 표현하기에 가장 쉽고 적합하다. 즉흥연주는 자유로운 분위기에서 교사의 칭찬이 전제되어야 한다.

3. 오르프 음악교육

"음악은 나이와 능력 수준에 구애됨 없이 모든 영유아를 위한 것이다."

-Carl Orff-

오르프(Carl Orff, 1895~1982)는 독일의 작곡가이자 음악교육가이다. 그는 리듬을 음악, 춤, 언어에 내재하는 기본 요소로 보고 이를 통합하여 하나의 언어로 재조직하는 것으로 음악교육을 시작하였다. 그리고 그 과정에서 즉흥연주와 창작을 강조하여 가르쳤다.

1) 교육철학

오르프의 음악교육철학을 살펴보면 다음과 같다.

- 음악은 나이, 능력 수준에 관계없이 모든 영유아를 위한 것이다.
- 음악은 직접적인 경험이어야 한다.
- 음악적 체험은 일찍부터 시작되어야 한다. 즉, 영유아의 단순한 놀이세계로부터 좀 더 복잡한 단계를 거치면서 점차 음악적 수준을 높여 주어야 한다.
- 음악의 가장 중요한 요소는 리듬이다. 이 리듬은 음악뿐 아니라 자연의 모든 것에 존재한다.

- 음악은 놀이, 대화, 신체 동작, 노래, 악기 연주 등이 통합되어 이루어지는 하나의 총체적 체험이어야 한다.

2) 주요내용

(1) 언어와 리듬

오르프는 음악적 경험의 하나로 시와 언어를 사용하였다. 그는 "언어의 패턴에 내재되어 있는 리듬 요소를 중심으로 '말'의 형태에서 '멜로디'의 형태로, 그리고 노래로 점차 발전하는 것이 영유아에게 가장 자연스러운 음악 체험이다."라고 주장하였다. 오르프는 손뼉 치기, 무릎 치기 등으로 말의 흐름을 표현하고, 악기로 그 멜로디를 연주하도록 하여 연속적인 체험 과정을 경험하게 하였다. 언어 리듬의 특징은 영유아가 리듬을 쉽게 터득할 수 있게 한다. 예를 들어, ♩♩(아빠), ♩♩(엄마)로 시작하여 ♫♫(할아버지), ♫♩(할머니)로 발전하며, 언어를 사용한 게임 등을 통하여 셈여림, 스타카토, 박자, 악센트, 레가토 등의 음악적 개념을 익히게 된다.

(2) 노래 부르기

노래 부르기는 짧고 간단한 대화의 문답에서 나오는 음정을 음악적으로 연결할 수 있다. 예를 들어, 처음에는 '솔'과 '미'의 3도로 이루어진 음정에 '라'를 추가하여 '솔-미-솔-미', '솔-솔-라-솔'로 이어지며, 여기에 '도', '레'를 추가하고 다시 '파'와 '시'를 추가하는 방법이다. 노래 부르기에는 신체 타악기나 오르프 악기의 반주가 따른다. 반주부는 보르둔(bourdon)이나 오스티나토(ostinato)를 사용한다. 보르둔은 저음부에서 지속적으로 울리는 음 또는 화음을 말하며, 오스티나토란 악곡의 처음부터 마지막까지 지속적으로 반복되는 짧은 리듬 패턴이나 멜로디 패턴 또는 화음 패턴을 의미한다. 이러한 반주 형태는 쉽게 익히고 외울 수 있어서 영유아가 기악 합주와 창작활동에 쉽게 참여할 수 있다.

(3) 신체 움직임

신체 움직임이란 영유아가 음악 또는 시를 몸으로 느끼고 표현하는 것이다. 따라서 신체 움직임은 자신의 표현 욕구를 실현하는 매우 중요한 수단으로 창의적 표현의 기초가 된다. 손뼉 치기, 무릎 치기, 발 구르기, 손가락 튕기기 등의 신체표현을 통해 리듬에 대한 이해를 몸으로 체득하게 된다. 음악학습에서 신체 움직임은 리듬, 멜로디, 빠르기, 셈여림 등의 음악 개념에 대한 감각을 민감하게 하는 데 효과적이다.

(4) 악기 연주

오르프는 영유아의 리듬교육을 위해 연주 기능을 단순화하여 누구나 연주할 수 있는 특별 악기를 창안하였다. 음판 악기와 타악기 등의 악기는 불필요한 음들은 제거하고 필요한 음들만 가지고 연주할 수 있다. 이러한 악기의 사용은 소리의 어울림에 대한 감수성을 계발시킨다. 즉흥연주는 언어와 리듬, 노래 부르기, 신체 움직임, 악기 연주 등이 통합되어 이루어지는 하나의 총체적 체험을 할 수 있다. 즉, 음악적 경험을 바탕으로 새로운 것을 창조하는 과정이다. 특히, 영유아가 음악에서 즉흥적으로 나타낼 수 있는 것은 리듬, 멜로디, 신체 움직임을 만들어 내는 활동이다. 이러한 즉흥연주는 처음에 단순한 모방에서 시작하지만 영유아가 차츰 스스로 새로운 리듬, 멜로디, 신체 움직임을 자유롭게 조작하고 표현할 수 있게 된다. 이를 통해 영유아는 음악적 만족감과 성취감을 느낄 수 있고 이 과정에서 자연스럽게 창의성이 계발된다.

〈표 2-2〉 오르프 악기의 구분

선율 타악기		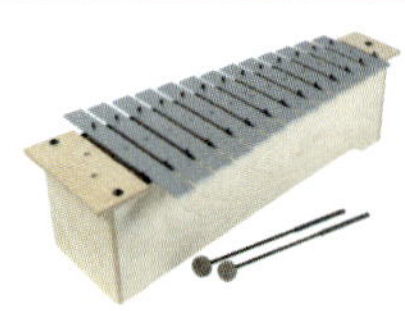	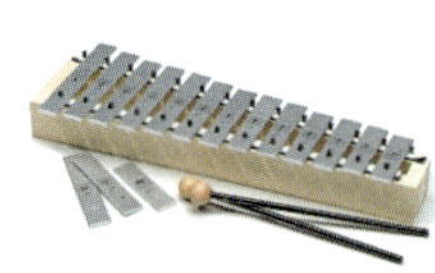
	실로폰(xylophone) : 소프라노, 알토, 베이스	메탈로폰(metallophone) : 소프라노, 알토, 베이스	글로켄쉬필(glockenspiel)) : 소프라노, 알토
무선율 타악기	가죽울림 악기	봉고, 핸드드럼, 작은북, 콩가드럼	
	나무울림 악기	우드블록, 귀로, 클라베스, 마라카스, 캐스터네츠, 카바사, 템플블록, 샌드블록, 비브라스랩 등	
	금속울림 악기	트라이앵글, 핑거심벌즈, 카우벨, 아고고벨, 징글벨, 슬라이벨, 윈드차임	
	큰 타악기	큰북, 팀파니, 공	
관악기	리코더: 소프라노, 알토, 테너, 베이스		
현악기	기타		

4. 고든 음악교육

"음악은 언어처럼 인간의 발달과 존재에 기본적인 것이다. 음악을 통해서 영유아는 자기 자신과 타인들의 삶 자체를 통찰한다."

-Edwin Gordon-

고든(Edwin Gordon, 1927~2015)은 미국의 저명한 학자이자 음악교육가이다. 고든은 인간의 음악능력은 신생아에서 미취학 아동기 동안의 환경이 음악성 발달에 절대적으로 영향을 끼친다는 이론을 입증해 낸 오디에이션 교수법의 창시자이다. 특히, 영유아의 음악발달에 대해 집중적으로 연구하였으며, 음악학습이론, 음악적성, 움직임과 음악의 리듬에 대해서도 활발하게 연구하였다. 고든의 음악학습이론은 마음속으로 음악을 듣고 이해하는 능력을 함양하기 위하여 '노래하기'를 가장 중요한 교수방법으로 채택하였다.

1) 교육철학

고든의 음악교육철학을 살펴보면 다음과 같다.

- 영유아에게 음악은 이론적으로 가르치는 것이 아니라 즐기면서 배울 수 있어야 한다.
- 영유아는 음악적성을 가지고 태어나며, 좋은 환경에서 음악적 소질이 향상된다. 이를 위해 음악교육의 시기는 빠르면 빠를수록 좋다.
- 음악교육의 기본 목표는 영유아가 음악을 이해하고 즐기는 것이다. 이를 위하여 음악을 이해하고 감상하는 능력을 기르는 것이 중요하다.

2) 주요내용

(1) 오디에이션(audiation)

'오디에이션'이란 실제로 들리지 않는 음악을 마음속으로 듣고(상상으로) 이해하는 능력을 말한다(Gordon, 1993). 고든에 의하면 인간이 음악을 배우는 과정은 언어를 배우는 과정과 동일하다. 언어를 배우기 위해서는 그 언어로 생각하는 능력이 있어야 하듯이 음악을 듣고 연주하고 읽고 쓰는 데 필요한 음악적으로 생각하는 능력, 이것이 바로 오디에이션이다. 예를 들면, 〈작은 별〉이라는 노래를 상상할 경우 대부분의 사람은 그 노래를 마음속으로 들을 수 있다. 그것이 바로 오디에이션이다. 개인에 따라 오디에이션 능력은 다르다. 어떤 사람은 단순히 멜로디만을 상상할 수 있지만, 어떤 사람은 〈작은 별〉이 장조이고 2박자 계통의 곡이라는 것, 반주를 한다면 무슨 코드를 써야 할지 등을 알 수 있다. 이와 같이 개인의 음악적 능력에 따라 낮은 수준의 오디에이션을 할 수도 있고, 더 높은 차원의 오디에이션을 할 수도 있다. 오디에이션은 음악을 학습하는 데 매우 중요한 기초적 능력이다. 영유아는 음악을 듣고, 노래하고, 악기를 연주하고, 음악을 창작하는 등 여러 가지 음악활동을 통하여 오디에이션하는 것을 배울 수 있다.

(2) 음악교육방법

음악을 듣고 이해할 수 있을 뿐만 아니라 소리가 물리적으로 존재하지 않는 공간에서도 마음속으로 음악을 듣고 이해하며 상상할 수 있는 오디에이션 능력을 신장하기 위한 영유아 음악교육방법은 다음과 같다(노주희, 2011).

- 영유아가 음악에 흥미를 느끼고 스스로 음악에 다가설 수 있도록 모든 학습과정은 자발적으로 이루어진다.
- 영유아는 여러 조성의 선율노래 및 서로 다른 박자의 리듬노래 등을 통하여 음악 재료에 대한 다양한 경험을 쌓는다.
- 음고 패턴과 리듬 패턴으로 음악활동을 개별적으로 실행함으로써 영유아의 음악적 상호작용을 이끌어 소통능력을 키운다.
- 교사는 육성으로 수업을 진행하며, 영유아는 교사와의 하모니를 경험한다.
- 영유아는 자유로운 연속동작을 중심으로 여러 신체 움직임을 통해 음악을 체험함으로써 리듬감과 표현력 발달을 도모한다.

이처럼 고든의 음악교육은 악기 연주기술의 단순한 습득만으로는 얻을 수 없는 음악 감수성의 계발을 유도하여 영유아가 진정으로 음악을 즐기고 자신의 느낌을 자유롭게 표현할 수 있도록 돕는다.

5. 스즈키 음악교육

"아이들의 잠재능력은 개발되었을 때에만 드러난다."

-Shinichi Suzuki-

스즈키(Shinichi Suzuki, 1898~1998)는 일본의 바이올리니스트 겸 음악교육자이다. 그는 영유아기에서의 모국어 습득 원리를 음악교육에 적용하여 모국어를 배우는 것처럼 악기를 익힘으로써 음악적 감각, 인간성, 창의성 등을 개발시키는 '재능교육'이라는 교수법을 개발하였다. 스즈키는 재능이란 선천적이기보다는 출생 후 교육방법에 따라 신장될 수 있는 것으로, 좋은 환경, 훌륭한 교육자, 반복교육을 강조하였다.

1) 교육철학

스즈키의 음악교육철학을 살펴보면 다음과 같다.

- 음악은 모국어를 배우듯 익혀야 한다.
- 음악교육은 빠를수록 좋다.
- 음악적 재능은 선천적인 것이 아니다.
- 음악능력의 발달에는 환경이 큰 영향을 미친다.
- 음악교육에는 부모의 참여와 협조가 필요하다.
- 음악은 듣는 것이 중요하다.
- 음악학습은 매일 지속적으로 해야 한다.
- 음악은 끊임없이 반복연습이 중요하다.

2) 주요내용

- 조기교육: 요람에서부터 영아에게 좋은 연주를 들려주고, 언어 환경처럼 음악 환경 또한 자연스럽게 조성되어야 한다.
- 부모의 조력: 부모는 가장 훌륭한 교사이다. 모든 활동에 부모가 적극적으로 참여하여 아동의 이해를 돕고 칭찬과 격려를 통하여 좋은 연습 방법, 좋은 음악 만

들기를 함께 한다.

- 집단학습: 수업은 나이가 어릴수록 길지 않게 하며, 각자 개별적으로 연습한 후에 여럿이 함께 연주하는 등의 경험을 한다. 이것은 초급반에 강한 학습동기를 유발시키고, 경험하지 않은 곡을 감상하여 음악적 표현을 배울 수 있는 기회를 제공한다.
- 반복학습: 암기에 의해 연주를 한 후 그 곡의 악보를 읽기 시작한다. 이때 이미 배운 음악이 시각화되는 것이다. 처음에는 짧은 곡에서 시작하여 점차 긴 곡을 기억시키고 이전에 학습한 것은 지도 시간마다 복습하면서 연주능력을 향상시켜 나간다.

CHAPTER 03

영유아의 음악적 발달

음악성(musicality)은 학자들 간에 견해 차이가 있어 다양한 용어로 정의되지만, 선천적으로 가지고 태어난다는 측면에서 공통적인 의미를 지닌다. 본 장에서는 영유아의 음악성 발달단계와 음악성 발달요인에 대해 살펴보고자 한다.

1. 영유아의 음악성 발달

인간은 음악적 존재이며, 음악성은 인간의 보편적 능력이다. 누구나 음악성을 지니고 태어나며, 음악성을 발달시킬 수 있는 가능성이 있다. Zuckerkandle(1986)에 의하면 모든 인간은 음높이와 리듬에 매우 정서적으로 반응하는 내재된 성향을 지니고 있다. 이렇게 내재된 음악성은 특별한 재능이 아니라 인간이 음악적으로 반응하고 표현하며 만들어 낼 수 있는 기본적인 소양이다(정현주, 2011, 재인용). 이러한 음악성(musicality)은 음악능력(musical ability), 음악적성, 음악잠재력(musical aptitude) 등과 구분하여 설명하기도 하지만, 선천적으로 가지고 태어난다는 측면에서 공통적인 의미로 사용될 수 있다.

일반적으로 68%의 사람은 평균 정도의 음악성(musicality)을 가지고 있고 14%의 사람은 평균보다 더 음악적이고 14%의 사람은 평균보다 덜 음악적이다. 또한, 2%의 사람은 음악적으로 상당히 높은 재능이 있으며, 2%의 사람은 음악적으로 낮은 재능을 보인다. 특히, 영유아의 음악능력에 개인차는 있지만 누구나 음악적 잠재력을 가지고 태어나며, 영유아기는 음악적 잠재력의 결정적 시기이자 음악적 감수성이 매우 빠른 속도로 발달하는 시기이다. 특히, 기본적인 음악적 능력은 생애 첫 10년 동안 활발히 발달한다(Gembris, 2002).

Gordon(1997)에 의하면 영유아의 68%는 평균적인 음악적 잠재력을, 16%는 평균 이상의 높은 음악적 잠재력을, 그리고 16%는 평균 이하의 낮은 음악적 잠재력을 가지고 태어난다. 따라서 영유아의 음악성 발달을 위해 의도적 혹은 비의도적인 음악 환경을 제공하고 음악교육 내용을 영유아의 발달 수준과 흥미에 맞게 적용하는 것이 중요하다. Gordon(1993)은 음악적성 연구를 통하여 0~만 9세까지의 유동적 단계와 만 9세 이후의 고정적 단계로 구분하였다. 유동적 단계(development music aptitude)는 이 음악적성이 환경에 의해 어느 정도까지 신장할 수 있는 가변적 시기이며, 고정적 단계(stabilized music aptitude)는 음악적 환경에 의해 음악적성의 수준이 변화되지 않는 단계를 뜻한다. Gordon(1997)은 영유아가 높은 음악적 잠재력을 가지고 태어났어도 적절한 환경적 자극을 받지 못하면 낮은 음악적 잠재력에 머무르게 되므로 환경적 특성을 강조하였다. 유동적 단계의 전반부에 해당하는 영유아기는 음악적 능력 향상을 위해 가장 좋은 시기이며 바람직한 음악적 환경이 제공되어야 한다.

영유아의 음악성 발달과 관련한 음악성의 요소는 음악적 표현력과 음악적 인지력, 그리고 음악적 태도를 포함한다(강보라, 2012). 음악적 표현력이란 영유아가 음악적 요소를 이해하고 창의적으로 음악을 표현할 수 있는 능력을 말한다. 음악적 인지력은 음악적 요소를 이해하고 변별하는 능력을 의미한다. 음악적 태도는 영유아가 음악활동에서 보이는 음악에 대한 반응과 음악적 행동을 말한다.

2. 연령별 음악적 능력 발달

영유아의 연령별 음악적 능력 발달을 구체적으로 살펴보면 다음과 같다.

1) 태아기

태아는 모체에서부터 아주 능동적으로 음악 반응을 보이는 존재이다. 즉, 소리와 음악에 반응할 수 있는 능력은 태어나기 전부터 발달한다. 태아는 모체의 규칙적이고 안정적인 심장 박동 소리를 통해 음악을 경험한다. 이것은 음악에서 일정한 간격을 두고 규칙적인 소리가 나는 '고정박'을 엄마의 심장 박동 소리로 익히는 것이다. 임신 3개월부터 태아 대부분은 외부의 소리 자극에 몸을 움직이거나 호흡 정도를 변화시킴으로써 반응한다. 6개월이 되면 태아는 음악적으로 반응하는 인간이 된다. 즉, 청각, 중추신경, 성대 기관 등이 형성된다. 이 시기에 태아는 지나치게 큰 소리나 소음에 근육을 수축시키거나 발길질을 하거나 그밖에 다른 움직임을 보여 엄마는 태동을 느낄 수 있다(이숙재 외, 2016). 특히, 태아는 여러 소음의 변화보다는 음높이의 변화에 더 민감하게 반응한다.

2) 0~1세

출생부터 영아는 소리와 음악에 거의 즉각적으로 반응하며 언어발달의 초기 표현인 쿠잉(cooing)을 한다. 이 시기 음악적 능력 발달의 특징을 살펴보면 다음과 같다(김연주 외, 2020; 심성경 외, 2019; 장은주, 남옥선, 2018; Campbell & Scott-Kassner, 2014).

〈표 3-1〉 0~1세 음악적 능력 발달 특징

내용	특징
음악 감상하기	• 0~3개월이 되면 주 양육자의 소리에 안정되며, 소리 및 음악에 따라 다르게 반응한다. 자장가를 들으면 조용해지고, 생동감 있는 음악을 들으면 활동적으로 움직인다. • 3~6개월이 되면 소리가 나는 곳을 향해 적극적으로 얼굴을 돌리고 몸을 돌린다. • 10개월 이후, 음악적 선호를 표현하기 시작한다.
노래 부르기	• 모음과 자음의 옹알이로 소리를 낸다.
악기 연주하기	• 소리 나는 장난감, 물건 등에 관심이 많고, 소리 내는 방법을 알아서 반복적으로 소리를 들어본다. • 딸랑이, 마라카스처럼 잡고 흔들어서 소리 나는 놀잇감이나 악기 등에 적극적으로 관심을 가지고 탐색한다.
동작으로 표현하기	• 6~9개월이 되면 음악이나 소리에 신체적으로 반응(팔 흔들기, 몸을 좌우로 움직이기 등)을 하는데, 리듬이나 박자에 맞추어 정확하게 움직이지는 못한다.
음악 창작하기	• 소리를 구별하기 시작하며, 생활 속에서 들리는 소리를 흉내 내거나 새로운 소리를 만들어 내기도 한다.

3) 1~2세

1~2세 영아는 운동능력을 좀 더 잘 조절하고 활용할 수 있게 되어 열정적으로 주위 환경을 탐색하며, 음악적 신체 표현이 나타난다. 또한 소리 나는 물체를 관찰하던 소극적 반응이 물체를 두드려 보며 스스로 소리를 만드는 변화가 나타난다. 이 시기 음악적 능력 발달의 특징을 살펴보면 다음과 같다(김연주 외, 2020; 심성경 외, 2019; 장은주, 남옥선, 2018; Campbell & Scott-Kassner, 2014).

〈표 3-2〉 1~2세 음악적 능력 발달 특징

내용	특징
음악 감상하기	• 음악적 성향이 분명해져, 자신이 싫어하는 음악 소리에 얼굴을 찡그리거나 싫어하는 태도를 보인다. • 적극적으로 주변의 소리를 탐색 할 수 있으나 새로운 소리 자극이 나타나면 관심을 바로 옮기는 등 집중 시간이 짧은 편이다.

내용	특징
노래 부르기	• 성인이 부르는 노랫소리를 모방하지만 음정, 리듬, 박자는 정확하지 않다. • 자발적으로 노래 부르기를 시도하지만, 익숙한 노래의 특징적인 부분 1~2마디 멜로디를 모방하여 부르고, 노랫말을 동반하지 않는다. • '도리도리 까꿍'과 같은 라임(rhyme, 비슷한 음의 단어를 배열하는 운율 노래) 또는 '아침바람'과 같은 찬트(chant, 읊조림에 가까운 노래) 등을 부르거나 흥얼거린다.
악기 연주하기	• 소리 나는 장난감이나 악기뿐만 아니라 익숙한 사물이나 생활용품을 두드려서 소리를 내는 것을 즐긴다. • 음악적으로 소리 내는 리듬악기 연주활동을 좋아하지만 리듬, 박자를 정확하게 표현하는 것은 어렵다.
동작으로 표현하기	• 음악을 듣고 고개 끄덕이기, 몸 흔들기, 손뼉 치기, 발 구르기, 무릎 구부렸다 펴기 등 신체적 반응을 즐기며 리듬에 맞춰 반동적인 움직임도 가능하다
음악 창작하기	• 자신의 목소리나 악기를 사용하여 즉흥적으로 소리를 만든다. • 물체를 두드리면서 소리를 만드는데 집중한다.

4) 2~3세

이 시기의 영아는 몸의 움직임이 활발해지고 정교해지면서 다양한 악기 탐색을 즐긴다. 또한 노래 부르기 발달에 중요한 시기이므로 다양한 노래를 듣고 부를 수 있는 기회를 제공하는 것이 필요하다. 2~3세 음악적 능력 발달의 특징을 살펴보면 다음과 같다(김연주 외, 2020; 심성경 외, 2019; 장은주, 남옥선, 2018; Campbell & Scott-Kassner, 2014).

〈표 3-3〉 2~3세 음악적 능력 발달 특징

내용	특징
음악 감상하기	• 분명하면서 반복적인 리듬이 포함되어 있는 음악을 선호한다.
노래 부르기	• 노래를 끝까지 정확하게 부르지 못하지만, 노래 부르기 시도를 많이 한다. • 익숙한 노래를 부르기 시작하지만 음정과 박자, 리듬 등이 정확하지 않다. • 좋아하는 특정 부분을 반복해서 부르기를 즐긴다.
악기 연주하기	• 이전 시기에 비해 박자에 맞추어 손뼉 치기를 하거나 악기를 연주하려고 하나 정확하게 표현하는 것은 어렵다. • 리듬악기와 멜로디 악기에 대한 흥미가 증가하여 연주하고자 하는 요구가 많아진다.

내용	특징
동작으로 표현하기	• 음악을 듣고 다양한 방법으로 신체적 표현을 즐긴다.
음악 창작하기	• 리듬악기나 생활 속 사물로 소리를 만들어낸다. • 반복적인 간단한 찬트와 리듬을 만들 수 있으며 노래나 소리를 모방할 수 있다.

5) 3~4세

이 시기는 음악성이 현저히 발달하는 시기이며, 보다 음악적 면모를 갖춘 음악표현이 가능하고 음악을 매우 즐기는 적극적인 성향을 보인다. 3~4세 음악적 능력 발달의 특징을 살펴보면 다음과 같다(김연주 외, 2020; 심성경 외, 2019; 장은주, 남옥선, 2018; Campbell & Scott-Kassner, 2014).

〈표 3-4〉 3~4세 음악적 능력 발달 특징

내용	특징
음악 감상하기	• 자신이 좋아하는 음악을 반복해서 듣고 이전 단계보다 비교적 오래 집중 할 수 있다. • 박, 음높이, 빠르기 등에 대해 인식을 할 수 있다.
노래 부르기	• 제한된 음역에서 비교적 노래를 정확하게 부를 수 있다. • 음의 고저, 속도 등을 변화시키며 노래를 부르기도 한다.
악기 연주하기	• 규칙적인 박자에 맞추어 비교적 정확하게 리듬악기를 연주 할 수 있다. • 주변에서 소리 나는 사물이나 악기를 사용하여 셈여림, 빠르기 등을 표현하는 것이 가능하다.
동작으로 표현하기	• 음악의 박자와 리듬에 맞추어 손뼉을 치거나 발 구르기가 가능하다.
음악 창작하기	• 노래를 부르면서 악기로 리듬을 만들어 연주할 수 있다. • 자신의 생각과 느낌에 따라 짧게 노래를 만들어 흥얼거린다. • 원곡의 분위기, 빠르기, 음높이 등을 달리하여 노래하거나 연주할 수 있다.

6) 4~5세

이 시기는 사회성 발달이 활발한 시기이며, 또래들과 어울려 함께하는 음악활동에 적극적으로 참여하기를 좋아한다. 4~5세 음악적 능력 발달의 특징을 살펴보면 다음과 같다(김연주 외, 2020; 심성경 외, 2019; 장은주, 남옥선, 2018; Campbell & Scott-Kassner, 2014).

〈표 3-5〉 4~5세 음악적 능력 발달 특징

내용	특징
음악 감상하기	• 이전 시기보다 음악을 듣고 구체적인 단어와 문장을 사용하여 표현할 수 있다. • 두 가지 이상의 소리가 동시에 들릴 때 구분해 낼 수 있다. • 적극적인 감상자가 되는 동시에 음악을 들으려는 욕구가 증가한다.
노래 부르기	• 이전 시기보다 음정이 매우 정확해지고 좀 더 확장된 음역 내에서 노래를 부른다. • 노래의 멜로디와 노랫말에 따른 분위기, 정서 등을 고려하여 부를 수 있다. • 친구들과 집단으로 노래 부르는 것을 즐기며 자신의 차례를 지켜 노래를 부를 수 있다.
악기 연주하기	• 음악의 박자를 신체와 악기를 이용하여 비교적 정확하게 소리를 낼 수 있으며 악기 소리를 듣고 비교적 정확하게 구분할 수 있다. • 간단한 리듬을 모방하여 소리 낼 수 있으며 리듬 패턴을 만들고 연주 할 수 있다. • 곡의 분위기, 빠르기, 셈여림, 소리의 변화에 민감하고, 이를 적절하게 악기로 소리 낼 수 있다. • 다 함께 연주하는 활동을 즐긴다.
동작으로 표현하기	• 음악의 빠르기, 셈여림, 곡의 분위기 등에 신체적으로 민감하게 반응하고 표현할 수 있다. • 이전 시기에 비교하여 몸으로 표현하는 행위가 매우 구체적이며 창의적으로 표현하는 것을 즐기며 음악의 리듬과 박자에 정확하게 반응한다.
음악 창작하기	• 알고 있는 노래와 비슷한 느낌으로 자신만의 노래를 만들어 부르거나 알고 있는 노래에 새로운 가사를 붙여서 노래를 만들어 부를 수 있다. • 리듬악기와 멜로디 악기를 사용하여 자신만의 리듬 패턴이나 멜로디 패턴을 만들 수 있다. • 새로운 가사와 멜로디를 사용하여 자신만의 노래를 만들 수 있다.

3. 영유아의 음악성 발달요인

인간의 음악적인 능력은 선천적이며, 유전적 요인에 의해 영향을 받을 수 있지만 환경적 요인에 따라 달라질 수도 있다. 이러한 요인들은 영유아의 음악적인 반응을 저해할 수도 있고 고무시킬 수도 있다. 따라서 음악성 발달에 영향을 미치는 요인으로 생물학적 요인과 교육이나 경험과 같은 환경적 요인 등을 살펴보면 다음과 같다.

1) 생물학적 요인

인간은 음악에 반응하는 능력을 가지고 태어나며, 음악성은 유전적 요인으로 그 능력이 개인마다 다르다고 보는 관점이다. 음악가의 가정에서 음악적 천재가 탄생한 사례를 볼 수 있다. Mursell(1931)에 의하면 자녀는 부모의 음악적 능력을 물려받는다. 부모 중 어느 한쪽이 음악적이면 자녀는 대체로 음악적이고 부모가 모두 음악적인 경우, 자녀 모두 음악적인 확률이 높다(임혜정, 2013, 재인용). 성숙 속도 역시 영유아의 음악성 발달에 중요한 역할을 하며, 개인차는 주로 유전에 의해 결정된다. 예를 들어, 연령이 높아짐에 따라 음역이 확장되고, 혀의 근육과 성대 등이 발달하면서 노래 부르기가 점차 발달된다(이춘자 · 조인경, 2013).

2) 환경적 요인

모든 영유아가 음악적으로 반응할 수 있는 타고난 능력을 소유하고 있다고 하지만 음악성은 환경과 교육에 의해 좌우될 수 있다. 즉, 음악성은 적절한 환경과 질 높은 음악교육이 제공될 때 개발될 수 있는 것으로 영유아의 음악적 능력은 좋은 환경과 교육이 제공되는 만큼 음악적 경험이 많을수록 발달된다고 보는 견해이다. 따라서 적절한 음악교육과 음악활동의 격려가 있고 음악 기자재가 잘 구비된 환경의 영유아는 그렇지 않은 영유아에 비해 음악적 능력 발달이 촉진될 수 있다. 예를 들어, 노래를 부르고 음악에 맞춰 리드미컬한 몸의 움직임을 표현할 수 있는 능력이 있더라도 교육의 기회가 없다면 그 능력은 발달할 수 없다. 초기의 음악적 경험은 영유아의 음악적 성장에 많은 영향을 미친다. 주어진 환경 내에서 어떠한 음악적 경험을 하였는가에 따라 영유아의 음악적 발전이 이루어진다. 이러한 초기의 음악활동에는 소리 내어보기(vocalizing), 노래 부르기, 음악에 맞춰 동작으로 표현하기, 듣기와 음악 감상하기 그리고 악기 다루기 등의 경험이 포함된다. 또한, 음악적인 가정은 끊임없이 영유아의 음악적 성장을 촉진한다. 나아가 계획된 음악교육 프로그램 역시 음악성 발달에 용이할 수 있다. 분명히 환경적인 요인은 음악적 성장에 상당한 영향을 미친다.

3) 상호보완적 관계

유전과 환경은 음악적 능력 발달의 과정을 변화시키는 힘이 있다. 즉, 음악성의 발달은 '생물학적 요인'과 '환경적 요인'의 상호작용으로 발생한다고 보는 관점으로 어느 하나만으로 설명할 수 없다. 음악적 소질을 가지고 태어나더라도 환경과 교육에 의해 개발되지 않는다면 음악적 능력의 성장은 기대할 수 없으며 사장될 수 있다. 예를 들면, 바흐, 요한 슈트라우스, 쿠프랭, 퍼셀 등 음악가 집안에서 음악가가 출현하는 일은 빈번하다. 음악가 집안에서 음악가가 태어나는 것은 유전적 원인에서 기인하기도 하겠지만, 교육적 환경이 미치는 영향을 보여 준다. 사실 모차르트의 아버지는 모차르트에게 아버지이자 스승이었다. 음악신동의 부모들은 대개 음악 교사, 연주가 또는 음악에 상당히 관심이 많았다(Bloom, 1985; Slododa & Hwe, 1991). 음악을 좋아하는 부모는 음악활동을 강조하고 자녀에게 노래와 악기 연주와 같은 활동을 하도록 한다. '음악적' 환경에 노출되는 것 이외에도 자녀는 부모의 음악적 능력을 물려받는다. 그 결과, 그들은 유전적 요인과 환경적 요인 때문에 훌륭한 음악가 또는 음악애호가가 된다. 이처럼 음악에 대한 반응은 타고난 유전적인 요인과 바람직한 환경적 요인이 결합하여 음악적인 능력과 반응에 중요한 영향을 미친다. 영유아의 음악적 발달과 성장은 생물학적 요인과 환경적인 요인 간의 상호작용 부산물로 이루어진다. 따라서 영유아 음악교육은 개개인이 타고난 음악적 특성과 능력을 인정하고 적절한 환경과 교육을 통하여 그들의 음악성을 개발하고 음악적 능력을 최대한 향상시킬 수 있도록 도와야 한다.

CHAPTER 04

영유아 음악교육 목표 및 내용

영유아를 대상으로 하는 음악교육은 교육과정에서 제시하고 있는 영유아 음악교육의 목표 및 내용을 기초로 이루어지는 것이 바람직하다. 따라서 본 장에서는 국가수준 교육과정에서 제시하고 있는 0~2세 제4차 보육과정 예술경험영역에서의 음악교육, 2019 개정 누리과정 예술경험영역에서의 음악교육과 음악의 요소 및 내용을 중심으로 살펴보고자 한다.

1. 제4차 표준보육과정 예술경험영역에서의 음악교육

0~2세 영아에게 적용되는 제4차 표준보육과정(보건복지부, 2020)은 기본생활영역, 신체운동 · 건강영역, 의사소통영역, 사회관계영역, 자연탐구영역, 예술경험영역의 6개 영역으로 구성되어 있으며 3~5세 유아에게 적용되는 2019 개정 누리과정은 기본생활영역을 제외한 5개 영역으로 구성되어 있다. 이 중 음악교육 내용은 '예술경험영역'에 제시되어 있다.

1) 0~1세 예술경험영역

(1) 목표

0~1세 영아는 자연과 생활 속에서 감각을 통한 자극에 호기심을 가지고 반응하며 다양한 방법으로 표현하기를 즐긴다. 영아는 자연물, 사물, 환경의 아름다움에 관심을 가지고 즐김으로써 풍부한 정서를 경험한다. 자신과 환경과의 상호작용에서 아름다운 요소를 발견하고 좋아하는 태도를 형성한다. 일상에 대한 긍정적인 태도를 기르고 자신을 둘러싼 대상과 상생하는 즐거움을 경험한다. 영아는 자신의 관심과 경험을 소리나 움직임으로 표현하고, 감각을 통한 미술을 경험하며 익숙한 사람의 행동을 모방하며 이를 반복하는 것을 즐긴다. 영아는 이러한 경험을 통하여 감성을 계발하고 심미감을 형성하며 행복한 일상을 영유하게 된다. 이를 위하여 교사는 영아가 익숙한 일상 환경에서 호기심을 가지고 주의깊게 바라보며 경험할 수 있도록 지원한다. 또한 영아가 자신의 경험을 자유롭게 표현할 수 있도록 허용적인 환경을 조성한다.

예술경험 영역의 목표는 0~1세 영아가 자연과 생활에서 아름다움을 느끼고 경험하며 표현하는 과정을 즐기는 것이다. 영아가 아름다움에 관심을 가지고 느끼는 것을 즐기며 자신의 경험과 느낌을 자연스럽게 표현하도록 하며, 구체적인 내용은 〈표 4-1〉과 같다.

〈표 4-1〉 0~1세 예술경험영역의 목표

• 아름다움을 느끼고 경험한다. 가. 자연과 생활에서 아름다움에 관심을 가진다. 나. 예술적 경험을 표현한다.

(2) 내용 범주

0~1세 예술경험영역은 '아름다움 찾아보기', '창의적으로 표현하기'의 두 가지 내용범주로 구성되며 내용범주별 내용은 다음 〈표 4-2〉와 같다.

〈표 4-2〉 0~1세 예술경험영역의 내용

내용 범주	내용
아름다움 찾아보기	• 자연과 생활에서 아름다움을 느낀다. • 아름다움에 관심을 가진다.
창의적으로 표현하기	• 소리와 리듬, 노래로 표현한다. • 감각을 통해 미술을 경험한다. • 모방 행동을 즐긴다.

- 아름다움 찾아보기

영아가 자연과 생활 예술에서 아름다움을 느끼고 관심을 가지며 감상하는 경험을 반영한 내용이다.

- 창의적으로 표현하기

영아가 자신의 느낌과 경험을 소리, 음악과 리듬, 미술경험, 모방행동 등을 통해 표현 하는 과정을 즐기는 내용이다.

(3) 내용 및 세부내용

① 아름다움 찾아보기

- 자연과 생활에서 아름다움을 느낀다

0~1세 영아가 자신을 둘러싼 일상적인 환경에서 소리나 움직임, 색과 모양 등에 호기심을 기울이며 미적이고 감성적인 경험을 통해 아름다움을 인식하는 과정으로 발전시켜 나가는 내용이다.

- 아름다움에 관심을 가진다

0~1세 영아가 일상생활에서 자연이나 사물의 아름다움을 감상하고 즐길 수 있는 내용을 다룬다. 또한 반복적으로 경험하는 친근한 사람의 목소리, 주변의 소리와 리듬 있는 소리 그리고 익숙한 노래 등에 관심을 가지며 아름다움의 요소를 경험하는 가운데 이를 즐기는 내용을 다룬다.

② 창의적으로 표현하기

- 소리와 리듬, 노래로 표현한다

영아가 자신을 둘러싼 환경에서 들려오는 다양한 소리, 리듬과 노래 그리고 움직임에 주의를 기울여 관심을 두다가 익숙한 노래나 리듬을 선호하며 이를 표현하는 내용을 다룬다.

- 모방 행동을 즐긴다

영아가 익숙하고 의미 있는 사람과 상호작용하며 타인의 표정이나 모습, 움직임을 모방하는 것에서부터 단순한 상징을 놀이로 즐기는 내용을 다룬다. 영아는 모방 행동을 통해 새로운 행동을 만들어 내고, 상대의 모방을 유도하며, 영아가 이를 다시 모방하는 순환관계를 보여주는 내용을 다룬다.

2) 2세 예술경험영역

(1) 목표

2세 영아는 자연과 생활 속에서 경험하는 다양한 감각 자극을 통해 아름다움을 느끼고, 아름다움을 인식하게 된다. 이 경험을 통해 점차 아름다움에 관심을 가지고 찾아보며 표현하기를 즐긴다. 노래나 리듬을 흥얼거리고 움직임과 춤으로 나타내고, 스스로 다룰 수 있는 재료와 도구로 미술을 즐기며 일상에서 체험한 것을 상상놀이로 표현하며 즐거움을 경험한다. 예술경험 영역은 2세 영아가 일상에서 아름다움을 느끼고 즐기며 이를 통해 자신의 생각이나 느낌을 자유롭게 표현하는 경험을 가지도록 하는 내용이다. 영아는 이러한 경험을 통해 감수성을 계발하고 심미적 태도를 증진시킨다. 이를 위하여 교사는 영아가 익숙한 일상에서 접하는 대상과 공간에 주의를 기울여 아름다움을 느낄 수 있도록 충분한 시간과 여유로운 공간을 제공하도록 한다. 또한 영아가 다양한 예술을 저마다의 방법으로 자유롭게 표현하고 즐기도록 돕고, 이 과정에서 개별 영아의 느낌과 생각, 표현 방법을 존중하여 자유롭고 편안한 분위기에서 자신의 생각을 표현하도록 지원한다.

예술경험영역의 목표는 2세 영아가 일상에서 아름다움을 느끼고 즐기는 것이다. 영아가 마주하는 자연과 생활 속 경험에서 아름다움을 느끼고 관심을 가지며, 예술을 통해 자신의 느낌과 생각을 자유롭게 표현하도록 하며, 구체적인 내용은 〈표 4-3〉과 같다.

〈표 4-3〉 2세 예술경험영역의 목표

• 아름다움을 느끼고 즐긴다. 가. 자연과 생활에서 아름다움을 느끼고 관심을 가진다. 나. 예술을 통해 자유롭게 표현한다.

(2) 내용 범주

2세 예술경험영역은 '아름다움 찾아보기', '창의적으로 표현하기'의 두 가지 내용 범주로 구성되며, 내용 범주별 내용은 다음과 같다.

〈표 4-4〉 2세 예술경험영역의 내용

내용 범주	내용
아름다움 찾아보기	• 자연과 생활에서 아름다움을 느끼고 즐긴다. • 아름다움에 관심을 갖고 찾아본다.
창의적으로 표현하기	• 익숙한 노래와 리듬을 표현한다. • 움직임과 춤으로 자유롭게 표현한다. • 미술 재료와 도구로 표현해 본다. • 일상생활 경험을 상상놀이로 표현한다.

• 아름다움 찾아보기

2세 영아가 일상에서 접하는 사물과 공간, 동식물과 사람, 자신과 또래의 표현 등에서 아름다움을 느끼고 즐기며, 아름다움에 관심을 가지고 찾아보는 내용이다.

• 창의적으로 표현하기

2세 영아가 노래와 리듬, 움직임과 춤, 미술 표현, 상상놀이의 다양한 방법으로 생각과 느낌을 자유롭게 표현하는 내용이다.

(3) 내용 및 세부내용

① 아름다움 찾아보기

• 자연과 생활에서 아름다움을 느끼고 즐긴다

2세 영아가 무심히 지나칠 수 있는 일상의 자연이나 생활 속 공간, 사물 등의 아름다움에 주의를 기울여 아름다움을 풍부하게 느끼며, 자신과 또래의 다양한 예술적 표현을 감상하고 즐기는 내용이다.

• 아름다움에 관심을 갖고 찾아본다

2세 영아가 다양한 소리나 리듬 등의 음악적 요소, 색이나 형태 등과 같은 미술적 요소, 사람과 사물, 동식물의 움직임에서 아름다움을 발견하고 경험하는 내용이다.

② 창의적으로 표현하기

• 익숙한 노래와 리듬을 표현한다

2세 영아가 일상에서 익숙해진 노래를 부르고 간단한 리듬을 표현하는 것을 즐기는 내용이다.

• 움직임과 춤으로 자유롭게 표현한다

2세 영아가 운율 있는 소리나 노래, 또는 보고 만지고 맛보는 등 감각적 경험에서의 느낌을 움직임이나 춤으로 표현하는 내용이다.

• 일상생활 경험을 상상놀이로 표현한다

2세 영아가 일상생활에서 경험한 사건에 포함된 대상이나 상황을 상상놀이로 표현하며 즐기는 내용이다.

2. 2019 개정 누리과정 예술경험영역에서의 음악교육

1) 2019 개정 누리과정 예술경험영역의 목표

유아는 일상에서 아름다움과 경이감을 느끼고 즐기며 표현하는 풍부한 감성을 가진 존재로, 주변의 자연과 일상생활 속에서 아름다움을 느끼고 예술적 요소를 찾아보며 다양한 재료와 도구로 자신의 생각과 느낌을 표현한다. 예술경험영역은 유아가 자연, 일상생활, 예술에서 아름다움을 찾아보고, 창의적인 방법으로 자신의 경험, 생각, 느낌을 표현해 보고, 더불어 다른 사람의 예술적 표현을 존중하는 경험과 관련된 내용이다. 교사는 유아가 아름다움을 느끼고 즐기며 창의적으로 표현하는 과정을 통해 풍부한 감수성을 기르도록 도와주어야 하며 유아가 다양한 예술 감상을 통해 상상력을 키우고 예술표현이 가지고 있는 고유의 가치를 존중하도록 지원하여야 한다(교육부, 2019).

2019 개정 누리과정 3~5세 예술경험영역은 유아가 주변의 아름다움에 대해 관심을 갖고 자신의 생각과 느낌을 창의적으로 표현하는 과정을 즐기는 것을 목표로 하고 있으며, 구체적인 내용은 다음의 〈표 4-5〉와 같다.

〈표 4-5〉 2019 개정 누리과정 예술경험영역의 목표

• 아름다움과 예술에 관심을 가지고 창의적 표현을 즐긴다.
1) 자연과 생활 및 예술에서 아름다움을 느낀다.
2) 예술을 통해 창의적으로 표현하는 과정을 즐긴다.
3) 다양한 예술 표현을 존중한다.

2) 2019 개정 누리과정 예술경험영역의 내용

(1) 내용범주

3~5세 예술경험영역은 유아가 자연, 생활, 예술 에서 아름다움을 느끼고, 음악, 움직임과 춤, 미술, 극놀이 등의 예술에서 자신의 느낌과 생각을 창의적으로 표현하는 과정을 즐기며. 다양한 예술 작품을 감상하며 다른 사람의 예술표현을 존중하는 내

용으로 구성되어 있다. 2019 개정 누리과정 예술경험영역의 내용범주별 내용은 다음 〈표 4-6〉과 같다.

〈표 4-6〉 2019 개정 누리과정 예술경험영역의 내용

내용범주	내용
아름다움 찾아보기	• 자연과 생활에서 아름다움을 느끼고 즐긴다. • 예술적 요소에 관심을 갖고 찾아본다.
창의적으로 표현하기	• 노래를 즐겨 부른다. • 신체, 사물, 악기로 간단한 소리와 리듬을 만들어 본다. • 신체나 도구를 활용하여 움직임과 춤으로 자유롭게 표현한다. • 다양한 미술 재료와 도구로 자신의 생각과 느낌을 표현한다. • 극놀이로 경험이나 이야기를 표현한다.
예술 감상하기	• 다양한 예술을 감상하며 상상하기를 즐긴다. • 서로 다른 예술 표현을 존중한다. • 우리나라 전통 예술에 관심을 갖고 친숙해진다.

- '아름다움 찾아보기'

유아가 자연과 생활서 아름다움을 느끼며, 예술적 요소에 관심을 가지고 찾아보는 내용이다. 이를 통해 자연과 일상생활 및 예술에서 아름다움을 느끼는 것에 중점을 둔다.

- '창의적으로 표현하기'

유아가 노래를 즐겨 부르고, 간단한 소리와 리듬을 만들어 보며, 자유롭게 움직이며 춤추고, 다양한 미술재료와 도구를 활용하여 표현하며, 경험과 이야기를 극놀이로 표현하는 내용이다. 이를 통해 예술을 통해 창의적으로 표현하는 과정을 즐기는 것에 중점을 준다.

- '예술 감상하기'

유아가 자신과 또래의 작품뿐만 아니라 다양한 예술을 감상하며 상상하기를 즐기고, 서로 다른 예술표현을 존중하며, 우리 고유의 전통 예술에 친숙해지는 내용이다. 이를 통해 다양한 예술표현을 존중하는 것에 중점을 둔다.

(2) 내용 및 세부내용

① 아름다움 찾아보기

- 자연과 생활에서 아름다움을 느끼고 즐긴다

유아가 자신의 주변에서 만나는 자연, 공간, 사물 등의 아름다움을 느끼며 즐기는 내용이다.

- 예술적 요소에 관심을 갖고 찾아본다

유아가 주변의 자연과 생활에서 다양한 소리나 리듬 등의 음악적 요소, 색이나 형태 등과 같은 미술적 요소를 발견하고, 사물이나 동식물의 움직임에서 아름다움을 경험하는 내용이다.

② 창의적으로 표현하기

- 노래를 즐겨 부른다

유아가 흥얼거리거나 친구들과 함께 소리와 박자 등을 느끼고 노랫말을 바꾸어 불러 보며 노래 부르기를 즐기는 내용이다.

- 신체, 사물, 악기로 간단한 소리와 리듬을 만들어 본다

유아가 자신의 신체, 주변의 사물 리듬악기 등을 사용하여 소리와 리듬을 창의적으로 만들어 보는 내용이다.

- 신체나 도구를 활용하여 움직임과 춤으로 자유롭게 표현한다

유아가 자연과 생활에서 발견한 다양한 움직임을 자유롭게 표현하고 나아가 자신의 생각과 느낌을 자신의 신체나 다양한 도구를 활용하여 움직임과 춤으로 표현하는 내용이다.

- 극놀이로 경험이나 이야기를 표현한다

유아가 자신의 경험, 다양한 상황 이야기를 자유롭게 상상하며 극 놀이로 표현하는 과정을 즐기는 내용이다.

③ 예술 감상하기

• 다양한 예술을 감상하며 상상하기를 즐긴다

유아가 자신과 또래의 미술작품이나 음악, 춤, 극 놀이 동을 듣거나 보고 즐기는 활동을 통하여 아름다움을 느끼고 능동적으로 상상하기를 즐기며 예술 감상에 지속적인 관심과 흥미를 갖도록 하는 내용이다.

• 서로 다른 예술 표현을 존중한다

유아가 자신과 또래의 작품, 음악, 춤, 미술작품, 극 등에 포함된 다양한 표현을 존중하는 내용이다.

• 우리나라 전통 예술에 관심을 갖고 친숙해진다

유아가 우리나라 고유의 전통음악, 춤 미술, 건축물 극 등에 관심을 가지고 전통 예술을 감상하며 우리나라 문화에 친숙해지는 내용이다,

3. 음악적 요소 및 내용

음악은 소리(tone)로 만들어진 예술이다. 음악은 소리의 재료로 구성되어 있지만, 소음이 아닌 음악적 소리로 음악적 구성 요소와 연결된다. 음악의 구성 요소를 이해하는 것은 음악의 보편적 속성을 이해할 수 있는 기본적인 바탕이 된다. 음악적 요소에 대해 구체적으로 살펴보면 다음과 같다.

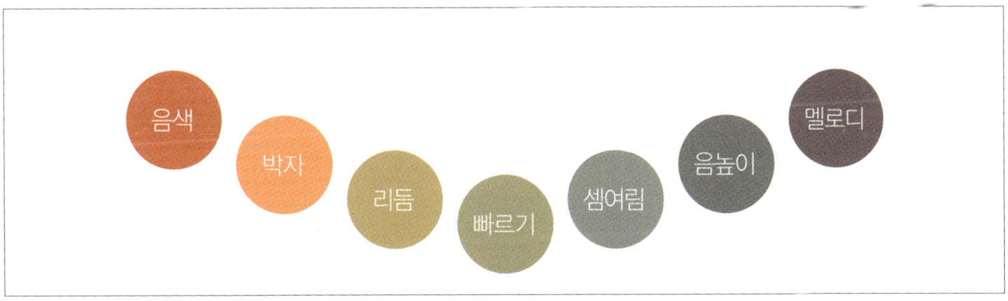

[그림 4-1] 음악적 요소

1) 음색

음색이란 소리의 특성으로 다른 것과 구별되는 소리의 질을 의미한다. 사람마다 다른 목소리를 가지고 있는 것처럼 악기도 저마다 다른 소리를 가지고 있다. 소리는 만들어 내는 물체의 재료, 구조, 크기에 따라 음색이 결정된다.

(1) 음색과 관련된 활동의 예

- 악기의 이름, 모양, 소리 탐색하기
- 악기 소리 들려주고 이름 알아맞히기
- 주변 환경에서 나는 소리 구별하기
- 같은 곡을 다른 종류의 악기로 연주한 음악 감상하기
- 녹음된 친구 목소리를 듣고 목소리 알아맞히기

(2) 음색과 관련된 발문

- 남자 목소리일까, 여자 목소리일까? 혼자서 부르는 소리일까?
- 어떤 악기의 소리일까?
- 모두 같은 소리가 났니? 왜 다른 소리가 났을까?

2) 박과 박자

박이란 박자의 단위이며, 시계가 똑딱거리는 것처럼 규칙적이고, 손의 상하운동에 의하여 셀 수 있는 일정한 시간적 간격을 가진 맥박이다. 모든 음악의 기본은 '박'이 된다. 박자는 2박, 3박, 4박, 6박과 같은 박(beat)의 기본 그룹이며, 일정한 시간 단위로 되풀이되는 악센트의 주기적 반복이다. 노래를 들을 때 규칙적으로 고개를 끄덕이거나 몸을 좌우로 또는 앞뒤로 움직이거나 손뼉 치기, 발 구르기 등으로 음악 속에 흐르는 '박'에 반응하게 된다.

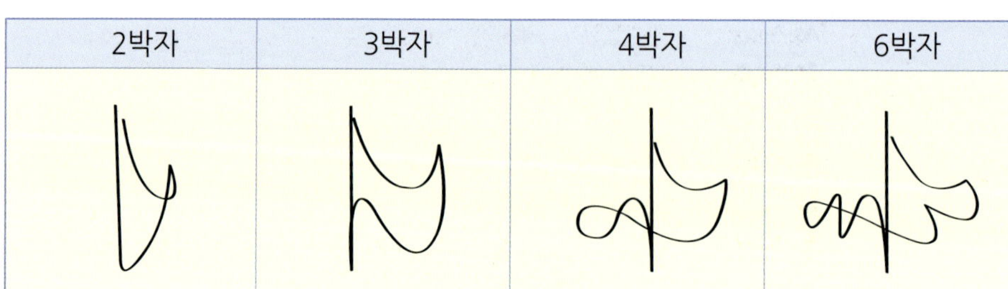

[그림 4-2] 지휘 도형

(1) 박/박자 관련 활동의 예

- 3박 '강-약-약' 또는 2박 '강-약'에 맞추어 리듬악기 연주하기
- '발-손뼉-손뼉', '무릎-손뼉-손뼉', '머리-어깨-어깨' 등으로 반복해서 쳐 보기

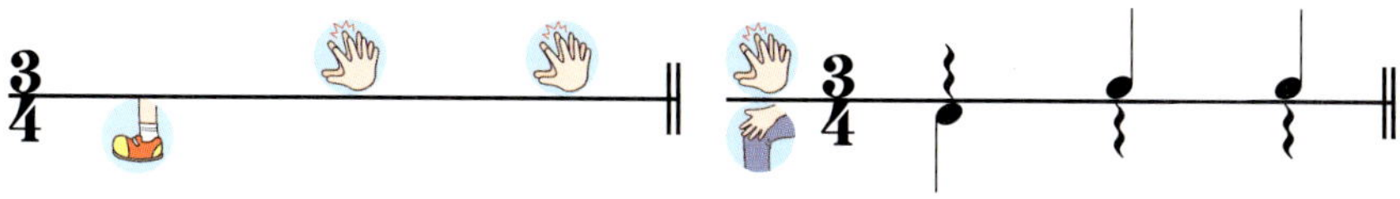

- 2박자의 곡(예: 〈하바네라〉)을 들으면서 손을 위아래로 움직이며 지휘하기
- 3박자의 곡(예: 〈미뉴에트〉)을 들으면서 손으로 세모를 그리며 지휘하기
- 두 손을 들고 자동차 와이퍼처럼 움직이기, 박자에 맞춰 무릎 두드리기, 음악에 맞춰 행진하기
- 2/4(〈산토끼〉), 3/4(〈똑같아요〉), 4/4(〈수박파티〉)박자의 노래 부르며 박자 치기(2박: 무릎-손뼉 / 3박: 무릎-손뼉-손뼉 / 4박: 무릎-손뼉-손뼉-손뼉)

(2) 박과 박자와 관련된 발문

- (같은 모양의 단추를 여러 개 놓고 한 개에 손뼉 한 번 치며) 놓인 단추에 맞게 손뼉 치기 해 볼까?

- (다른 모양의 단추를 추가하여 2, 3박의 패턴을 만든 뒤) 이 단추는 어떤 모양일까?

- 이 모양 다음에 다른 모양 단추를 놓아 보자.
- 처음에 놓인 단추와 두 번째로 놓인 단추를 서로 다르게 소리 내어 보자.
- 이 음악에 맞춰서는 어떻게 움직이면 좋을까? 음악에 맞추어 걸어 보자(2박).

3) 리듬

리듬은 박자 위에서 움직이는 길고 짧은 소리들의 묶음이다. 음의 길이와 셈여림이 시간적으로 결합하여 진행하는 것을 말하며, 음악적 기초를 이루는 가장 중요한 요소이다.

(1) 리듬 관련 활동의 예

- 노랫말에 맞춰 손뼉 치기
- 리듬 전달하기(예: 한 줄로 앉아서 리듬을 앞사람 어깨에 두드려 전달하기)
- 리듬 메아리 모방 활동(예: 교사가 보여 준 리듬 패턴을 영유아가 메아리가 되어 똑같이 따라 하기)
- 과일, 동물 이름으로 리듬 패턴 만들기
- 리듬에 맞추어 동시 읽어 보기(예: 동시 「봄 이야기」)

봄 이야기

봄이 찾아 왔어 요

팔랑 팔랑 봉긋 봉긋

무당 벌레 풀 잎

햇살 아래 활 짝

(2) 리듬과 관련된 발문

- 음악을 들어 보자. 어떤 리듬을 들었니? 리듬막대를 사용해서 들은 리듬을 똑같이 흉내 내어 보자.
- 신체 각 부위에 리듬을 붙여 말놀이를 해 보자(예: ♫ ♫ ♩ ♩ - 머리, 이마, 눈, 코 / ♩ ♫ ♫ ♩ - 입, 어깨, 무릎, 발).
- 리듬에 맞추어서 내 이름을 말해 보자(예: ♩ ♫ ♩ ♩ ♩ ♩ - 내 이름은 ○○○).

4) 빠르기

빠르기는 음악에서의 빠르고 느림, 음악이 연주되는 속도이다. 음악의 빠르기는 일정하게 유지되기도 하고 부분적으로 점차 빨라지거나 느려지기도 한다.

(1) 빠르기 관련 활동의 예

- 메트로놈 빠르기에 맞춰 손뼉을 쳐 보거나 노래를 빠르게, 혹은 느리게 불러 보기
- 메트로놈 빠르기를 조정하여 노래의 앞부분은 빠르게, 뒷부분은 느리게 불러 보기
- 빠른/느린 음악을 들을 때 손을 빠르게 혹은 느리게 움직이기
- 감상곡의 느낌을 미술활동으로 표현해 보기(예: 〈사랑의 인사〉 - 곡선 그리기)

(2) 빠르기와 관련된 발문

- 음악이 점점 빨라지니까 어떤 느낌이었니?
- 산에 오를 때의 걸음걸이와 내려올 때의 걸음걸이가 어떻게 다를까? 이 느낌에 맞춰 노래를 불러 보자.

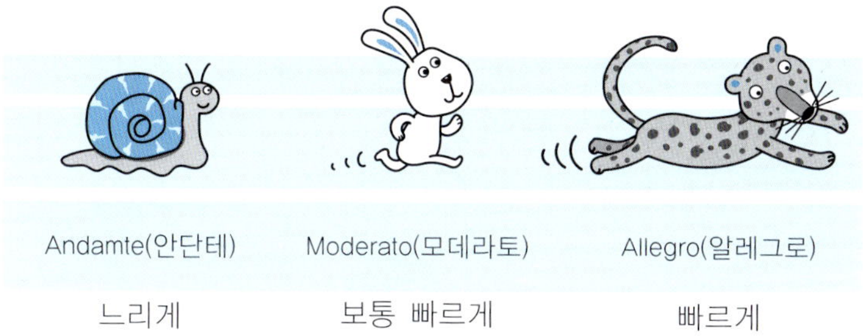

[그림 4-3] 악곡 전체의 빠르기를 지시하는 말

5) 셈여림

셈여림이란 소리의 크고 작음, 강함과 여림의 정도와 관련된 음악적 표현이다.

(1) 셈여림 관련 활동의 예

- 〈달팽이 집〉 노래를 부를 때 '점점 크게' 부분은 점점 큰 소리로, '점점 작게' 부분은 점점 작게 불러 보기
- 악어 인형을 만들어 악어의 입이 점점 커지면 점점 큰 소리로, 악어의 입이 점점 작아지면 점점 작은 소리로 부르기
- 크게/작게 요소의 음악은 몸을 크게 펴거나 오므리게 하면서 들어 보기
- 셈여림 기호대로 〈정글 숲〉 노래 부르기

(2) 셈여림과 관련된 발문

- 작은 아기 사자가 내는 소리는 어떨까? 큰 아빠 사자가 내는 소리는 어떨까?
- *p*는 아기 코끼리처럼 작은 소리로 노래하라는 뜻이야. '피아노'라고 한단다.
- *f*는 아빠 코끼리처럼 큰 소리로 노래하라는 뜻이야. '포르테'라고 한단다.
- 배운 노래를 처음부터 끝까지 아기 코끼리 소리처럼(여리게) 불러 보자.
- 소리가 작고 느렸을 때 어떤 기분이 들었니? 소리가 점점 커지니까 어떤 기분이 들었니?

정글 숲		
pp	아주 여리게	정글 숲을 지나서 가자
p	여리게	엉금엉금 기어서 가자
mp	조금 여리게	늪지대가 나타나면은
f	세게	악어 떼가 나온다
ff	아주 세게	악어 떼

[그림 4-4] 셈여림

[그림 4-5] 셈여림 카드의 예

6) 음높이

음높이는 소리의 높고 낮음 또는 그 중간을 의미한다.

(1) 음높이 관련된 활동의 예

- 높고 낮은 소리 찾아보기(예: 실로폰, 피아노)
- 다장조 음계에 맞추어 음의 높낮이를 손으로 나타내기
  - '도-레-미-파-솔-라-시-도'를 '아'로 부르기
  - '도-시-라-솔-파-미-레-도'를 '아'로 부르기
- 교사의 지시에 따라 높고 낮은 소리로 말해 보기
  - 교사가 손을 올리면 높은 소리로 "안녕하세요." 말하기
  - 교사가 손을 내리면 '안녕하세요'를 낮은 소리로 말하기

(2) 음높이와 관련된 발문

- (투톤블록 소리를 들으면서) 높은 소리가 나면 오른손을, 낮은 소리가 나면 왼손을 들어 보자.
- (연주되는 음악의 음높이에 맞추어 줄을 위아래로 움직여 보며) 낮은 소리가 날 때는 줄 아래로 어떻게 지나갈까? 높은 소리가 날 때는?

7) 멜로디

멜로디는 음높이가 있는 소리가 리듬과 짝을 이루어 반복되거나 높이가 다른 음으로 연결되어 만드는 소리의 흐름이다. 멜로디는 어떠한 곡을 듣고 그것이 무슨 곡인지 알 수 있게 도와준다.

(1) 멜로디 관련 활동의 예

- 동요의 멜로디 감상하기
- 주변의 멜로디 찾아보기(예: 휴대폰 벨소리, 신호등 소리, 오르골 등)
- 잘 아는 노래를 부르면서 종이 위에 멜로디의 흐름을 그려 보기
- 노래의 멜로디(앞부분, 후렴 부분, 반주나 간주 부분) 듣고 제목 알아맞히기

(2) 멜로디와 관련된 발문

- 선생님이 한 소리('라')로 불러 주는 노래의 제목을 맞춰 보자.
- (잘 아는 노래의 멜로디를 일부분 다르게 연주한 다음) 지금 들려준 노래의 어떤 부분이 다르게 연주되었을까?
- 이 노래를 들어본 적이 있니? 어디서 들어 본 소리니?(예: 휴대폰 벨소리, 광고 음악 등)

CHAPTER 05

영유아 음악교육의 교수-학습방법

영유아 음악교육에서 교수-학습방법과 교사의 역할은 음악활동의 목표 달성에 큰 영향을 미친다. 그러므로 본 장에서는 영유아 음악능력을 증진시키기 위한 음악교육의 교수-학습원리, 다양한 영역 간의 통합적 접근과 음악활동을 위한 교사의 역할에 대해 알아본다.

1. 영유아 음악교육 교수·학습의 원리

영유아 음악교육을 위한 교수·학습의 원리의 구체적 내용을 살펴보면 다음과 같다.

1) 개별화의 원리

영유아는 개개인에 따라 발달 수준, 흥미와 욕구, 사전 경험, 음악성 등이 다양하므로, 음악교육은 개별적 능력을 고려하여 수준과 내용을 다양하게 조절한다. 영유아에게 음악활동의 수준을 한 가지로만 제공한다면, 자신의 능력의 한계로 인하여 좌절감을 느끼게 되며, 흥미를 고려하지 않은 단일한 활동으로 자발적인 성취감을 느낄 수 없다. 따라서 같은 활동이라도 다양한 수준으로 제공해야 한다. 예를 들어, 악기연주

활동을 제공할 때 악기연주능력이 미숙한 영유아를 위하여 허용적인 분위기에서 자연스럽게 악기 소리를 탐색하고 표현해 보거나 자유롭게 연주하기 활동을 제공한다. 반면, 악기연주능력이 발달한 영유아를 위해 그림, 그림악보를 제공하여 부분연주하기, 분담연주하기 등을 자신의 능력과 흥미에 따라 스스로 선택할 수 있도록 한다.

2) 생활중심의 원리

영유아의 일상생활과 관련된 경험을 바탕으로 자신의 친근한 주변 환경에서 발생하는 소리, 혹은 자연과 주변 사물의 여러 움직임에 대한 관심과 흥미를 음악교육내용으로 구성할 때 더욱 효과적인 학습이 일어난다. 예를 들어, 여름의 자연현상과 동식물에 관심을 갖고 탐색하는 것을 활동목표로 설정했을 경우, 영유아 주변의 익숙한 경험에서부터 시작한다. 여름날 내리는 가랑비와 소나기를 듣고 빗소리의 음색을 구분하여 보거나, 생상스의 ≪동물의 사육제≫ 중 〈거북이〉와 〈캥거루〉를 감상한 후 이야기 나누기와 움직임을 통하여 빠르기, 셈여림의 차이를 구별해 본다. 또한, 특별한 날이나 명절에 관련 사진이나 영상 자료를 보고 이야기를 나눈 후, 창작동요, 전래동요 등을 불러 볼 수 있다. 하루 일과 중에 잠자기, 이 닦기, 손 씻기 등 영유아와 친숙한 내용의 노래를 듣고 즐겁게 불러봄으로써, 기본생활습관도 음악활동을 통하여 지도할 때 효과적으로 학습한다.

3) 놀이중심 원리

놀이는 그 자체에 기쁨과 즐거움을 내포하고 있으며, 내적으로 동기화 된 능동적이고 자발적인 행동이다(이숙재, 2019). 특히, 음악놀이는 결과중심으로 단순한 방법이나 지식을 전달하는 것이 아니라 영유아가 직접 참여하여 경험할 수 있는 과정중심으로 지도해야 한다. 놀이와 음악은 밀접하게 연결된 활동이다(van der Linde, 1999). 교사는 음악활동을 계획하고 환경을 구성하여 영유아 스스로 놀이에 몰입할 수 있도록 지도한다. 음악활동은 자유선택활동 시간의 음률영역과 실외놀이에서 자연스럽게 이루어진다. 또한, 놀이 과정 속에서 교사 또는 또래와 자연스럽게 상호작용하면서 의사소통능력과 긍정적인 사회기술을 발달시켜 나간다. 예를 들어, 음률영역에서 함께 노래를 부르며 리듬에 맞춰 리듬악기를 연주하며 의견을 나누고 협동하는 기술을 배우게 된다.

4) 단계적 학습의 원리

영유아기 음악활동은 단순한 것에서 시작하여 점차 복잡한 것으로 학습한다. 노래 부르기 활동과정을 살펴보면, 3세는 노래의 길이가 짧고, 리듬 형식이 반복적이며, 쉽게 따라 부를 수 있는 멜로디로 된 친숙한 노래를 즐겁게 부른다. 만 4, 5세는 다양한 장르의 노래, 다른 나라의 동요 등을 유아의 생각과 느낌에 따라 셈여림, 빠르기, 노랫말 등의 음악적 요소에 변화를 주거나 문답식 노래로 표현하도록 한다.

5) 탐구학습의 원리

영유아가 자연과 주변 환경에서 들리는 다양한 소리와 음악에 귀를 기울이고 관찰하고 실제로 경험하는 과정은 매우 중요한 부분이다. 영유아는 실제 음악 경험을 통하여 호기심을 갖게 되고, 이를 만족시키기 위해 자신의 감각을 사용하여 자발적으로 탐색한다. 이러한 과정을 통해 음악과 관련된 지식, 창의적 표현력 등이 발달된다. 예를 들어, 음높이란 소리의 높낮이를 의미하며, 소리의 진동수가 많으면 높은 소리가 되고, 진동수가 적으면 낮은 소리가 된다. 영유아는 음높이의 개념과 차이를 추상적인 설명으로 이해할 수 없다. 그러나 영유아와 계단을 오르내릴 때 '도레미파솔라시도'를 표현해 보면 그 특징을 자연스럽게 발견하여 음높이 개념을 학습하게 된다. 이처럼 영유아는 스스로 탐구하여 자발적 학습이 이루어졌을 때 자신감을 느끼고 다음 학습에 대한 동기가 유발된다.

6) 다양성과 통합성의 원리

영유아를 위한 음악교육은 음악 감상하기, 노래 부르기, 악기 다루기, 동작으로 표현하기, 음악 창작하기 활동과 긴밀한 관계를 맺으면서 통합적으로 지도하는 것이 무엇보다 중요하다. 또한, 음악 경험은 수, 과학, 음악, 미술, 문학, 춤 등의 교과별로 구분되는 것이 아니라 숫자 노래를 통해 수에 대한 기초개념을 형성하고, 음악 감상활동을 하면서 색 · 형태 · 선 · 공간 등의 미술 요소를 학습할 수 있고(예: 음악의 느낌을 색깔로 표현하면 어떤 색일까?, 강하고 빠른 느낌은 어떤 모양의 선으로 그릴 수 있을까?), 발레공연 영상을 감상한 후(예: 내가 백조라면 어떻게 춤을 추었을까? 음악에 맞춰 몸을 움직여 보자.), 동작표현을 하면서 또래와의 사회적 관계를 긍정적으로 발달시킬 수 있다. 한편, 교육내용이나 환경이 단편적이면 흥미를 상실하여 자발적인 참여가 불가능해질 뿐 아니라 제한된 경험을 하게 된다.

7) 다감각, 다상징적 표현활동의 원리

영유아는 아직 자신의 의사를 충분히 표현할 수 있는 능력이 부족한 시기이자 언어를 습득해 가는 과정에 있으므로 말이나 글로 자신의 의사를 분명하게 표현하는 데 미숙하다. 그러므로 영유아발달에 적합한 감각적인 음악 체험과 더불어 쉽게 익히고 배울 수 있는 다양한 상징 기호와 사물 등을 활용하여 지도한다. 즉, 그림, 그림악보, 기호, 다양한 도구 등은 자신의 생각이나 보고 느낀 것을 표현하는 동시에 의사소통의 수단이 될 수 있다. 또한, 영유아가 음악, 동작, 미술, 극놀이 등의 시각적 · 청각적 · 촉각적 표현활동을 통하여 생각과 감정을 표현할 수 있는 기회를 제공한다(임혜정, 2013). 교사는 획일적인 표현이나 기능 중심의 반복학습을 탈피하고 창의적이고 다양한 표현활동을 통해 통합적인 표상활동 중심의 음악활동과 음악적 개념의 발달을 도모하는 교수-학습방법을 모색해야 한다.

2. 영유아 음악교육의 통합적 접근

통합적 접근이란 영유아가 전인적으로 발달할 수 있도록 영유아에게 여러 학문 간, 발달 영역 간, 그리고 활동 간을 통합한 경험을 제공하는 것을 의미한다. 영유아는 발달 특성상 분리된 내용 영역보다 통합된 전체로서 경험하고 배우는 것이 더 효과적이므로 예술경험영역의 음악, 움직임과 춤, 미술, 극놀이 등의 활동은 단편적이고 분리된 기술 습득보다 통합적 활동으로 제공하는 것이 바람직하다. 특히, 영유아를 위한 교육과정에서는 영유아가 참여하는 다양한 표현활동이 서로 통합적으로 이루어지도록 강조하고 있다. 영유아는 음악, 움직임과 춤, 미술, 극놀이를 통합적으로 경험할 때 자신의 경험을 조직적이고 종합적으로 표현할 수 있게 되며, 더욱 풍부한 표현력을 가질 수 있다. 또한, 이러한 경험이 일상적으로 반복되면서 영유아는 예술활동 전반에 대해 지속적으로 흥미를 느끼고 창의적 표현 과정을 즐기게 된다(교육과학기술부 · 보건복지부, 2013).

음악교육영역에서 통합의 의미를 음악영역 내의 통합, 타 영역과의 통합, 예술영역 간 통합의 세 가지를 중심으로 살펴보고자 한다.

1) 음악영역 내의 통합

음악은 음악 감상하기, 노래 부르기, 악기 다루기, 동작으로 표현하기, 음악 창작하기와 같은 음악활동으로 구성되어 있다. 음악영역 내의 통합이란 이들 영역을 활동 내의 통합, 즉 음악적 경험으로 주어지는 듣기, 음악 감상하기, 노래 부르기, 동작으로 표현하기, 악기 탐색 및 악기 연주하기, 음악 창작하기 등의 통합을 의미한다. 즉, 모든 활동은 각 개별적 활동으로 분리되어 제시되는 것이 아니라 통합적으로 묶여 동시에 한 활동으로 진행될 수 있다. 예를 들면, 〈동물농장〉 노래를 부르면서 동물 울음소리가 나오는 순서에서 악기를 연주한다든지 모차르트가 작곡한 〈작은 별 변주곡〉을 감상한 후 평소 알고 있던 〈작은 별〉 노래의 가사를 넣어 노래 부르기를 한다.

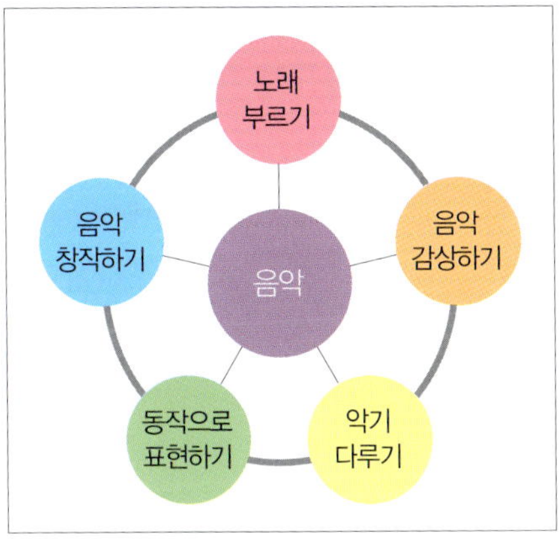

[그림 5-1] 음악영역 내에서 통합적 접근

2) 예술영역 간의 통합

영유아가 상징적 체계를 이용하여 자기 표현을 하는 예술영역으로는 음악, 움직임과 춤, 미술, 극놀이 등이 있다. 이러한 표현 매체를 통한 활동은 각각 분리하여 전개될 때보다 서로 통합하여 전개될 때 서로 연관되어 다른 영역의 발달에 영향을 미치거나 받으며 더 효과적으로 표현이 이루어질 수 있다. 음악, 움직임과 춤, 미술, 극놀이 등의 각 표현활동은 초기에는 한 가지 예술영역 내에서의 통합에서 시작하여 점차

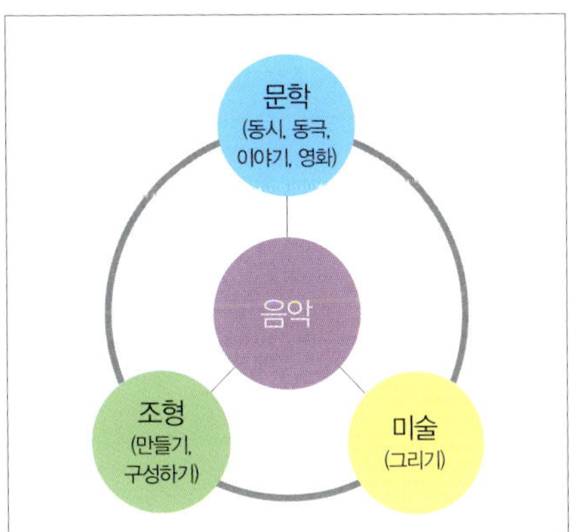

[그림 5-2] 음악과 예술영역의 통합적 접근

두 가지 이상의 예술영역 간의 통합된 활동으로 이루어질 수 있다. 예를 들어, 생활주제 '여름'에서 '바다'를 주제로 진행될 경우 미술활동으로 바닷속 생물을 만들어 바닷속을 꾸며 본 뒤, 바다와 어울리는 소리를 녹음하여 이를 배경음악으로 바닷속을 여행하는 물고기처럼 몸으로 움직임을 표현해 볼 수 있다. 또한, 음악, 움직임과 춤, 미술의 통합적 표현활동으로 세계 여러 나라 음악(예: 인디언 음악)을 감상한 후 춤에 필요한 민속 의상을 만들고, 이를 활용하여 음악에 대한 느낌이나 분위기를 움직임과 춤으로 표현하는 활동으로 전개할 수 있다. 이처럼 음악을 감상하고 그 느낌을 그림으로 그리거나, 몸으로 표현해 봄으로써 통합이 자연스럽게 이루어진다. 이러한 음악영역 내에서의 통합은 영유아의 창의적인 사고 및 표현을 자극하게 되고 다양한 음악경험을 하게 된다.

3) 음악영역과 타 영역과의 통합

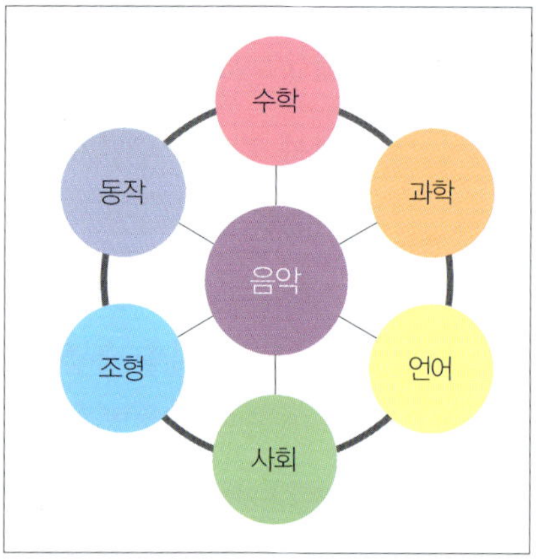

[그림 5-3] 음악과 타 영역과의 통합적 접근

영유아 교육과정은 주제를 중심으로 여러 교과 및 생활영역이 통합되어 운영되므로 표현활동도 다른 교과 영역과 연결할 수 있다. 음악영역과 다른 영역과의 통합으로 조형과 수, 과학 등의 활동을 통합하여 활동할 수 있다. 예를 들어, 과학 활동을 하면서 관찰하거나 탐색하는 과정을 통해 〈물에 뜰까?〉(399쪽) 노래를 소개한다. 물이 담긴 투명 용기와 뜨거나 가라앉는 다양한 물체를 노래 자료로 사용할 수 있다. 물체를 들고 노래를 부르면서 '물에 뜰까?' 부분에서 손을 높이 들고, '가라앉을까?' 부분에서 손을 아래로 내리면 음높이가 달라짐을 시각적으로 나타낼 수 있다. 요리 활동을 하면서 〈송편〉(303쪽) 노래를 부르는 경우 요리 순서에 따라 노랫말을 전달하는 시각 자료를 사용할 수도 있다. 〈코끼리와 거미줄〉(292쪽)은 수학적 개념을 노래와 동작으로 표현한다. 이처럼 음악활동은 다른 활동시간과 통합할 수 있다. 노랫말이 교과 영역의 활동내용과 관련되어 있는 노래를 부르면 다른 활동에 대한 영유아의 흥미를 증가시키는 역할을 한다.

3. 영유아 음악교육을 위한 교사의 역할

영유아기에 이루어진 음악 경험은 성인에 이르기까지 지속적으로 영향을 미친다는 점에서 매우 중요하다. 이러한 관점에서 봤을 때, 영유아의 음악활동을 이끌고 책임을 지는 교사는 중요한 역할을 한다. 특히, 교사의 능력과 영유아 음악교육에 대한 인식은 영유아의 음악적 성장에 영향을 미칠 수 있다.

영유아 음악교육을 위해 교사는 스스로 음악을 즐기며 자유로운 표현을 가치 있게 여기는 태도를 보여 주는 것이 중요하다. 음악에 대한 관심과 흥미가 높은 교사의 경우 영유아에게도 흥미를 갖도록 자극한다. 교사의 이러한 태도는 영유아가 음악에 관심을 가지고 자신의 생각이나 느낌을 음악적으로 자유롭게 표현하는 태도를 형성하는 데 도움을 준다. 즉, 음악은 교사가 의도한 것 이상으로 교육과정에서 중요한 부분을 차지할 수 있다. 영유아 음악교육의 효율적 수행을 위한 교사의 역할을 구체적으로 살펴보면 다음과 같다(강보라, 2012; 김연주 외, 2020; 김혜경 · 고미애, 2014; 방은영, 2015; Eliason & Jenkins, 2003).

계획자로서의 교사

교사는 효율적인 음악교육을 위해 형식적 또는 비형식적 음악활동 계획을 세워야 한다. 즉, 교사가 계획한 대소집단 활동 이외에도 영유아가 하루 일과 중에서 자연스럽게 음악을 접할 수 있는 환경을 지원하고, 영유아의 발달 수준과 흥미 및 생활주제에 적합한 음악활동을 선정해서 교육계획안을 작성해야 한다. 이때, 음악 감상하기, 노래 부르기, 악기 다루기, 동작으로 표현하기, 음악 창작하기 활동이 골고루 포함되도록 고려한다. 또한, 각 음악활동을 위한 준비물, 사전 활동, 지도방법과 확장, 연계 활동에 대한 계획안을 구체적으로 수립하도록 한다.

시범자로서의 교사

교사는 새로운 음률활동을 제시할 때 활동의 시범을 보여 준다. 교사는 음악활동 시 자신이 즐겁게 음악을 즐기는 모습, 노랫말의 정확한 발음과 입 모양, 표정, 악기를 다루는 태도, 적극적이고 유연한 동작표현의 모습을 보여줄 수 있어야 한다. 이를 위하여 영유아 수준에 맞는 양질의 동요와 감상곡을 다양하게 알고 있어야 한다.

격려자로서의 교사

교사는 영유아의 반응을 수용하고 격려하여, 능동적으로 음악활동에 참여하도록 한다. 예를 들면, "참 잘했어요.", "좋은 생각이구나.", "○○에게 모두 박수 쳐 주자." 등과 같이 영유아를 격려하면 음악활동의 구성원으로서 역할을 수행하는 동시에 음악을 즐기게 된다. 또한, 영유아의 독특한 개성을 인정하고 영유아의 창의적 사고와 또 다른 방법으로 음악을 창조하려는 자발적인 시도에 관심을 기울인다.

촉진자로서의 교사

교사는 영유아의 음악활동을 관찰하면서 필요에 따라 직·간접으로 개입하여 상호작용하면서 도와줄 수 있다. 교사는 개방적 질문(예: "이 노래를 들으니 무엇이 생각나니?", "트라이앵글과 우드블록의 소리는 어떻게 다르니?")과 구체적인 칭찬(예: "스카프를 이용하여 다양한 동작을 만들었구나.", "작은북을 열심히 두드렸구나.")을 통하여, 영유아가 좀 더 적극적으로 음악활동에 참여할 수 있도록 한다. 영유아가 음악활동에 참여할 때 자신의 생각과 느낌을 자유롭게 표현할 수 있도록 배려한다.

안내자로서의 교사

교사는 영유아가 심리적으로 안정된 분위기에서 자발적으로 음악활동에 참여하여 자유롭게 표현할 수 있도록 안내자의 역할을 해야 한다. 모든 영유아의 음악활동을 격려하고 수용하는 태도를 보이며, 음악을 즐기고 느끼고 상상할 수 있도록 지도한다. 또한, 영유아가 음악활동에 몰입하여 창의적인 음악적 표현을 스스로 발견할 수 있도록 이끈다. 그 밖에 음악을 사랑하고 즐기는 데 필요한 풍부한 감성과 심미적 태도 등 음악적 소양을 기르도록 다양한 표현과 감상의 경험을 제공한다.

평가자로서의 교사

교사는 영유아의 음악발달에 민감하고 긍정적으로 반응하며, 영유아에게 음악적 기술의 완벽한 수행을 요구하거나 비판하지 않는다. 누구나 음악적 능력을 갖고 태어나지만, 능력에는 질적 · 양적인 차이가 있다. 따라서 교사는 음악교육에 영유아의 반응을 관찰하며 음악적 능력의 변화를 객관적이고 발전적인 관점으로 평가한다. 또한, 평가 이후에는 음악교육을 위한 발전적인 방향으로 확장시켜 나간다.

창조자로서의 교사

교사는 자신이 창의적이고 독창적인 교사가 되도록 노력하며, 영유아의 창의적 사고와 표현을 격려할 수 있는 창의적인 모델이 되어야 한다. 창조적인 교사는 영유아의 독특한 개성을 인정하고 영유아의 창의적 사고와 또 다른 방법으로 시도해 보는 것을 격려한다. 이를 위해 창의적인 사고와 행동을 자극할 수 있는 교수자료나 충분한 공간, 다양한 악기 등을 제공함으로써 적절한 음악학습 환경을 구성해야 한다.

전문가로서의 교사

교사는 음악교육에 대한 전문성, 영유아의 음악발달 단계와 음악적 특징을 이해하고 교사 자신이 영유아의 음악을 효과적으로 지도할 수 있는 능력을 갖추어야 한다. 교사는 음악적 지식과 기술을 향상시키기 위해 다양한 음악 교수-학습방법을 연구해야 하며, 이를 위해 영유아 음악교육에 대한 최신 정보와 연수회에 관심을 두고 참여해야 한다. 또한, 영유아의 발달 수준이나 행동 특성을 고려하여 균형 있고 체계적인 음악 환경을 제공해야 한다.

최근 영유아교육기관의 음악활동은 외부에서 파견된 음악교사에 의해 특강으로 이루어지기도 한다. 하지만 발달에 적합한 다양한 음악활동은 담임교사에 의해 통합적으로 이루어지는 것이 바람직하다. 필요시 교사와 음악전문교사와의 상호 협력 체제를 구축하여 자문과 지원이 이루어지는 것이 바람직하다.

CHAPTER 06

영유아 음악교육의 환경구성

영유아가 노래할 때에 소리 낼 수 있는 공간, 반복하여 익힐 수 있는 시간, 그리고 그것을 들어 주고 함께 상호작용하는 교사 또는 또래가 존재할 때 비로소 배움의 과정이 시작된다. 따라서 영유아가 풍부한 음악활동을 접할 수 있도록 적절한 자료와 교구가 마련된 음악 환경이 준비되어야 한다. 본 장에서는 영유아 음악교육을 위한 교육기관의 음악환경 구성뿐만 아니라 가정과 지역사회 음악교육 환경에 대해 자세하게 살펴보고자 한다.

1. 교육·보육기관의 음악교육 환경

현재 영유아의 음악교육은 영유아 교육기관이 담당하고 있다. 사설 교육기관을 통한 음악교육도 넓게 퍼져 있는 것이 사실이지만, 대다수의 영유아는 다양한 음악을 영유아 교육기관을 통해 접하고 있다. 영유아 교육기관에서 이루어지는 음악교육은 음악 감상하기, 노래 부르기, 악기 다루기, 동작으로 표현하기, 음악 창작하기 등을 포괄적으로 배울 수 있는 기회가 제공된다는 점에서 영유아의 음악적 성장에 큰 도움이 된다.

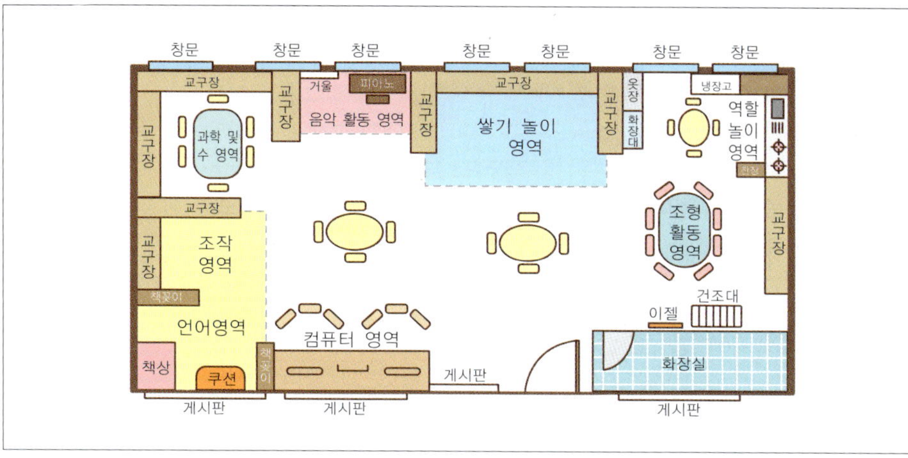

[그림 6-1] 영유아교육기관의 음률영역 배치의 예

1) 음률영역

음률영역은 생활 주변에서 듣는 다양한 소리에 관심을 가지고 탐색하고 음악을 듣고 노래를 부르고 여러 가지 악기를 다루어 보고 음악에 맞추어 자유롭게 몸을 움직이거나 창의적인 동작표현활동을 경험하는 영역을 의미한다. 즉, 영유아가 자발적으로 음악활동에 참여하도록 유도하는 중요한 역할을 담당한다. 음률영역은 각 기관의 교실 크기 및 프로그램의 특성에 따라 융통성 있게 배치할 수 있다. 음률영역을 배치할 때 유사한 특성을 가진 영역끼리 모아서 구성하는 것이 바람직하다. 즉, 역할놀이영역이나 쌓기놀이영역 등과 같이 활동적이고 건조한 곳에 배치한다.

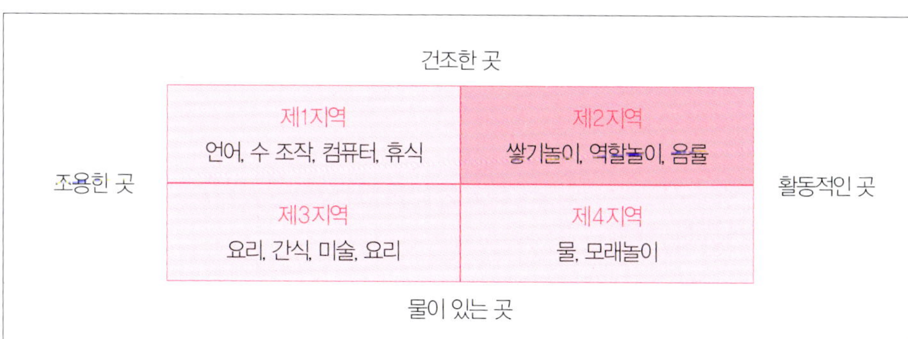

[그림 6-2] 영역 구분의 예: 음률영역

2) 물리적 환경구성

(1) 음률영역의 환경구성

음률영역은 음악 감상하기, 노래 부르기, 악기 다루기, 동작으로 표현하기, 음악 창작하기를 모두 할 수 있는 영역이다. 즉, 영유아가 타고난 음악적 능력을 계발하고 자신의 느낌을 자유롭게 표현할 수 있도록 풍부한 환경을 제공해 주는 것이 중요하다. 또한, 이를 통합적으로 운영할 수 있는 음률영역 환경이 구성되는 것이 바람직하다. 음률영역을 위한 환경구성의 원리를 구체적으로 살펴보면 다음과 같다.

① 하나의 독립된 공간으로 구성한다.

음률영역은 소리와 음악을 듣고 만드는 특별한 공간이다. 이를 위해 선반, 낮은 탁자, 가리개, 교구장 등을 구비하여 다른 영역과 분리된 경계를 가진 공간으로 제공한다.

② 자유로운 탐색과 다양한 활동전개를 위한 충분한 공간을 갖춘다.

음률영역은 영유아가 악기를 자유롭게 탐색하고 조작해 보거나 음악에 맞춰 몸을 자유롭게 표현하는 활동을 할 때, 서로 부딪히거나 다치지 않도록 충분한 공간을 제공한다. 음률영역은 개별적인 활동이 자연스럽게 이루어지는 동시에 다양한 크기의 집단 활동이 연속적으로 이루어진다.

영아반 유아반

[그림 6-3] 음률영역 구성의 예

③ 카펫이나 가리개를 이용하여 최대한 소음을 줄인다.

다른 영역으로 확산될 수 있는 소음의 피해를 줄이고, 음률영역에서도 활동 간의 피해를 줄이는 조치가 필요하다. 소음 방지를 위해 바닥에 카펫을 준비하고,

다른 영역과의 경계선에 가리개나 커튼을 치고, 방음 매트, 계란판 방음재를 바닥과 벽면에 붙인다.

④ 악기의 종류와 쓰임새에 따라 교구장이나 선반에 적절하게 배치한다.

악기는 종류, 재질, 연주 방법에 따라 각각의 바구니와 정리함을 사용하여 다양하게 배치한다. 예를 들어, 리듬막대는 원통에 수직으로 세워서, 마라카스는 바구니에 넣어 정리한다. 이동이 불가능한 피아노, 전자키보드, 큰북 등은 음률영역의 특별한 장소에 배치한다. 준비된 악기들은 생활주제나 계절 등에 따라 주기적으로 교체해 주는 것이 바람직하다.

[그림 6-4] 악기 정리의 예

⑤ 악기와 교수자료, 기자재를 제자리에 정리할 수 있도록 표시한다.

영유아가 스스로 정리할 수 있도록 교구장이나 선반 위에 악기의 그림자 모양을 그려 넣거나 사진을 찍어 붙여 둔다. 또한, 정리된 바구니 앞면에 악기나 교수자료의 이름을 종류별로 부착하여 제시한다. 어린 영아는 해당 자료의 사진을 붙여 주고, 좀 더 높은 연령의 유아는 사진과 함께 이름을 글자로 표시한다. 이처럼 악기를 종류별로 배치하여 정리하면 영유아가 악기의 종류를 자연스럽게 익히는 데 도움이 된다.

[그림 6-5] 교수자료의 예

⑥ 다양한 음악활동의 전개를 위한 교수자료를 제공한다.

새 노래 지도에 사용되었던 그림이나 노랫말 자료, 리듬 패턴 카드, 색깔악보 등은 영유아가 스스로 노래를 부르며 다양한 악기를 연주하는 통합적 활동을 가능하게 한다. 그 밖에 음악 관련 책, 스카프, 리본막대, 공 등의 동작표현도구 등을 제공한다. 교수자료는 교육기관의 주제와 활동에 부합되는 것으로 2~3주 마다 다양하게 바꾸어 주는 것이 바람직하다.

⑦ 적절한 기자재를 배치한다.

CD 플레이어, 헤드폰, 음량을 조절할 수 있는 마이크, 바른 자세로 노래하는 모습을 볼 수 있는 거울, 다양한 음악 CD 등의 기자재가 필요하다. CD 플레이어는 영유아가 스스로 조작할 수 있도록 사용법을 벽면에 게시한다. 영유아의 청력 보호를 위해 헤드폰은 귀를 완전히 덮고, 볼륨 레벨이 안전한 수위에 머무를 수 있는 것으로 마련한다.

[그림 6-6] 카세트 사용법에 대한 설명 자료의 예

⑧ 음악적인 분위기가 나도록 꾸민다.

교구장 옆면을 활용하여 음률영역임을 알 수 있는 표시를 한다. 또한, 벽면에 음악가 사진, 악기 관련 사진, 각종 연주회나 춤 공연 포스터, 바른 자세로 노래하는 모습 등을 붙여 준다. 이러한 음악적 분위기는 음악활동의 동기를 제공하고 활동을 확장 시키는 데 효과적이다.

⑨ 다른 흥미영역과의 연관성을 살려 공간을 구성한다.

음악과 관련된 활동 이외에 동작표현활동과도 밀접한 연관이 있기 때문에 음률영역을 통합시켜 구성하는 것이 일반적이다. 음률영역은 활동적이고 시끄러운 영역으로 쌓기영역이나 역할놀이영역과 인접하여 구성하는 것이 좋다. 두 영역은 창의적인 활동과 표현에 많은 자극을 줄 수 있으며, 놀이가 통합 · 확장되어 의미 있는 경험을 할 수 있다.

(2) 놀잇감 및 교재교구

음률영역에 영유아가 다양한 음악활동을 할 수 있도록 여러 가지 자료를 구비해야 한다. 음률영역에 제공할 수 있는 연령별 음악 관련 자료는 다음과 같다.

❶ 만 1~2세 영아

- 움직임을 자극하는 소리 나는 놀잇감, 건드리면 다양한 소리가 나는 놀잇감(오뚝이, 장난감 실로폰), 소리 나는 음악상자
- 손목 벨, 발목 벨, 딸랑이, 탬버린, 마라카스, 작은 북 등 간단한 리듬악기
- 플라스틱 컵, 분유통, 나무 숟가락, 냄비 뚜껑, 쌀, 단추 등을 넣어 만든 마라카스
- 벽면에 부착한 거울, 스카프
- 사운드 북(예: 소리 나는 동물 책, 소리 나는 동요 책), 노래나 손유희가 포함된 다양한 그림책

❷ 만 3~5세 유아

- 기본 교구: 녹음기, 헤드폰, 다양한 음악 테이프나 CD, CD 플레이어, 악보, 악기 사진
- 생활 속 악기: 젓가락, 냄비 뚜껑, 깡통, 빨래판, 체 등
- 우리나라 전통악기: 장구, 소고, 북, 꽹과리, 징 등
- 리듬악기: 탬버린, 캐스터네츠, 트라이앵글, 마라카스, 우드블록, 귀로 등

- 멜로디악기: 실로폰, 핸드벨, 키보드, 피아노 등
- 각종 연주회나 춤 공연 등의 사진이나 포스터, 동영상 자료 등
- 스카프, 리본막대, 한삼, 탈, 접이부채, 응원 반짝이 수술, 작은 낙하산 등의 동작표현 도구, 다양한 동작 카드, 음악 연주회나 춤 공연, 오페라 등에서 공연자가 입는 무대 의상 등

3) 인적 환경: 교사

교사는 음률영역에서 영유아에게 적극적으로 상호작용함으로써 다양한 활동이 활발하게 이루어질 수 있도록 돕는다. 예를 들어, 음률영역에 너무 많은 영유아가 몰려 있을 경우 교사의 개입으로 연주자와 관객으로 나누고, 역할을 바꾸어 놀이함으로써 다양한 역할을 경험해 보게 한다. 음률영역에서의 교사 역할은 다음과 같다.

〈표 6-1〉 음률영역에서의 교사 역할

교사 역할	정의
환경구성 및 정비	영유아가 음률영역에서 활동하는 데 필요한 악기나 소품을 준비해 주거나 도움을 준다. 예: (영아가 나비 옷에 리본을 묶어 달라고 했을 때) "선생님이 나비처럼 묶어 줄게. 음악에 맞춰 움직여 보자."
참여 유도	구경을 하거나 흥미를 보이는 다른 영유아가 참여하도록 권유한다. 예: "○○야, 너도 나비처럼 해 볼까?"
반주 및 음악 제공	영유아가 노래나 율동을 할 때 반주해 주거나 음악을 틀어 준다.
함께 놀이하기	교사는 영유아와 대등한 입장에서 노래하고, 악기를 연주하거나 율동을 한다.
함께 놀면서 지도하기	교사는 영유아와 함께 노래, 악기 연주, 율동을 하면서 비공식적인 방식으로 시범을 보인다. 예: 악기 연주를 제대로 하여 간접적으로 영유아에게 시범 보이기
형식적으로 지도하기	가르친다는 느낌이 들도록 영유아에게 노래, 악기 연주, 율동을 시범 보인다. 예: "이 부분에서는 팔을 세게 돌리자!"
음악적 개념 지도	박자, 음정, 강약, 속도 등 음악적 개념에 대해 지도한다. 예: "여기는 천천히 북을 쳐야 해."
확장을 위한 지원	영유아의 음률활동을 확장시킬 수 있는 아이디어나 환경을 제공한다. 예: "음악을 잘 들어 봐. 호랑이처럼 보이려면 어떻게 움직여야 할까?"
칭찬 및 격려	영유아의 활동에 대해 칭찬하거나 격려하는 말 또는 행동을 한다.
감상 유도 및 지원	다른 영유아가 하는 음률활동을 듣거나 보게 함으로써 감상할 기회를 제공한다. 예: "○○가 북치는 것을 잘 들어 보자."

출처: 김희진 · 박은혜 · 이지현(2011).

2. 가정의 음악교육 환경

가정의 음악교육 환경은 교육기관과 가정의 연계, 가정의 음악교육 환경으로 나누어 살펴보고자 한다.

1) 가정과의 연계

영유아교육기관과 가정이 음악교육을 위해 함께 협조하여 이루는 환경도 중요하다. 즉, 가정과의 연계를 통해 가정에서도 음악적 경험이 지속되면서 영유아와 부모 모두 음악에 대한 관심과 흥미를 높일 수 있다. 따라서 영유아교육기관과 가정의 상호적 음악 환경을 마련하고자 할 때 고려할 사항은 다음과 같다.

① 부모교육, 부모참여수업을 실시한다.
음악과 같은 예술 분야는 특기교육으로 오인될 소지가 많기 때문에 부모교육이 필요하다. 부모의 지나친 관심과 요구는 영유아의 타고난 음악적 재능을 저해시킬 수 있으므로 영유아 발달과 음악교육에 대한 이해를 돕기 위해 부모참여수업 또는 강연회를 개최한다.

② 교육기관에서 이루어지는 음악활동을 가정통신문 또는 홈페이지에 게시한다.
부모와 영유아가 함께할 수 있는 동요, 감상 목록, 재활용품 악기 만들기 등을 소개한다. 특히, 방학 때 가정에서 해 볼 수 있는 음악활동을 안내하여 영유아의 음악적 경험을 지속시킬 수 있다(예: 방학 동안 감상한 곡, 음악 감상 사후 활동, 주방 악기놀이 등).

③ 부모와 영유아가 함께 볼 수 있는 음악 공연 정보를 제공한다.
지역사회에서 체험할 수 있는 작은 음악회, 해설이 있는 음악회 등 질 높은 공연 정보를 제공한다. 공연장에서 직접 악기 다루는 모습을 보여 주는 것은 음악에 대한 호기심을 높이는 데 도움이 된다.

④ 전문적인 인적 자원으로 활용한다.
음악을 전공한 학부모나 지역사회의 음악 전문가들에게 음악활동을 위한 작은 음악회 또는 일일교사를 부탁한다.

[그림 6-7] 작은 음악회

⑤ 가정과 연계한 음악 도서관을 운영한다.

교실에 음악 관련 도서와 음악 CD를 구비하여 가정에 대여하는 활동을 실시하면, 부모와 영유아 간 음악에 대한 관심을 높이고 음악적 개념을 이해하는 데 도움을 줄 수 있다. 가정에서도 음악을 감상하고 음악 도서 사후 활동을 통하여 음악에 대한 흥미와 예술적 표현력을 향상시킬 수 있다.

2) 가정의 음악교육 환경

가정에서 자연스럽게 음악을 접하고 즐겨 듣는 경험은 음악을 보다 친숙하게 느끼게 한다. 음악적 자극이 풍부한 가정환경에서 자란 영유아는 음악적 발달과 음악능력에 관한 여러 측정에서 일반적으로 좋은 결과를 나타낸다. 즉, 부모가 영유아에게 노래를 불러 주거나 영유아와 함께 노래를 부르는 것, 악기를 연주하는 것, 가정에 있는 악기의 수, 가정 내의 녹음된 음악의 유무와 이용, 음악에 대한 부모의 태도와 참여도, 형제자매의 음악활동 정도는 영유아의 음악능력 발달에 영향을 미친다(Hargreaves, 2010). 가정의 환경구성을 위한 부모의 역할은 다음과 같다.

① 부모가 불러 줄 수 있는 다양한 동요 레퍼토리를 준비한다.

영유아의 반응과 상관없이 흘러나오는 인터넷 동요 사이트의 노래보다 부모의 목소리로 노래를 들려주며 서로 상호작용하는 것이 바람직하다. 양육자와 함께 주고받으며 노래 부르기에 자주 참여한 영유아는 훗날 언어와 학문적 성취 수준이 더 높고, 문제해결력을 지닌 사람으로 성장할 수 있다(Turner, 2004).

② 다양한 음악을 일상생활에서 자연스럽게 들려준다.

영유아를 위해 잠잘 때, 밥 먹을 때, 놀이할 때, 차를 타고 이동할 때 노래를 들려준다. 이때, 음악을 의미 있는 자극으로 받아들이면, 음악을 흘려듣지 않기 위해 주의를 기울인다. 영유아의 반응에 따라 음악적 자극이 있는 시간과 없는 시간을 구별할 필요가 있다.

③ 놀이 상황과 일상에 연관된 노래를 자연스럽게 포함시킨다.

영유아가 나무조각으로 기차놀이를 할 때 부모가 기차와 연관된 노래를 불러 주거나 인형을 재운다고 할 때 자장가를 불러 주면, 노래로 인해 놀이의 양상이 질적으로 달라질 수 있다. 또한, 옷 입기, 세수하기, 비누 거품 불기 등과 같은 소소한 일상을 주제로 노래를 만들어 볼 수 있다.

④ 부모는 가정에서 들려주는 음악이 영유아에게 교육적인 것인지 아닌지 분별할 필요가 있다.

비교육적인 음악은 영유아의 정서를 해칠 수 있을 뿐만 아니라 음악적 발달에 손상을 줄 수 있다. 음악 자료에 있어서 다음과 같은 사항을 고려한다.

- 노랫말과 멜로디, 분위기 등이 영유아의 정서에 맞는가?
- 노랫말에 비교육적인 내용이 포함되어 있는가?
- 노래의 음정은 정확한가?
- 지나치게 곡이 빠르거나 자극적인 전자악기 음이 들리는가?
- 대중음악의 창법이나 성인의 춤을 모방하는 영상 자료인가?
- 질적으로 문제가 없는 곡이지만 너무 길지 않은가?

⑤ 부모와 영유아가 함께 다양한 음악활동을 한다.

좋아하는 노래에 영유아의 이름을 넣어서 함께 부른다. 예를 들어, "숲속 작은 집 창가에 작은 ○○가 섰는데~"처럼 부른다. 또한, 집안에서 사용하는 생활용품을 악기로 대용하여 연주해 본다. 일상의 평범한 도구일지라도 경쾌하고 규칙적인 리듬을 만들면 악기 이상으로 훌륭한 연주를 할 수 있다.

⑥ 부모와 함께 음악을 감상한다.

가정에서 하루 종일 음악을 들려주는 것만으로 정서적 안정감, 음악적 감수성 등의 발달을 기대하기는 어렵다. 특히, 어린 영아의 경우 클래식을 틀어 놓고 부모가 다른 일을 하거나 곁을 떠났을 때, 음악이 들려 오면 오히려 누군가 떠난다는 불안을 느낄 수 있다(김성은, 2014). Cirelli, Einarson과 Trainor(2014)에 의하면 부모가 영아를 안고 음악의 분위기와 리듬에 맞추어 함께 몸을 움직인 경험만으로도 영아는 사회적 유대감을 느끼고 이타적인 행동을 보인다. 즉, 영유아는 부모와 함께 음악을 듣고 의사소통적인 상호작용이 이루어질 때 의미 있는 감상을 할 수 있다.

3. 지역사회의 음악교육 환경

지역사회 내의 주변 환경과 각종 기관이나 시설은 영유아에게 현장학습의 장이자 음악적 성장에 영향을 미치는 중요한 환경이다. 영유아 음악교육을 위한 지역사회의 자원 활용을 소개하면 다음과 같다.

① 다양한 소리를 들을 수 있는 여러 장소를 견학한다.

시장, 역, 정류장, 공원 등은 다양한 소리를 들을 수 있는 좋은 환경이다. 이런 곳에서 들리는 소리에 귀 기울여 들어 보고 비교해 보는 것은 영유아의 다양한 듣기활동에 도움이 된다.

② 음악에 관련된 장소를 견학한다.

악기 상가 또는 수리점은 악기를 직접 보고 소리를 들어 볼 수 있다. 악기 공장은 악기를 만드는 과정을 보면서 악기에 대한 호기심을 높일 수 있다. 악기박물관은 전시 설명과 간단한 악기를 만들어 보거나 직접 만지고 체험할 수 있다. 이러한 기회를 통하여 영유아는 연주에 더 많은 관심을 갖고 즐기게 된다.

③ 지역사회의 음악 공연을 관람한다.

영유아와 함께 주민을 위한 음악회, 야외 공연, 거리 공연 등 지역사회에서 관람할 수 있는 기회를 찾아볼 수 있다. 특히, 야외에서 열리는 음악회는 영유아에게 다양한 볼거리와 즐거움을 줄 수 있다.

④ 지역사회 음악단체의 리허설이나 총연습을 견학한다.

공연 준비과정을 보여 주는 리허설 관람은 음악도 듣고, 총연습 진행도 보고, 다양한 악기를 직접 만져 보고 소리 내 볼 수 있는 기회가 주어지거나 공연 관람 예절도 익힐 수 있다. 또한, 이러한 관람 기회를 통해 음악에 대한 이해를 높일 수도 있다.

⑤ 음악과 관련된 공연장이나 교육기관을 견학한다.

공연장 견학을 통해 공연 시에 볼 수 없었던 무대, 음향, 조명 등의 관계를 알 수 있다. 또한, 국악원, 음악원, 예술학교를 방문함으로써 쉽게 볼 수 없었던 서양악기나 전통악기 등에 대해 이해할 수 있는 기회를 갖는다.

[그림 6-8] 지역사회 음악 프로그램

CHAPTER 07

영유아 음악교육의 계획 및 평가

영유아가 언제, 무엇을, 어떻게 활동할지를 미리 계획하는 과정은 영유아가 음악활동을 통해 학습할 수 있도록 도와주기 위해 필요하다. 또한, 평가는 영유아를 위한 여러 가지 중요한 교육에 필요한 정보를 제공하며, 영유아의 발달과 교육 프로그램의 개선을 위해 필요한 과정이다. 본 장에서는 영유아 음악활동의 계획과 영유아 음악교육에서의 평가 유형과 구체적인 방법을 알아보고자 한다.

1. 영유아 음악활동 지도계획

영유아 음악활동 지도계획이란 음악교육의 효율성을 도모하기 위해 영유아를 위한 음악교육 목표와 내용, 교수-학습방법뿐 아니라 음악활동의 평가에 이르는 일련의 교수계획을 말한다. 영유아의 발달과 흥미에 맞는 음악지도를 계획하기 위해서는 주제를 중심으로 여러 영역과의 통합 및 음악교육 내용의 통합이 이루어지는 것이 바람직하다. 따라서 영유아 음악활동 지도계획은 영유아의 흥미와 발달 정도, 주제, 활동 유형 등을 고려하여 어떤 목적을 가지고 활동을 계획하여 준비한다. 교사는 먼저 영유아의 흥미와 발달, 연령 등을 고려하여 활동의 난이도를 정하고, 주제나 계절에 따라 영유아가 흥미를 느끼고 탐구해 볼 수 있는 활동을 선정한다. 이때 교사는 한 분야

(예: 새 노래 부르기 활동만 진행하기, 음악 감상 활동만 계속 진행하기 등)의 음악활동이 아닌 다양한 영역의 음악활동을 경험할 수 있도록 계획한다.

음악활동계획안은 음악활동에 따른 활동목표, 활동자료, 사전경험, 활동방법 등을 상세하게 계획한다. 교사는 활동제시방법, 전개방법, 진행 순서를 염두에 두면서 음악활동의 도입, 전개, 마무리의 순서로 구성하고 참고사항과 확장활동을 포함시킨다. 또한, 집단의 형태, 공간과 자리 배치, 환경구성, 동기유발, 주의집중, 다음 활동의 전이 방법도 반드시 고려해야 할 중요한 사항이다. 음악활동계획안을 작성할 때의 유의사항은 다음과 같다.

- 영유아의 연령, 음악활동이 이루어지는 시간, 장소, 집단의 크기를 고려하여 계획한다.
- 음악 자료, 악보, 악기의 수량 등을 어떻게 준비해야 하는지 준비사항을 구체적으로 계획한다.
- 창의적인 음악 경험이 가능하도록 영유아의 발달 수준, 음악활동의 종류에 따라 지도방법을 다양하게 계획한다.
- 음악활동을 유도하기 위한 도입활동이나 사전 활동을 계획하고 본 활동의 확장 및 연계활동을 계획한다.
- 음악활동을 준비하거나 지도하는 데 도움이 되는 지침을 참고사항에 포함하여 계획한다.

〈표 7-1〉 음악활동계획안의 예

<table>
<tr><td>활동명</td><td>림스키코르사코프 〈왕벌의 비행〉</td><td>주제</td><td>동식물과 자연</td></tr>
<tr><td>활동형태</td><td>대소집단 활동</td><td>대상연령</td><td>만 5세</td></tr>
<tr><td>활동목표</td><td colspan="3">• 다양한 빠르기로 표현되는 왕벌의 소리를 감상한다.
• 왕벌의 소리를 신체 또는 도구로 표현한다.</td></tr>
<tr><td>누리과정 관련요소</td><td colspan="3">• 예술경험 〉 아름다움 찾아보기 〉 예술적 요소에 관심을 갖고 찾아본다
• 예술경험 〉 창의적으로 표현하기 〉 신체나 도구를 활용하여 움직임과 춤으로 자유롭게 표현한다.
• 예술경험 〉예술 감상하기 〉 다양한 예술 감상하기</td></tr>
<tr><td>활동자료</td><td colspan="3">림스키코르사코프 〈왕벌의 비행〉 음원, ppt(음악가 사진, 사진 자료 등), 활동지, 그리기 도구(사인펜이나 색연필)</td></tr>
<tr><td>사전경험</td><td colspan="3">봄에 볼 수 있는 곤충에 대해 이야기 나누고, 개미, 벌, 나비가 사는 모습을 멀티미디어, 그림책 등으로 살펴본다.</td></tr>
<tr><td colspan="4">활동방법</td></tr>
<tr><td>도입</td><td colspan="3">1. 제시하는 사진을 보고 곤충 이름 맞히기로 주의집중을 한다.
– 이 사진은 무엇일까?
2. 벌들이 윙윙거리는 모습을 본 경험에 대해 이야기 나눈다.
– 벌을 본 적이 있니?
– 벌은 어떤 소리를 내며 날아다니니?</td></tr>
<tr><td>전개</td><td colspan="3">3. 〈왕벌의 비행〉을 감상한다.
– 오늘은 벌의 소리를 재미있게 나타낸 음악을 들어 볼 거란다.
4. 음악을 감상한 후 느낌에 대해 이야기 나눈다.
– 음악을 감상해 보니 어떤 장면이 떠오르니?
– 음악의 빠르기가 어떻게 느껴졌니? (빠르게, 느리게)
– 벌이 윙윙거리는 모습을 어떻게 음악으로 표현했니?
– 어떤 생각을 하며 이 곡을 지었을까?
5. 곡을 소개한다.
– 림스키코르사코프라는 작곡가가 바다를 건너 날아온 호박벌 떼가 백조 주위를 날아다니는 모습을 음악으로 표현한 곡이란다.
– 음악의 느낌을 손가락으로 표현해 보자.
6. 음악을 다시 들으며 음악의 흐름에 따라 손을 움직여 표현해 본다.
7. 음악을 감상하며 선으로 표현해 본다.
– 〈왕벌의 비행〉을 들으면 어떤 느낌인지 표현할 수 있겠니?
– 음악을 들으며 벌의 움직임을 상상하며 선으로 그려 보자.</td></tr>
<tr><td>마무리</td><td colspan="3">8. 활동내용에 대해 평가한다.
– 벌의 움직임을 표현한 음악을 감상해 보니 느낌이 어떠니?
– 음악을 감상하면서 어떤 점이 가장 재미있었니?</td></tr>
<tr><td>확장활동</td><td colspan="3">• 〈왕벌의 비행〉에 맞추어 왕벌의 비행하는 모습, 공격하는 모습, 꿀을 먹는 모습을 상상하며 신체표현을 해 본다.</td></tr>
<tr><td>참고사항</td><td colspan="3">• 〈왕벌의 비행〉에 대한 느낌을 자유롭게 선으로 표현할 수 있도록 격려한다.
• 편안한 분위기에서 음악을 감상할 수 있도록 지도한다.</td></tr>
</table>

2) 영유아 음악교육을 위한 일과 운영

영유아 음악교육은 일상생활, 개별 활동, 소집단 활동, 대집단 활동 등 다양한 운영 방식을 가진다. 즉, 음악활동은 시간을 정해서 하는 대집단 활동 이외에 주의집중이나 활동 간의 전이 시간에 영유아의 즉흥적인 요구를 수용하여 집단 또는 개별적인 음악활동을 하는 등 하루 일과 중에 융통성 있게 진행된다. 영유아를 위한 음악활동 시간의 운영은 다음과 같이 진행될 수 있다.

(1) 실내 자유놀이 시간의 음악놀이

실내 자유놀이 시간은 영유아교육기관의 하루 일과 중에서 가장 핵심이 되는 중요한 시간이며, 영유아가 가장 선호하는 시간 중 하나이다. 실내 자유놀이 시간의 음악놀이는 교실에 구성된 음률영역을 비롯하여 다양한 공간에서 이루어질 수 있다. 또한 영유아 스스로 선택한 놀이를 주도적으로 함으로써 자발적으로 음악을 경험할 수 있으며, 성취감과 자신감을 얻을 수 있다. 자유놀이 시간에 영유아들이 선택하여 음악놀이를 할 때 교사는 영유아들이 놀이의 흐름이 끊어지지 않고 충분히 놀았다고 느낄 수 있도록 일과를 편성하는 것이 중요하다. 일과의 순서는 일관성이 있어야 하지만 융통성 있게 운영되어야 한다. 교사는 다음의 사항을 고려하여 자유놀이 시간을 운영해야 한다.

- 영유아는 자신에게 가장 적절한 방식으로 스스로 놀이 하면서 음악을 접하고 음악활동을 놀이로 접목한다. 교사는 영유아가 주도하는 음악놀이에 집중하고 다른 놀이로 확장 될 수 있음을 인지하고 지원한다.
- 자유놀이 시 음률영역에서 영유아는 개별 혹은 또래와 함께 음악을 감상하고 노래를 부르며, 여러 가지 악기를 연주해 보거나 준비된 리본막대로 음악에 대한 자신의 생각과 느낌을 표현한다. 따라서 다양한 음악 경험이 일어날 수 있도록 음률영역에 악기뿐 아니라 감상도구 및 창의적 표현을 촉진하는 소도구들을 함께 준비한다.
- 음률영역에서의 음악놀이는 교사의 지원에 따라 확장되기도 한다. 예를 들어, 영유아 혼자서 악기를 탐색하기도 하지만 교사와 몇몇 영유아들이 함께 모여 그동안 배웠던 노래에 맞추어 즉흥연주를 할 수도 있다. 이때 교사는 그 노래에 반응해 주거나 즉흥적인 연주를 격려한다.

- 교사는 혹시 음악에 무관심한 영유아가 있는지, 그 이유는 무엇인지(예: 제한된 시간 내에 다른 활동을 하느라고 선택을 못 해서) 등을 파악하여 다양한 음악적 경험이 이루어질 수 있도록 지도한다.

음악활동은 교사가 계획하여 이루어지기도 하지만 교사의 계획 없이 우연한 기회에 영유아의 흥미와 관심, 요구도에 따라 자발적이고 주도적인 놀이 속에서 자연스럽게 이루어질 수 있다. 교사는 영유아의 흥미와 관심에 집중하고 관찰해야 하며 그들의 음악놀이가 단지 일화성의 음악놀이로만 그치는 것이 아니라 지속적인 음악적 경험으로 확장되고 있음을 발견해야 한다. 즉, 교사는 영유아의 놀이를 이해하고 놀이가 확장될 수 있도록 적절한 방법으로 지원하여 놀이의 과정이 배움으로 이어지도록 한다.

(2) 대소집단 활동 시간의 음악활동

대소집단 활동은 영유아 모두를 한 집단으로 모아서 활동을 진행하거나 소집단으로 나누어 실시하는 집단 활동이다. 대소집단 활동은 교사가 영유아에게 필요한 교육 내용을 의도적으로 계획 · 실행하며, 교사와 영유아의 상호작용과 또래 간의 상호작용이 활발하게 일어난다. 집단으로 음악활동을 진행할 수 있는 연령은 만 3세 이상이며, 효과적인 대집단 활동을 위해 고려할 점은 다음과 같다.

- 영유아의 발달 특성상 주의집중 시간을 반드시 고려하여 계획 · 실행한다. 일반적으로 만 3세의 경우에는 10~15분, 만 4세의 경우에는 15~20분, 만 5세의 경우에는 20~25분이 적당하다. 학기 초와 학기 말의 주의집중 정도가 다르고 개인차가 있으나 일반적으로 20분 진후가 적합하다.
- 효과적인 진행을 위해 신호악기를 사용한다. 신호악기는 트라이앵글, 탬버린 등 주의를 집중시킬 수 있는 소리를 내는 악기로 정한다. 신호악기를 사용할 때 반드시 교사에게 집중하도록 미리 약속을 정한다.
- 교사는 다양한 유형의 음악활동을 계획한다. 영유아를 위한 바람직한 음악교육을 위해 일주일에 새 노래 부르기, 악기 다루기, 음악 감상하기, 동작으로 표현하기, 음악 창작하기 등의 다양한 음악활동 유형을 고려하여 지도한다.
- 활동시 영유아가 배운 노래를 독창하거나 독주를 시키는 과정이 반드시 필요하

지는 않다. 이는 영유아에게 부담을 주어 오히려 음악을 즐기는 것을 방해하는 결과를 초래할 수 있다. 혹시 앞에 나와서 혼자 혹은 둘이서 불러 보고 싶은 영유아가 있을 때 기회를 주는 것이 좋다.

- 영유아기는 아직 정확한 리듬과 음정을 표현하기에 서툰 단계이다. 간혹 틀리게 부르거나 잘못 표현하더라도 야단치는 것은 바람직하지 않다. 교사는 영유아가 음악을 즐길 수 있는 분위기를 제공하도록 한다.
- 교사가 사용했던 자료는 당분간 음률영역에 비치한다. 대집단 활동 후, 자유선택놀이 시간에 개별적으로 활동하면서 학습을 더 확장 · 심화할 수 있다. 특히, 내성적인 성향의 영유아에게는 또 다른 학습 참여의 기회가 될 수 있다.
- 대집단 활동에서 가장 중요한 것은 교사의 음악에 대한 즐거운 마음이다. 음악의 아름다움과 즐거운 경험을 제공하려면 교사 스스로 기쁜 마음으로 계획하고 실행해야 한다. 영유아가 나 때문에 음악을 접할 기회를 놓칠 수도 있다는 생각으로 노력하는 교사가 되어야 한다.

(3) 실외 활동 시간의 음악활동

실외 음악활동은 영유아를 둘러싼 자연이나 주변 환경 혹은 친근하게 접하는 대상에서 음악적 요소를 자발적으로 찾아볼 수 있다. 상품화된 장난감의 한 가지 소리와는 달리 실외는 환경에 따라 소리가 매우 다양하다. 예를 들면, 새소리, 곤충의 윙윙 소리, 흔히 볼 수 있는 나뭇가지도 두드릴 때와 비빌 때, 길이와 굵기에 따라 각기 소리와 울림이 다르다. 또한, 좋아하는 노래를 부를 때 조약돌의 경쾌한 두드림은 연주로 발전할 수 있다. 이처럼 그 활용방법에 따라 악기가 되기도 하고 다양한 소리를 표현한다. 실외에서의 다양한 경험은 한 번도 같은 소리를 내지 않기 때문에 영유아는 미세한 소리에도 민감하게 반응하며, 음악적 표현활동을 위한 소중한 자원이 된다(문영희, 2010; 박현아, 2015). 실외 음악 환경은 영유아가 음악을 마음껏 표현하도록 활동 무대를 제공한다. 음악에 맞추어 한껏 움직일 수 있는 공간이 있고, 소음에 전혀 개의치 않아도 된다. 계획된 활동이나 즉석에서 이루어지는 활동은 영유아에게 음악과 동작을 일깨워 주고 성장시킨다. 이를 지원하기 위해 영유아가 자연의 소리와 다양한 재질로 만들어진 사물의 소리를 자유롭게 탐색할 수 있도록 담이나 설비에 차임(chime), 타악기, 손이나 막대로 치는 벨, 알루미늄 팬 등 다양한 사물을 매달아 두드려 볼 수 있도록 구성한다면, 청각적 변별력과 집단적 상호작용을 증진시키고 창의적 표현을 격려할 수 있다(Wellhousen, 2002).

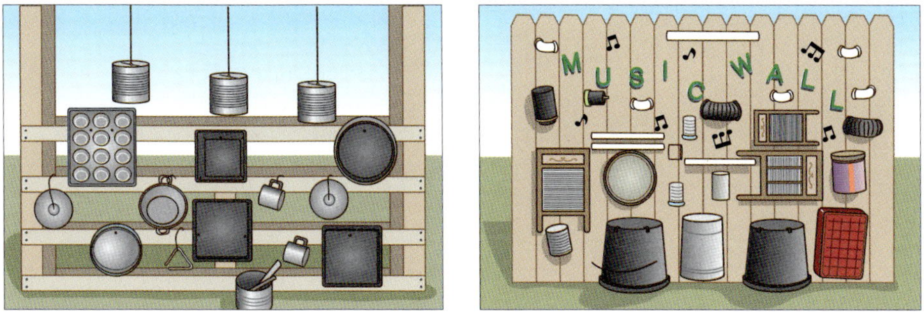

[그림 7-1] 실외놀이 환경: 음률영역의 예

(4) 기타

하루 일과 중 음악활동을 할 수 있는 시간은 다음과 같다.

① 등하원 시간

영유아는 버스에서 음악을 들으면서 간접 음악 감상 시간을 가질 수 있다. 교사는 창작동요, 전래동요, 클래식 등 다양한 음악을 경험할 수 있도록 미리 계획하는 것이 좋다.

② 주의집중 시간

대소집단 활동 시 배웠던 노래 부르기, 손유희, 리듬 찬트 등을 통하여 주의집중을 이끄는 동안 영유아는 짧은 시간이지만 음악활동을 경험할 수 있다. 다른 활동을 위하여 모여 있을 때 주제와 관련된 내용의 노래를 부르면서 영유아의 주의를 집중시킬 수 있다.

③ 전이활동 시간

다른 활동으로 전이되는 시간에 이미 알고 있는 노래를 부를 수 있다. 또한, '주변을 정리정돈 할 때', '하루 일과를 시작하고 마칠 때'처럼 어떤 활동의 시작이나 끝을 알려 주는 노래는 영유아가 노래를 듣고 하던 활동을 정리하거나 다음 활동으로 이동하는 것을 예측하고 준비하게 한다. 예를 들어, 노래 〈장난감 기차〉에서 "○○반 기차가 칙칙 떠나간다. □□와 △△를 싣고서."라고 영유아의 이름을 넣어 부르면 이름을 들은 영유아가 다른 장소로 순조롭게 이동할 수 있다.

④ 간식 및 점심

간식 시간과 점심시간에 배경음악을 들려주면 영유아는 자연스럽게 음악을 듣고 즐길 수 있다. 교사가 이미 배웠던 노래나 앞으로 배울 노래를 들려주면 영유아가 새 노래를 쉽게 배울 수 있다. 동요 이외에도 다양한 장르의 음악을 선곡하여 들려준다.

⑤ 견학

산책이나 견학을 할 때 실외에서 음악활동을 계획하여 실행할 수 있으며, 혹은 영유아가 신나게 뛰어놀 수 있도록 경쾌한 분위기의 음악을 들려줄 수 있다. 특히, 이동할 때 "참새", "짹짹" 구호만 외치기보다는 배웠던 노래 중에서 신나는 노래를 함께 불러 본다.

2. 영유아 음악교육 평가

평가란 여러 가지 활동이나 교육적 시도의 효과를 알아보려는 체계적인 과정이다. 영유아 음악교육 평가는 영유아의 음악활동이 교수계획에 따라 적절하게 진행되었는지, 교육 목표에 어느 정도 도달했는지, 교육 목표에 어느 정도 도달했는지, 교육목표에 따라 영유아의 변화과정이 어떠한지 등을 일정 준거에 의해 파악하는 과정이다. 평가를 통해 영유아의 음악활동에 나타나는 특징을 객관적으로 파악하여, 이를 토대로 현재의 교수-학습 활동을 계속 진행할 것인지 혹은 수정 · 보완할 것인지 결정하게 된다. 따라서 정기적인 평가를 실시하여 영유아의 개별적인 음악 행동의 발달 상황에 대한 이해를 돕고 교사 자신의 교육계획, 교육내용, 교육방법, 교수자료 등 자신의 교육계획 수행을 점검하여 음악교육의 목표를 달성하였는지 여부를 확인할 수 있다. 또한, 영유아의 이해 정도나 참여 정도를 파악하고, 교사의 준비와 실행이 잘 이행되었는지 등에 대해 평가함으로써 다음 활동을 계획할 때 반영하여 발달적 수준에 적합한 보다 체계적인 지도가 이루어질 수 있도록 한다.

1) 영유아 평가

영유아를 위한 평가는 영유아의 전인적인 성장과 발달을 돕기 위해 이루어지는 음악활동에 대한 가치판단의 과정이라고 할 수 있다. 즉, 영유아 평가는 영유아의 음악적 행동 평가를 통해 발달 수준이나 교육 성취 수준을 파악하는 데 쓰인다. 영유아 평가의 내용은 표준화된 검사지나 관찰 기록 및 작품 수집을 통해 영유아의 전반적인 발달 특성과 정도를 평가한다. 특히, 체크리스트나 검사를 통한 평가의 목적은 점수에 대한 등급 매김이 아니라 개별 영유아의 성향이나 발달 정도를 파악함으로써 영유아의 음악적 발달을 지지하고 음악을 즐길 수 있도록 돕는 데 초점을 두어야 한다. 이러한 평가는 영유아의 음악적 발달에 대한 정보를 얻을 수 있으며, 이후 수업계획과 전개를 보다 용이하게 해 준다. 또한, 교사와 부모 간의 효율적 의사소통에 필요한 교육 상담 자료로 사용될 수 있다.

(1) 관찰과 기록

영유아를 대상으로 하는 평가는 주로 관찰에 의해 이루어진다. 관찰은 영유아의 언어 표현에 한계가 있고 주의집중 시간이 짧기 때문에 자연스러운 상황이 아닌 검사 상황에서 자신의 능력을 최대한 발휘하지 못한다는 점을 극복하고 영유아의 자연스러운 발달을 있는 그대로 평가할 수 있다. 관찰법은 관찰자가 도구가 되므로 관찰자의 관찰능력과 기록이 판단의 중요한 척도가 되며, 영유아에게 별다른 능력을 요구하지 않는다는 점에서 영유아를 평가하는 주요 방법이다. 일반적으로 영유아를 관찰하는 데 있어 주로 사용되는 방법으로 일화기록, 행동목록법, 평정척도 등이 있다.

❶ 일화기록(anecdotal records)

일화기록은 영유아의 생활 중 기록할 만한 가치와 흥미가 있는 짧은 내용의 사건이나 행동을 시간 순서대로 기록하는 방법으로 영유아 교육현장에서 가장 많이 사용되는 관찰기록법이다. '글로 묘사된 사진'이라고 표현되듯이 사건이나 행동을 직접 보지 못한 사람이 읽어도 그 상황을 잘 알 수 있도록 관찰 장면에 대해 사실적으로 묘사해야 한다. 일화기록은 영유아의 음악활동 상황, 음악활동에서의 상호작용 등의 행동에 초점을 맞춰서 기록하여 영유아 개인의 특성을 이해하기 위한 구체적인 행동 사례나 어떤 사건에 관련된 상황들을 상세히 기록할 수 있다.

〈표 7-2〉 음악활동 일화기록

이름: 송ㅁㅁ 관찰일: 2016. 4. 12.	성별: 여 관찰자: 염ㅇㅇ (담임교사)	관찰장소: 교실 내 음률영역 시간: 오전 10시 10분
장면: 자유선택활동 시간의 악기 다루기 행동		

기록:
□□는 〈엄마 돼지, 아기 돼지〉 그림악보를 보며 노래를 부르고 마라카스를 흔들며 소리를 내고 있다. △△이가 옆에 앉아 마라카스를 만지며 □□이를 바라본다. □□이가 △△에게 "너도 같이할래?"물어보자 △△이가 "응, 나도 할래."하며 □□이와 함께 노래를 부르며 마라카스를 흔든다. □□이가 "(마라카스를 마이크처럼 잡고) '꿀꿀'할 때만 흔들자. 알았지?"하고 이야기하자, △△이가 고개를 끄덕인다. 노래를 함께 부르다가 □□이가 "아니, 그렇게 하는 게 아니야."하며 다시 △△에게 "'꿀꿀'할 때만 해야지."라고 이야기하고 다시 노래를 부른다.

발달요약:
- 노래를 부르며 리듬악기를 연주한다.
- 친구와 사이좋게 음악적 표현을 즐긴다.

❷ 행동목록법(check list)

행동목록법은 사전에 만들어진 행동목록을 가지고 관찰행동이 나타나는지를 체크하는 방법이다. 영유아에게 그 행동이 발생했는지를 평가하여 '예/아니오'의 형태로 기록한다. 교사가 체계적으로 관찰하고 기록하기 쉬운 장점이 있다. 교사는 관찰을 통한 행동목록법으로 영유아의 음악적 태도나 참여도 정도를 평가할 수 있다. 또한, 계획을 수립하여 (예: 1년에 총 ○회 실시) 어느 정도 변화가 있는지를 살펴보면서 영유아의 발달 정도를 체크할 수 있다.

〈표 7-3〉 영유아의 음악활동 참여도 평가

이름:		1차	2차	3차	비고
1	노래 부르기를 즐겨 하는가?				
2	노래를 따라 부를 수 있는가?				
3	혼자 노래를 부를 수 있는가?				
4	음정이 고른가?				
5	박자를 맞출 수 있는가?				
6	노래를 만들려고 하는가?				
7	신호에 맞추어 동작을 시작하고 멈출 수 있는가?				
8	지시에 따라 몸을 움직일 수 있는가?				
9	음의 장단, 고저, 빠르기, 강약을 구별할 수 있는가?				
10	음악을 듣고 그 느낌을 창의적으로 표현할 수 있는가?				

11	사물과 현상에 대한 자신의 생각이나 경험, 느낌을 신체를 통하여 창의적으로 표현할 수 있는가?				
12	리듬에 맞추어 줄을 따라 걸을 수 있는가?				
13	다양한 종류의 악기에 관심을 보이는가?				
14	다양한 종류의 악기 소리를 탐색하는가?				
15	악기의 소리를 변별할 수 있는가?				
16	글자에 관심을 갖고 보는가?				
17	악기의 이름을 아는가?				
18	악기를 사용해 리듬을 만들어 내는가?				
19	악기를 사용하여 음의 장단, 고저, 빠르기, 강약을 표현할 수 있는가?				
20	음악 감상에 관심을 보이는가?				

종합평가:
- 좋아하는 노래를 따라 부르기와 반복적으로 부르는 것을 좋아합니다.
- 악기를 이용하여 리듬을 만들어 내며 그것을 친구들에게 보여 주는 것을 좋아합니다.
- 여러 가지 음악을 듣고 표현할 수 있도록 도와주십시오.

출처: 안재신(2006).

❸ 평정척도(rating scale)

평정척도는 보고자 하는 관찰행동 목록에서 그 행동의 출현 여부와 행동의 질적인 특성을 관찰자의 판단에 따라 몇 등급으로 구분해서 평가하는 방법이다. 영유아의 현재 행동을 이전 행동과 비교할 때 가장 많이 사용한다. 예를 들어, 영유아의 음악적 표현능력의 발달 상황은 1년 동안 3회 이상 음악 감상하기, 노래 부르기, 악기 연주하기, 동작으로 표현하기, 음악 창작하기 능력의 진보를 알 수 있다.

〈표 7-4〉 음악적 표현능력 발달의 진보에 대한 평가지

음악 능력	내용	점수				
		1	2	3	4	5
음악 감상하기	다양한 장르의 음악 듣기를 즐겨 한다.					
	감정을 이입하여 음악을 듣는다.					
	음악을 듣고 자신의 느낌을 명확하게 이야기한다.					
	음악의 구성 요소에 대해 민감하게 반응한다.					
	음악활동이나 놀이 상황에서 감상했던 음악을 회상하며 이야기한다.					

노래 부르기	단순한 동요를 처음부터 끝까지 노래를 부른다.					
	한 옥타브 안에서 정확한 음정으로 노래를 부른다.					
	단순한 동요를 정확한 리듬과 박자로 노래 부른다.					
	노랫말을 음미하며 감정을 이입하며 노래 부른다.					
	친구들과 함께 합창하며 노래 부르기를 즐긴다.					
	노래 가사를 바꾸어 부르기를 한다.					
악기 다루기	음악의 분위기에 어울리는 악기를 탐색하고 연주한디.					
	멜로디악기의 연주가 가능하다.					
	다양한 악기를 탐색하며 소리 내기를 즐겨 한다.					
	영유아 수준의 음악 상징체계에 대한 이해와 독보가 가능하다.					
	주변 사물을 활용하여 악기화하기를 즐기고 연주한다.					
	리듬과 박자에 맞게 연주한다.					
	친구들과 함께 악기 합주에 참여하는 것을 즐긴다.					
	여러 가지 타악기의 연주 방법을 탐색하고 연주가 가능하다.					
동작으로 표현하기	음악의 분위기에 맞게 신체로 표현한다.					
	음악을 듣고 독창적인 방법으로 신체표현을 한다.					
	교사나 다른 영유아의 신체표현, 시범을 빨리 이해하고 해석하며 모방하거나 응용하기를 잘한다.					
	음악의 세부적인 개념들을 신체로 표현한다.					
음악 창작하기	주어진 가사로 노래를 창작하고 부른다.					
	자신의 생각과 느낌을 노래로 만들어 표현한다.					
	자신이 이해한 음악 개념들을 상징적인 그림이나 신체로 표현한다.					
음악 창작하기	자신이 창작한 음악을 친구들 앞에서 발표하기를 즐긴다.					
	쉬운 동요의 노래 가사를 변형하거나 개사하여 부른다.					
	즉흥적으로 노래를 만들어서 부른다.					
	자신의 감정을 악기 소리로 바꾸어 표현한다.					
	다양한 방법으로 음악을 만들어 내고 놀이에 적용한다.					
점수척도: 1. 매우 못함 2. 못함 3. 보통 4. 잘함 5. 매우 잘함						

출처: 교육과학기술부 · 서울특별시유아교육진흥원(2010) 재구성.

〈표 7-5〉에 의하면, 영유아의 음악적 태도 성취는 정서, 표현, 감상 등으로 평가할 수 있다. 영유아의 음악활동을 관찰하여 활동과정에서 나타난 반응을 기록한다.

〈표 7-5〉 음악적 태도의 성취에 대한 기록지

이름: 성별: 생년월일:			
가. 정서	그렇지 않다	보통 이다	항상 그렇다
1. 노래를 함께 부를 때 적극적으로 참여한다.	1	2	3
2. 노래 부르기, 듣기 등을 표현할 때 즐거워한다.	1	2	3
3. 노래를 부르며 자신의 감정을 자연스럽게 표현한다.	1	2	3
4. 다른 사람이 노래 부를 때 주의 깊게 듣는다.	1	2	3
5. 다른 사람의 생각이나 표현을 인정하고 존중한다(노래를 듣고 연관된 활동을 하는 것에 있어서).	1	2	3
나. 표현	그렇지 않다	보통 이다	항상 그렇다
1. 여러 가지 소재를 이용하여 소리를 만들 수 있다.	1	2	3
2. 소리를 만들고 듣는 과정에 적극적으로 참여한다.	1	2	3
3. 간단한 노랫말이나 노래를 만들 수 있다.	1	2	3
4. 노랫말 기억하기와 노래 부르기에 관심이 많다.	1	2	3
5. 여러 가지 노래를 즐겨 부른다.	1	2	3
6. 여러 가지 악기를 다루어 보며 즐긴다.	1	2	3
7. 리듬, 장단에 맞추어 악기를 다룰 수 있다.	1	2	3
8. 리듬악기 다루기를 즐기며 적극적으로 참여한다.	1	2	3
9. 노래를 듣고 몸을 움직여 표현함에 있어서 창의적이다.	1	2	3
10. 신체를 이용하여 자신의 생각과 느낌을 창의적으로 표현한다.	1	2	3
11. 노래를 듣고 역할놀이 또는 극놀이로 표현할 수 있다.	1	2	3
12. 노래를 듣고 몸을 움직여 표현하는 것을 즐거워한다.	1	2	3
13. 노래에 맞추어 몸을 율동적으로 움직일 수 있다.	1	2	3
14. 리듬악기를 노래에 맞추어 연주할 수 있다.	1	2	3
15. 음악에 조용히 귀 기울일 수 있다.	1	2	3
16. 신체기관을 이용하여 박자 치기를 할 수 있다.	1	2	3
17. 감정을 넣어 노래를 부를 수 있다.	1	2	3
18. 자신의 생각이나 느낌을 다양하게 표현한다.	1	2	3
19. 다양한 소리에 관심을 갖고 탐색하여 소리에 민감하게 그 느낌을 표현한다.	1	2	3
20. 녹음기에서 나오는 노래를 듣고 노랫말대로 따라 할 수 있다.	1	2	3
21. 높은 음과 낮은 음을 구별하여 소리가 움직이는 방향을 표현할 수 있다.	1	2	3
다. 감상	그렇지 않다	보통 이다	항상 그렇다
1. 여러 가지 소리나 악기 소리 등에 관심을 갖고 즐겨 듣는다.	1	2	3
2. 다양한 종류의 음악을 듣고 즐긴다.	1	2	3
3. 우리나라 전래동요, 전통악기 듣기를 좋아한다.	1	2	3

4. 노래를 듣고 몸을 움직여 표현하는 것에 관심을 갖고 감상한다.	1	2	3
5. 우리나라 전통예술에 친숙함을 느낀다.	1	2	3
6. 우리나라 전통예술이나 놀이에 관심을 두고 적극 표현하며 감상한다.	1	2	3
7. 노랫말을 정확하게 듣는다.	1	2	3
8. 다른 사람의 노래를 주의 깊게 듣는다.	1	2	3
9. 음악을 듣고 그것을 나타내는 그림 카드를 찾을 수 있다.	1	2	3
10. 듣기 좋은 소리와 시끄러운 소리를 구별할 수 있다.	1	2	3

출처: 안재신(2006) 재구성.

(2) 영유아 면접 평가

면접법은 언어적 표현이 가능한 영유아를 직접 만나 언어적인 반응을 통하여 여러 가지 자료를 수집하는 방법으로 인지적 영역뿐만 아니라 태도, 흥미 등에 관한 정보를 얻는 데 많이 활용된다. 영유아와의 직접적인 상호작용을 통해 자료를 수집하는 방법으로 다른 평가방법에 비하여 상황에 따라 질문이 달라질 수 있는 융통성이 있어 여러 가지 중요한 자료를 수집할 수 있다. 음악활동을 한 후에 영유아에게 질문이나 대화를 통해서 음악활동의 전반적인 과정에 대해 평가할 수 있다. 이를 위해서 다음과 같은 질문을 할 수 있다(김연주 외, 2020).

- 오늘 음악활동이 어떠했니? (느낌, 소감)
- 오늘 음악활동을 열심히 했니?
- 오늘 음악활동에서 무엇이 좋았니?
- 오늘 음악활동에서 무엇이 어려웠니?
- 오늘 음악활동을 혼자서도 잘할 수 있었니?
- 도움이 필요할 때 선생님이 잘 도와주셨니?
- 음악활동을 위한 악기 다루기를 할 만큼 악기가 충분했니?
- 다음에 하고 싶은 음악활동은 무엇이니?

(3) 포트폴리오 평가

포트폴리오(portfolio)는 영유아의 발달과 학습에 대한 기록을 체계적으로 종합하여 모아 놓은 것이다. 포트폴리오 평가는 시간의 흐름에 따라 나타나는 영유아의 성장과 발달, 학습과정과 결과 등을 나타내는 다양한 활동결과물을 체계적으로 수집하고 조직하여 이를 기초로 영유아의 지식, 기능, 태도 등을 판단하는 평가 방법이다. 영유아의 음악적 발달을 위한 포트폴리오 평가는 영유아의 음악활동 사진, 영유아가 이야기한 것(영유아가 직접 쓰거나 교사가 받아 쓴 것), 영유아의 음악활동에 대한 기록, 활동과정에 대한 사진이나 비디오 촬영 자료 등을 자료로 활용한다. 이렇게 수집된 자료들을 정리하면 영유아 발달의 변화와 방향을 이해하고, 음악적 능력에 대한 총체적이고 심층적인 평가가 이루어질 수 있다.

〈표 7-6〉 포트폴리오: 음악 감상하기

호두까기 인형을 듣고 그렸어요.					
이름	배모린	반(연령)	새싹반(만 4세)	날짜	2016. 12. 13.
생활주제	겨울			활동명	호두까기 인형
	 크리스마스 선물을 받고 기뻐하고 있어요.				
유아평가					
교사평가	내용			예	아니오
	음악이나 극놀이를 듣거나 보고 즐긴다.			v	
	음악이나 극놀이를 감상하고 생각과 느낌을 이야기 나눈다.			v	
	나와 다른 사람의 예술표현을 소중히 여긴다.			v	

2) 교사 평가

교사 평가란 교사를 대상으로 이루어지는 평가이며, 교사로서의 교수능력을 포함한 다양한 부분을 평가해 봄으로써 교사의 반성적 사고를 도와 효율적인 교수방법을 고안하도록 하는 데 목적이 있다. 음악교육에 대한 교사 평가는 교사가 영유아의 음악교육을 담당하면서 스스로 평가해 보아야 할 내용으로, 예를 들어 음악활동이 영유아의 발달 수준에 적절했는지, 내용이 적합하였는지, 교수방법은 적절하였는지, 운영에 문제는 없었는지, 영유아와의 상호작용은 적극적으로 시도하였는지 등을 평가하는 것이다. 음악교육 전반에 대한 교사 평가는 음악교육의 질적 수준을 향상시키는 길이며, 교사 자신의 발전을 위해서도 반드시 필요하다.

영유아 음악교육 평가에 대한 교사 평가는 일반적으로 다른 영역의 교사 평가와 유사하다(이숙재 외, 2013). 즉, 교사의 자질 평가, 음악활동 평가, 음악 교수-학습 평가, 음악 환경 평가 등이 포함된다. 이를 상세히 소개하면 다음과 같다.

(1) 교사의 자질 평가

교사 개인의 자질이나 특성, 전문 지식, 음악교육 효능감 등이 영유아의 음악교육을 담당하기에 적합한지 다음 사항을 평가해 보아야 한다.

- 영유아의 음악발달 단계와 행동 특성에 관한 지식을 이해하고 있는가?
- 교사 자신이 영유아의 음악을 효과적으로 지도할 수 있는 능력이 있다고 믿고 있는가?
- 영유아가 자신의 느낌과 생각을 자유롭게 표현할 수 있도록 허용적인 분위기를 조성하고 있는가?
- 영유아와 언어적 또는 비언어적으로 적절하게 상호작용을 하는가?
- 교사 자신이 창의적이고 독창적인가?
- 영유아 음악교육에 대한 최신 정보와 워크숍에 관심을 두고 참여하는가?

(2) 음악활동 평가

교사가 유치원과 어린이집에서 시행하는 음악활동이 영유아의 연령과 발달 수준에 적합한지, 의도한 교육 목표가 어느 정도 달성되었는지 등을 평가하는 것이다.

- 음악활동이 영유아의 흥미와 발달 수준에 적합한가?
- 영유아의 신체, 언어, 인지, 정서, 사회성, 창의성 발달을 촉진하는 음악활동이 선정되었는가?
- 개별적 및 대소집단 음악활동이 균형 있게 시행되었는가?
- 음악 감상하기, 노래 부르기, 악기 다루기, 동작으로 표현하기, 음악 창작하기 등 다양한 음악활동이 선정되었는가?
- 음악활동이 다른 교과 영역과 통합되어 시행되었는가?
- 주제와 연관된 음악활동이 선정되었는가?

(3) 음악 교수-학습 평가

교사가 영유아의 음악교육을 효과적으로 잘 지도하였는지 분석하기 위해 교수-학습에 대해 평가할 수 있다.

- 영유아의 개인차를 고려하여 다양한 활동으로 융통성 있게 이루어졌는가?
- 영유아를 주의 깊게 관찰하여 필요한 시기에 적절히 개입하였는가?
- 영유아의 흥미에 따라 활동하도록 충분한 시간이 제공되었는가?
- 영유아가 스스로 탐색, 표현, 감상하도록 격려하였는가?
- 영유아가 음악적 요소를 찾아 활용하도록 확산적 질문을 하였는가?
- 음악활동을 다른 영역의 활동으로 확장하도록 유도하였는가?

(4) 음악 환경 평가

교사가 영유아 교육기관의 환경을 음악활동에 적합하게 구성해 주었는지를 평가하는 것으로 다음 사항을 고려해야 한다.

- 음률영역 배치와 활동 공간이 적절한가?
- 소음 방지를 위해 카펫이나 매트가 있는가?
- 악기나 음악 관련 그림 자료, 노랫말 자료, 악보 등 다양한 활동 매체가 제공되었는가?
- 주제와 관련된 음악 자료가 제공되었는가?
- CD 플레이어, 헤드폰 등 음악 기자재가 있는가?
- 자료들을 쉽고 안전하게 사용하고 정리할 수 있으며, 변화 · 교체되고 있는가?

3) 부모 평가

영유아가 가장 먼저 접하는 음악적 환경은 가정이고 부모와의 상호작용을 통해 경험한다. 따라서 교육기관에서 교육 효과를 높이기 위해서는 가정에서의 영유아의 음악적 성장에 대한 정보가 필요하며, 부모에 의해서 영유아의 음악적 성장에 대한 평가가 이루어질 수 있다. 부모에 의한 평가는 주로 교육기관 이전의 경험과 영유아의 음악적 성장에 대한 사전 지식을 얻고자 실시한다. 다음의 〈표 7-7〉은 부모가 실시하는 영유아의 음악적 사전 지식 및 경험에 대한 평가의 예이다.

〈표 7-7〉 부모에게 보내는 질문지의 예

이름: 나이: 년 개월			
관찰된 음악적 행동	빈도		
	자주	때때로	드물게
댁의 자녀는 • 음악에 따라 움직이는가? (텔레비전이나 레코드음악에) – 기본 박자의 느낌에 리드미컬하게 움직이는가? – 자유롭게 음악에 맞추어 움직이는가? – 손유희와 노래놀이에 맞춰 재미있게 움직이는가? • 노래하기를 좋아하는가? (혼자 혹은 여럿이 함께) – 두서없이 노래를 만들어 부르는가? – 혼자 노래할 때 단순한 멜로디는 정확하게 부르는가? – 텔레비전 광고 노래나 생일 노래 같은 멜로디를 부분적으로나 전체적으로 부르는가? – 다른 사람과 노래할 때 비교적 정확하게 간단한 멜로디를 부르는가? – 놀이의 일부로서 노래하는가? (인형노래를 만드는가?) • 음악을 듣는가? – 소리에 대해서 호기심을 나타내는가? (음악뿐 아니라 환경에서 나오는 소리에도) – 주변에서 나는 소리와 음악 소리를 구별해 내는가? – 음악을 들으면서 장난감을 가지고 노는가? – 특정하게 녹음된 음악을 요구하거나 스스로 녹음기를 트는가? • 악기를 연주하는가? – 손가락으로 피아노 건반을 눌러 보는가? – 친숙한 멜로디를 피아노나 실로폰으로 연주해 보는가? • 주변에 있는 물체를 이용해서 연주하는가? – 부엌의 여러 그릇의 소리를 실험하는가? – 가구나 벽을 리드미컬하게 쳐 보는가?			

학부모 소견:	
댁에 있는 음향기기를 체크해 주세요.	□ 녹음기 □ 피아노 □ 라디오 □ 텔레비전 □ 오디오 □ 기타( )

출처: 안재신(2006).

가정의 음악 환경 수준과 부모의 음악 관심도가 높을수록 영유아의 음악적 경험은 풍부해지고 음악적 성장에 도움이 된다(고영자 · 김민정, 2014). 다음의 〈표 7-8〉은 가정의 음악 환경 평가용으로 활용할 수 있는 체크리스트의 예시이다.

〈표 7-8〉 가정에서의 음악 환경 체크리스트

	문항	예	아니요	비고
1	부모는 가정에서 노래를 즐겨 부른다.			
2	부모는 가정에서 악기를 연주한다.			
3	부모는 가정에서 CD 음악을 듣는다.			
4	부모는 음악에 맞춰 춤을 춘다.			
5	부모는 영유아가 음악적 요소를 탐색하도록 질문을 한다.			
6	부모는 영유아와 함께 노래 부르기를 한다.			
7	부모와 영유아가 함께 악기 연주를 한다.			
8	부모와 영유아가 함께 음악에 맞춰 신체표현을 한다.			
9	부모와 영유아가 함께 음악을 자주 듣는다.			
10	부모는 영유아와 콘서트나 음악회를 간다.			
11	부모는 영유아와 음악 프로그램(TV)을 함께 본다.			
12	부모는 영유아가 차를 탈 때 차 안에서 음악을 틀어 준다.			
13	가정에는 리듬악기, 멜로디악기, 현악기 등이 준비되어 있다.			
14	가정에는 카세트 및 컴퓨터, 음악 테이프, CD류 등이 준비되어 있다.			

출처: 김연주 외(2020).

CHAPTER 08

듣기 및 음악 감상하기

1. 영유아와 음악 감상하기

음악은 듣기에서 시작하며, 듣기는 모든 음악활동의 기초이다. 영유아가 노래를 부르거나 악기 연주를 하는 행위도 모두 소리를 발생시키는 활동으로 이것을 귀로 듣고 인지한다. 음악활동 과정과 결과물도 소리라는 형태로 존재하기 때문에 음악교육에서 듣기능력은 음악활동의 진행과 효율성의 면에서 중요한 역할을 한다. 즉, 영유아는 자연과 주변 환경의 여러 가지 소리에 노출되어 있지만, 귀를 기울이지 않는다면 주변에서 들리는 다양한 소리를 인식하고 구별하지 못한다. 영유아가 좋은 감상자가 되기 위해서는 먼저 귀를 열고 주의 깊게 소리를 듣는 것이 매우 중요하다. 영유아의 듣기 및 음악 감상하기는 일상생활에서 자연스럽게 이루어져야 한다. 듣기는 주변에서 나는 소리를 탐색하는 것부터 시작된다. 음악 감상하기는 소리로 이루어진 음악을 듣고 음악적 요소를 인식하며 느낌을 표현해 보는 것이 중요하다. 이처럼 듣기와 음악 감상하기는 음악적 즐거움을 경험하고 음악적 능력 발달에 도움이 될 수 있다. 따라서 교사는 음악이나 소리에 집중하여 들을 수 있도록 계획을 세워 기회를 제공할 필요가 있다.

2. 듣기, 음악 감상하기 내용

듣기와 음악 감상하기의 구체적인 내용을 살펴보면 다음과 같다.

1) 듣기

듣기는 모든 음악적 경험에서 가장 기본적인 활동이다. 영유아의 듣기는 일상의 소리뿐 아니라 심미적인 느낌이 들게 하는 다양한 소리를 접할 수 있도록 도와야 한다. 영유아를 둘러싼 주변의 다양한 소리는 주변을 탐색하고 주의를 기울여 들을 수 있는 중요한 자료이다. 듣기활동 시 활용할 수 있는 다양한 소리는 다음과 같다.

- 사람의 소리: 선생님 목소리, 친구 목소리, 숨소리, 신체 소리, 움직임으로 나는 소리, 고함 소리, 속삭이는 소리, 노래하는 소리, 말하는 소리 등
- 동물의 소리: 동물 울음소리, 날갯짓 소리, 새가 지저귀는 소리 등
- 자연의 소리: 돌끼리 부딪치며 나는 소리, 물 흐르는 소리, 낙엽 밟는 소리, 눈 위를 걷는 소리, 빗방울이 나뭇잎에 떨어지는 소리, 날씨 관련 소리(천둥 · 번개) 등
- 생활 주변의 소리: 집에서 나는 소리(초인종, 전화벨, 문 여닫는 소리, 도마와 칼 등) 도구, 기계 소리(청소기, 믹서, 전자레인지, 압력솥 등), 교통기관 소리(자동차, 자전거, 오토바이, 사이렌 등)
- 악기 소리: 마라카스, 캐스터네츠, 트라이앵글, 탬버린, 실로폰, 피아노, 장구, 소고 등

영유아의 듣기 경험 중 소리 탐색은 소리가 어디서 나는지, 어떻게 만들어지는지에 대한 탐색이다. 즉, 소리의 근원을 보고 알아내고 궁극적으로 다양한 사물과 도구를 사용해서 소리를 만들어 볼 수 있다. 교사는 다양한 소리가 나는 재료들을 제공하여 귀를 열어 주어야 한다. 이러한 재료를 통하여 영유아가 직접 소리를 만들 수 있는 기회를 제공하고 소리의 같음과 다름을 구별할 수 있는 감지능력을 개발시킬 수 있다. 다음과 같은 다양한 재료를 제시하여 흔들고, 두드리고, 문질러서 소리를 만들어 볼 수 있다.

- 나무로 된 재료: 의자, 연필, 나무 상자, 책상 등
- 고무로 된 재료: 공, 타이어, 튜브, 고무 밴드, 고무장갑 등
- 종이로 된 재료: 화장지, 상자, 신문, 사포, 종이컵, 잡지, 골판지 등
- 유리로 된 재료: 유리컵, 음료수병 등
- 플라스틱으로 된 재료: 단추, 빗, 생수병, 컵, 빨대, 장난감 등
- 실외에서 볼 수 있는 재료: 돌, 모래, 나뭇잎, 나뭇가지 등

이러한 소리 탐색을 통하여 영유아는 소리에 대한 관심을 두고, 각각의 소리를 변별해 봄으로써 소리가 고유의 음색을 가졌음을 인식하게 된다. 또한, 소리에 대한 끊임없는 호기심과 상상력을 자극하고, 음악적 반응을 불러일으킨다. 더 나아가 음악에 대한 지각이 필요한 음악활동 과정에서 음악적 듣기 경험은 매우 중요한 역할을 한다. 영유아를 위한 다양한 듣기활동은 다음과 같다.

- 소리를 듣고 그 소리를 목소리로 바로 모방하여 흉내 내기
  - 소방차, 경찰차, 응급차의 사이렌 소리, 새소리, 기차 소리 등
- 주위에서 자주 들을 수 있는 소리를 녹음해서 들려주고 그 소리를 그대로 소리 내 보기
  - 문 닫는 소리, 연필 떨어뜨리는 소리, 걷는 소리 등
- 보이지 않는 곳에서 소리를 내고 무슨 소리인지 알아맞히기 [그림 8-1]
  - 가림막 또는 커튼 뒤에서 리듬악기 연주하기, 컵 두드리기, 종이 구기기와 찢기
- 플라스틱 용기에 다양한 재료(쌀, 구슬, 단추, 씨앗, 설탕 등)를 넣고 같은 종류를 두 개씩 만들어 짝짓기 [활동의 예, 97쪽]

듣기활동은 소리 탐색과 연결되어, 소리에 대한 관심이 확대되고 자신이 만든 소리에 흥미를 갖는다. 따라서 교사는 의도된 여러 가지 소리를 들을 수 있는 기회를 제공해야 한다.

[그림 8-1] 듣기활동

활동의 예

소리 찾기

- 옥수수 알, 쌀, 동전, 이쑤시개, 구슬, 마카로니, 시리얼, 돌멩이 등을 넣은 에그 셰이커(egg shaker)를 만든다.
- 에그 셰이커 소리를 듣고, 소리와 어울리는 그림을 찾아본다.

2) 음악 감상하기

음악 감상하기는 음악을 즐기는 방법 중 가장 보편적인 활동이다. 감상은 음악을 집중해서 듣고 이해하며 그로부터 다양한 반응을 나타나게 한다. 이를 위해 친구의 노래나 악기 연주를 감상하는 것에서부터 전문예술가의 연주를 감상하는 것까지 다양한 음악적 소리가 감상활동의 소재가 될 수 있다. 따라서 영유아의 하루 일과와 활동 수준에 따라 적절한 음악을 선택한다. 영유아기는 음악을 편견 없이 받아들일 수 있는 시기이다. 그러므로 음악 감상곡은 클래식에 한정 지어 생각하기보다는 다양한 종류의 음악이 포함되어야 한다. 즉, 동요부터 클래식, 전통음악, 성악곡, 종교음악, 애니메이션 OST, 영화 OST, 대중가요, 세계민속음악, 현대음악 등 다양한 음악을 자연스럽게 감상할 수 있다.

〈표 8-1〉 음악 감상곡의 예

창작동요	〈꿀벌의 여행〉, 〈아기 다람쥐 또미〉, 〈참 좋은 말〉, 〈예쁜 아기 곰〉, 〈아기콩〉, 〈'넌 할 수 있어'라고 말해 주세요〉 등
전래동요	〈대문놀이〉, 〈남생아 놀아라〉, 〈덕석몰기〉, 〈꿩꿩 장서방〉, 〈어깨동무〉, 〈잠자리 꽁꽁〉, 〈어디까지 왔나〉 등
클래식	크라이슬러 〈사랑의 기쁨〉, 엘가 〈위풍당당 행진곡〉, 비발디 〈사계〉, 요한 슈트라우스 〈빈 숲속의 이야기〉 등
이야기가 있는 음악	차이콥스키 〈호두까기 인형〉, 〈백조의 호수〉, 프로코프예프 〈피터와 늑대〉, 생상스 ≪동물의 사육제≫, 모차르트 〈마술피리〉 등
다른 나라의 민요	〈라쿠카라차〉(멕시코), 〈에델바이스〉(오스트리아), 〈모리화〉(중국), 〈요들송〉(스위스), 〈들장미〉(독일), 〈작은 별〉(프랑스) 등
애니메이션 OST	「겨울왕국」의 〈Let's It Go〉, 「인어 공주」의 〈Under The sea〉, 「아기공룡 둘리」, 「라이언 킹」의 〈Circle Of Life〉, 「벼랑 위의 포뇨」, 「구름빵」 등
종교음악	헨델의 ≪메시아≫ 중 〈할렐루야〉, 〈기쁘다 구주 오셨네〉, 〈고요한 밤 거룩한 밤〉 등

3. 듣기, 음악 감상하기 교수방법

1) 듣기 교수방법

듣기활동은 주변 환경에서 나는 다양한 소리를 탐색하는 것으로 자연의 소리, 교통기관이나 동물의 소리, 친구의 목소리 탐색에서부터 리듬악기, 멜로디악기, 세계 여러 나라 민속 악기 등의 다양한 악기 소리를 탐색하고 이를 이용해 음악적 요소(음색, 박자, 리듬, 셈여림, 음높이, 멜로디)에 따른 변화된 소리를 실험해 보며 만들어 보는 과정을 포함한다.

(1) 듣기 지도방법

듣기 지도방법을 구체적으로 소개하면 다음과 같다.

〈도입〉

① 다양한 매체를 활용하여 주의집중을 한다.

영유아의 흥미와 관심을 끌 수 있도록 시각, 청각, 촉각 등을 활용한 탐색을 한다. 예를 들어, 수수께끼, 부분 그림 보여 주기, 부분 소리 듣기 등을 통해 소개한다.

② 준비된 활동을 소개한다.
간단하고 명료하게 알려 준다.

〈전개〉

③ 소리를 들려준다.
쉽게 변별할 수 있는 소리부터 준비하여 흥미를 잃지 않고 활동에 참여할 수 있도록 한다.

④ 소리를 들으며 움직임, 악기, 언어활동, 그림 등의 다양한 표현활동을 한다.
동물 소리를 들으면 동물 소리 흉내 내기, 동물 움직임 흉내 내기, 악기로 소리 내 보기 등의 활동을 한다.

〈마무리〉

⑤ 활동내용에 대해 평가한다.
활동목표와 영아의 흥미, 참여를 고려하여 평가한다.

(2) 듣기 지도 시 유의점

듣기활동을 지도할 때 유의해야 할 사항은 다음과 같다.

① 듣기능력 발달단계에 맞는 활동을 계획함으로써 영유아의 자발적 학습 참여를 유도한다.
소리에 대한 민감성과 집중력은 연령에 따라 다르므로 연령을 고려하여 활동을 계획한다. 발달단계에 맞지 않을 경우 영유아는 집중하지 못하고 흥미를 잃는다. 만 1세 영아의 경우 빨거나 주물러도 안전한 딸랑이, 소리 나는 놀잇감 등을 제공하여 생리적인 욕구를 만족시켜 주면서 소리에 대한 자극을 주도록 한다. 만 2세 영아는 자발적인 탐색이 더욱 활발해지므로 다양한 리듬악기, 그릇, 플라스틱 통 등의 사물로 소리를 만들고 즐길 수 있도록 한다. 만 3~5세가 되면 보다 더 음악적인 구조에 접근한 듣기활동을 제공한다.

② 듣기활동은 생활 주변에서 나는 소리, 자연의 소리 등 일상생활에서 자연스럽게 이루어지도록 한다.

주의 깊게 듣고 표현하는 활동은 특정 시간에 진행하기보다 일과 중에 즉흥적으로 일어날 수 있는 활동이므로 우연한 발생을 존중하고 영유아의 자발적인 관심과 참여로 이루어지도록 한다. 예를 들어, 미술활동 중에 종이를 찢으며 재미있는 소리를 발견하고 흥미를 보인다면 교사는 "종이로 다른 소리도 만들어 볼 수 있니? 더 긴 소리를 내려면 어떻게 할까?"하면서 우연한 상황을 더욱 구체적인 소리 탐색활동으로 연결한다.

③ 소리 탐색, 소리 만들기와 연결지어 활동한다.

영유아가 소리를 듣고 탐색하고, 스스로 새로운 소리를 만들어 보는 활동이 자유롭게 이루어지도록 한다. 예를 들어, 자신이 들었던 소리를 표현해 보면서 유사한 소리를 찾아보기, 소리 나는 물건을 찾아 다양한 소리를 만들어 보기 활동을 해 볼 수 있다.

④ 듣기활동은 주의집중이나 도입을 위하여 사용할 수 있다.

예를 들면, 같은 소리 찾기, 자연의 소리 듣고 실물 자료와 연결하기, 신체 부위로 소리 만들기, 감추어진 물건의 소리 듣고 알아맞히기와 같은 활동을 다른 활동의 도입부에서 짧게 사용함으로써 주의를 집중시킬 수 있다.

⑤ 음악적 요소와 관련시켜 활동한다.

소리 듣기, 소리 탐색, 소리 만들기 활동을 할 때 셈여림, 음색, 음높이, 음길이 등 음악적 요소와 연결시켜 활동을 해 본다. 예를 들면, 금속끼리 부딪쳤을 때 나는 소리, 나무 재질의 물체가 부딪쳤을 때 나는 소리가 다르다는 것을 음색을 통해 알 수 있다. 냄비 뚜껑을 부딪쳐 소리가 길게 나는 것과 나무 막대로 바닥을 두드릴 때 나는 소리가 어떻게 다른지 비교하면서 음길이를 알아볼 수 있다.

⑥ 난이도를 고려하여 활동한다.

활동을 시작할 때는 변별하기 쉬운 큰 소리/작은 소리, 높은 소리/낮은 소리, 빠르게/느리게 등 대조적인 것으로 시작하고 점차 난이도를 높이도록 한다.

⑦ 듣기 영역을 마련하고 다양하고 질 높은 음향기기를 활용한다.

소리를 낼 수 있는 도구, 다양한 악기, 녹음된 자료 등을 제공하여 영유아가 소리를 듣고 탐색하고, 스스로 새로운 소리를 만들어 내는 놀이가 자유롭게 이루어지도록 한다. 또한, 좋은 소리를 들려줄 수 있는 오디오, 스피커, 녹음기 등을 사용한다.

〈표 8-2〉 듣기활동계획안의 예

활동명	누구 소리일까요?	주제	동물놀이를 해요
활동형태	실내자유놀이	대상연령	만 2세
활동목표	• 다양한 동물 소리를 듣고 어떤 동물의 소리인지 추측해 본다. • 동물의 소리에 관심을 가지고 흉내 낼 수 있다.		
2세 보육과정 관련요소	• 의사소통 〉 듣기와 말하기 〉 표정, 몸짓, 말에 관심을 갖고 듣는다 • 예술경험〉 아름다움 찾아보기 〉 아름다움에 관심을 갖고 찾아본다. • 자연탐구 〉 자연과 더불어 살기 〉 주변의 동식물에 관심을 가진다.		
활동자료	동물(소, 고양이, 강아지, 닭) 사진 또는 그림, 음향 자료–동물 소리		
사전경험	'동물' 관련 사운드북으로 동물소리를 들어본다.		
활동방법			
도입	1. 수수께끼로 주의집중한다. – 애들아, 선생님이 동물 친구를 데려왔어. 누가 왔는지 동물들의 소리를 한번 들어 볼까? – 어떤 동물의 소리가 날까? – 강아지 친구가 놀러 왔네. 2. 활동을 안내한다. – 오늘 강아지하고 또 다른 동물 친구들이 놀러 왔어. 어떤 동물 친구들이 왔는지 소리를 들어 보자.		
전개	3. 소리를 들려준다. – (여러 동물 사진을 제시하고) 이 소리는 이 중에서 어떤 동물의 소리일까? – 잘 알고 있구나. 고양이는 어떤 소리를 내지? – 다시 한 번 소리를 듣고 따라 해 보자. – 고양이의 울음소리를 다르게 내 보자. 어떻게 소리 낼 수 있을까? 4. 다양한 동물 소리를 듣고 흉내 내어 본다. – 이번엔 소가 나와서 인사할 거래. 소는 어떻게 소리 낼까? – 소처럼 소리 내 볼까? – 정말 '음메' 소리가 나는지 잘 들어 보자. – 소가 '음메'하고 소리 내는 것 같니?		
마무리	5. 활동내용에 대해 평가한다. – 모두 동물 소리를 잘 내주었어. 동물 소리 내는 것이 재미있었니? – ○○는 어떤 동물 소리를 내 보는 것이 좋았니?		
확장활동	• 동물에 관한 노래를 영아들과 부르거나 동물 꼬리, 동물 머리띠 등을 첨가해 주어 동물의 동작을 표현해 보는 활동으로 확장하여 놀이할 수 있다(예: 엄마 돼지, 아기 돼지/산토끼 등).		
참고사항	• 교사는 영아가 동물 소리를 마음대로 표현해 볼 수 있도록 도와준다.		

2) 음악 감상하기 교수방법

음악은 청감각을 기본으로 하는 예술영역으로, 청각적 민감성이 매우 중요하다. 따라서 음악교육에서 음악 감상하기 교수방법은 중요하다. 음악 감상하기는 다양한 목적과 방식으로 이루어지며, 간접감상과 직접감상으로 나누어진다(조윤미, 2004). 간접감상은 의도하지 않게 들리는 음악을 듣는 것을 의미한다. 즉, 자유선택활동, 전이활동, 간식 등의 시간에 배경음악으로 들려주는 것이다. 직접감상은 음악을 듣기 위한 인위적인 활동을 의미한다. 즉, 음악 감상하기 위주로 구성된 수업으로 주제에 적합한 음악을 선정하고 교사가 설정한 목표를 위해 일련의 음악 감상하기 교수방법에 따라 음악을 감상한다. 따라서 자연스러운 상황에서 일상적으로 음악을 듣는 간접감상과 교사의 계획된 수업을 통해서 듣는 직접감상은 감상 환경과 조건에 따라 다양한 방법으로 운영될 수 있다.

(1) 음악 감상하기에 적합한 곡 선정

음악 감상하기에 적합한 곡의 선정 시 유의점은 다음과 같다.

① 흥미와 상상을 일으킬 수 있는 곡을 선택한다.
영유아가 음악을 들었을 때 자신의 경험과 관련이 있으며, 흥미를 느끼고 어떤 장면이 떠올라 자연스럽게 상상할 수 있는 곡이 바람직하다.

② 악곡의 구성이 짧고 간결한 것을 선택한다.
영유아의 집중 시간이 길지 않기 때문에 짧은 곡부터 시작하여 점차 긴 곡을 듣게 하는데 1분 30초~3분 정도의 짧고 간결한 곡이 적당하다. 만약 감상할 곡이 긴 경우 편집하거나 두세 번에 나누어 들려준다. 또한, 영유아의 기분과 상황을 고려하여 진행한다.

③ 친숙한 음악부터 생소한 음악으로 난이도를 고려하여 선택한다.
단순하고 뚜렷한 멜로디와 리듬으로 구성되어 음악의 아름다움을 느낄 수 있는 곡부터 단계적으로 제시한다. 또한, 짧고도 묘사적인 곡도 적당하다.

④ 음색이나 빠르기, 분위기 등 음악적 요소와 관련지어 서로 비교할 수 있는 음악을 함께 선택한다.
강한 리듬, 독특한 멜로디의 흐름, 특이한 음색 등 음악적 요소가 잘 드러나는

곡은 곡의 느낌이 명확하게 전달되어 새로운 음악에 대한 흥미를 유발할 수 있다. 한편, 같은 곡이지만 다른 악기로 연주한 경우 다른 느낌으로 감상할 수 있다. 예를 들어, 〈캐논〉의 피아노 또는 국악 연주곡, 〈뻐꾹 왈츠〉의 피아노 또는 관현악 연주곡으로 다양하게 감상할 수 있다.

⑤ 다양한 장르와 다양한 문화권의 질 좋은 음악을 선택한다.

영유아기에는 모든 종류의 음악에 대부분 개방적인 태도를 보이므로 다양한 장르와 다양한 문화권의 음악을 소개하려는 노력이 필요하다(Campbell & Scott-Kassner, 2014). 한편, 전자 악기로 만들어져 사운드가 자극적인 것보다는 가장 최상의 질로 연주된 우수한 음악을 선택하여 양질의 음악을 감상한다.

(2) 음악 감상하기에 적합한 곡

영유아의 흥미를 고려한 주제별 음악 감상곡은 다음과 같다.

〈표 8-3〉 영유아를 위한 음악감상곡

주제	작곡가	곡 제목	곡의 특징	음악 관련요소
유치원/어린이집과 친구	비제	≪어린이의 놀이≫ 중 〈팽이〉	팽이가 빙빙 돌아가는 모습을 표현한 곡이다.	빠르기
		≪어린이의 놀이≫ 중 〈나팔과 북〉	어린이들이 나팔을 불고, 북을 치면서 행진놀이를 하는 모습을 나타낸 곡이다.	셈여림
	슈만	≪어린이 전경≫ 중 〈숨바꼭질〉	숨바꼭질놀이를 피아노로 표현한 곡이다.	빠르기
나/가족	브람스	〈자장가〉	어머니의 애정을 표현한 곡이다.	멜로디
	멘델스존	〈결혼행진곡〉	세익스피어의 『한여름 밤의 꿈』 이야기 속의 결혼식을 위한 곡이다.	멜로디
	요한 슈트라우스 2세	〈트리치 트라치 폴카〉	제목은 아낙네들이 떠들썩하게 이야기하는 것을 의미하고, 마치 아낙네들이 말을 빨리하는 것처럼 빠른 템포로 흐르는 경쾌하고 명랑한 곡이다.	빠르기 리듬
	엘가	〈사랑의 인사〉	아내를 향한 엘가의 사랑과 따뜻한 마음이 담긴 곡이다.	멜로디
우리 동네	케텔비	〈페르시아의 시장〉	페르시아라는 나라의 시장 모습을 묘사한 곡이다.	음색
	헨델	〈왕궁의 불꽃놀이〉	오스트리아의 왕위 계승 전쟁과 관련된 영국과 프랑스의 세력 다툼이 끝난 것을 기념하며 런던의 그린 파크에서 열린 불꽃놀이를 위해 헨델이 작곡한 곡이다.	음색 리듬

주제	작곡자	곡 제목	곡의 특징	음악 관련요소
우리 동네	요한 슈트라우스 2세	〈아름답고 푸른 도나우 강〉	오스트리아의 도나우 강을 노래한 시에서 영감을 얻어 작곡한 곡이다.	리듬 박자
동식물과 자연	쇼팽	〈강아지 왈츠〉	강아지가 꼬리를 잡으려 빙빙 돌면서 재빠르게 움직이는 모습을 표현한 곡이다.	빠르기
	슈베르트	〈송어〉	송어가 유쾌하고 명랑하게 뛰노는 광경을 그린 곡이다.	음색
	무소르그스키	≪전람회의 그림≫ 중 〈달걀 껍데기 속 병아리의 춤〉	병아리의 귀여운 움직임과 울음소리를 묘사한 곡이다.	빠르기
	프로코피예프	〈피터와 늑대〉	어린 소년 피터는 현악기, 새는 플루트, 오리는 오보에, 늑대는 호른, 사냥꾼들은 팀파니 소리로 각각 표현된다. 등장인물 각자는 자신만의 음악적 주제를 가지고 있다.	음색
건강과 안전	하이든	〈놀람 교향곡〉	2악장에서 조용히 진행되다가 팀파니 소리와 함께 사람들을 깜짝 놀라게 한 후 다시 조용한 멜로디가 계속된다.	셈여림
	모차르트	〈작은 별 변주곡〉	원제목 '아, 어머니께 말씀드릴게요' 주제에 의한 12개의 변주곡이다. 모차르트는 프랑스 파리에 머무는 동안 일자리도 찾지 못한 상태에서 어머니를 잃는다. 그 무렵 이 멜로디를 접하고는 몇 년 뒤 그 선율을 주제로 만든 곡이다.	멜로디
생활 도구	모차르트	오페라 ≪마술피리≫ 중 〈파파게노와 파파게나의 이중창〉	이집트의 왕자 타미노가 새잡이 파파게노와 함께 마술피리와 마술방울의 힘을 빌려서 시련을 이기고 밤의 여왕의 딸 파미나와 맺어진다는 내용이다. 〈파파게노와 파파게나의 이중창〉은 재회의 기쁨으로 서로의 이름을 수없이 더듬는 이중창이다.	리듬 음색
	무소르크스키	≪전람회의 그림≫ 중 〈프롬나드〉	'산책'이란 뜻을 지닌 프롬나드는 전시회장에서 한 그림을 보고 난 후 다른 그림을 보기 위해 걸어가는 과정을 표현한 곡이다.	음색
	하이든	교향곡 ≪시계≫ 중 〈2악장〉	2악장의 도입부부터 규칙적인 반주가 시계추의 리듬을 연상시키는 곡이다.	리듬
교통 기관	요한 슈트라우스 2세	〈관광열차 폴카〉	오스트리아 남부 철도노선 개통식에서 영감을 얻은 이 춤곡은 기차의 배기음과 기적 소리를 모방한 음향이 삽입된 곡이다.	리듬 음색
	네케	〈크시코스의 우편마차〉	빠르고 경쾌한 음악, 마차가 달리는 모습을 표현한 곡이다.	빠르기
	이탈리아 나폴리 민요	〈푸니쿠니, 푸니쿨라〉	나폴리에 개통된 케이블카를 위해 만든 노래, 제목 자체가 '케이블카가 움직입니다. 빨리빨리'라는 뜻으로 유쾌하고 밝은 곡이다.	빠르기
	드보르작	〈유머레스크〉	기차의 소리에 귀 기울이다 영감을 얻어 작곡한 곡이다.	셈여림 빠르기 리듬

주제	작곡자	곡 제목	곡의 특징	음악 관련요소
우리 나라	조광제	〈산도깨비〉	한 편의 동화를 연상시키는 노랫말이 흥미로운 노래이다.	리듬
	김덕수	〈사물놀이〉	풍물 굿의 대표적인 타악기인 사물을 연주하는 음악으로 각 악기는 서로 음악을 주고받고 엉키고 밀치고 당기는 멋을 내며 기량을 발휘한다.	음색 리듬
	판소리	〈수궁가〉	토끼와 별주부의 속고 속이는 대결을 통해 조선 후기 사회를 풍자하고 있는 판소리 다섯 마당 중 하나이다.	리듬 음색
세계 여러 나라	브람스	〈헝가리 무곡〉	헝가리 집시 춤곡으로, 빠르기가 다양하게 변화하는 곡이다.	빠르기 셈여림
	로저스	〈도레미 송〉	오스트리아 트리프 대형 가족이 겪은 실화를 뮤지컬로 만든 「사운드 오브 뮤직」에 나오는 노래이다.	멜로디
	코다이	〈빈의 음악시계〉	정각에 시계에서 장난감 병정이 튀어나와 음악을 연주하는 모습을 묘사한 곡이다.	빠르기 셈여림
환경과 생활	드뷔시	〈달빛〉	잔잔한 아름다운 선율로 고요한 밤에 달빛이 비치는 풍경을 표현한 곡이다.	셈여림 빠르기 리듬
	멘델스존	〈서곡 핑갈의 동굴〉	런던 연주 여행에서 돌아오던 길에 스코틀랜드를 들러 헤브리디즈 군도 스테퍼 섬에 있는 핑갈의 대동굴을 견학하고 그때의 감동을 그린 연주회용 서곡이다.	멜로디 음색
	요한 슈트라우스 1세	〈라데츠키 행진곡〉	오스트리아의 라데츠키 장군의 승리를 기념하는 곡이다.	박자
봄	비발디	≪사계≫ 중 〈봄〉	새소리, 시냇물 소리, 봄비 등으로 봄이 오고 있음을 묘사한 곡이다.	음색
	요한 슈트라우스	〈봄의 소리〉	봄의 느낌이 잘 드러나는 3박자 왈츠곡이다.	셈여림 빠르기
	멘델스존	≪무언가≫ 중 〈봄의 노래〉	봄의 기쁨, 꽃이 향기롭게 피는 봄의 화원을 묘사한 곡이다.	음색
여름	쇼팽	〈빗방울 전주곡〉	반복적으로 들려오는 음이 빗방울을 연상시킨다. 밝은 장조로 시작되었다가 빗방울이 점점 세지는 부분은 단조로 변하고 다시 밝은 분위기의 장조로 마치는 곡이다.	셈여림
	드뷔시	≪바다 La Mer≫ 3악장 〈바람과 바다의 대화〉	빠른 속도로 연주되는 현악기로 거세지는 파도를 표현하고 있으며, 연주의 강약을 통해 파도의 역동감과 안정감을 느낄 수 있는 곡이다.	셈여림 빠르기
	비발디	≪사계≫ 중 〈여름〉	3악장은 갑자기 들이닥친 폭풍을 묘사한 곡이다. 무시무시한 번갯불과 천둥소리가 들리고 폭우가 쏟아진다.	빠르기

주제	작곡자	곡 제목	곡의 특징	음악 관련요소
가을	슈만	〈즐거운 농부〉	밭에서 땀을 흘리며 일하는 농부의 모습과 일을 마치고 집으로 돌아가는 농부의 즐거운 모습이 경쾌한 음악으로 표현된 곡이다.	음높이
	비발디	≪사계≫ 중 〈가을〉	수확을 기뻐하는 농부의 춤을 표현하며 화창한 가을 날씨와 가을날 사냥을 즐기는 모습 등을 표현한 곡이다.	음색
	경기민요	〈풍년가〉	풍년과 흥취 있는 삶을 담은 흥겨운 노래이다.	리듬
겨울	르로이 앤더슨	〈썰매타기〉	겨울철 썰매타기의 즐거움을 그려낸 곡이다.	음색 빠르기
	드뷔시	〈춤추는 눈송이〉	어린이가 창밖으로 눈이 내리는 풍경을 보고 느끼는 감정을 그린 곡이다.	음색
	발트토이펠	〈스케이트를 타는 사람들〉	얼어붙은 얼음 위에서 경쾌하게 스케이팅하는 사람들, 옥외의 추운 겨울을 나타낸 곡이다.	리듬
	비발디	≪사계≫ 중 〈겨울〉	1악장은 얼어붙을 듯이 차가운 겨울을 나타내는 곡이며, 2악장은 집 밖은 겨울비가 내리고 집안은 난롯가에 따뜻함을 나타낸 곡이다.	빠르기

(3) 음악 감상하기 지도방법

음악 감상하기 지도방법을 구체적으로 소개하면 다음과 같다.

〈도입〉

① 주의집중과 동기유발을 위해 다양한 매체를 활용한다.

영유아의 흥미와 관심을 바탕으로 감상곡 주제에 맞는 노래하기, 수수께끼, 부분 그림 보고 전체 맞추기, 부분 소리 듣기 등을 통해 소개한다.

- 감상할 주제에 맞는 노래 부르기(예: 〈봄의 왈츠〉 감상할 때 봄노래 부르기)
- 소리 듣고 알아맞히기(예: 〈천둥과 번개 폴카〉 감상 시 썬더드럼으로 천둥소리 알아맞히기)

② 영유아와 관련된 경험에 대해 이야기 나누고 오늘 활동에 대해 안내한다.

감상곡과 관련된 영유아의 경험에 대해 이야기함으로써 곡에 대해 감정 이입과 정서적 반응이 잘 일어날 수 있도록 한다.

〈전개〉

③ 음악을 감상한다.

- 악곡 전체를 들려주는 것이 바람직하지만 작품이 너무 길거나 음악을 듣는 것에 익숙하지 않다면 한 부분을 들려주며 영유아의 반응을 관찰한다.
- 처음 들려줄 때 다양한 상상을 할 수 있도록 제목이나 작곡자를 먼저 소개하지 않는다. 곡을 들려주기 전에 주의 깊게 들어야 할 부분을 미리 알려 주면 목적을 가지고 음악적 특징에 집중하며 음악을 들을 수 있다.
  - 소리의 크기가 어떻게 달라지는지 잘 들어 보자.
  - 어떤 동물의 울음소리처럼 들리는지 생각하면서 들어 보자.

④ 음악을 듣고 난 후 느낌과 생각을 이야기 나눈다.

감상 후 무슨 생각이 떠오르는지 영유아의 느낌 또는 음악 속에서 들은 소리를 이야기한다. 또한, 서로 나눈 의견을 모아 제목을 붙여 볼 수 있다. 한편, 곡에 대한 느낌이나 생각에 대해 이야기하는 것을 어려워한다면 한 번 더 들려줄 수 있다. 이때 처음에 언급했던 것보다 좀 더 구체적인 정보를 제시한다.

- 어떤 소리를 들었니? 특별한 소리를 들은 것이 있니?
- 어떤 기분이 들었니?

⑤ 감상곡의 특징이나 내용을 구체적으로 소개한다.

곡의 제목, 작곡자, 곡에 대한 설명, 작곡 배경, 곡과 관련된 에피소드, 곡의 특성 등에 대해 이야기한다.

⑥ 음악을 다시 한 번 듣는다. 이때, 다양한 방법으로 음악을 감상할 수 있다.

음악을 들으며 움직임, 악기, 언어, 미술활동 등 창의적 표현활동을 준비한다.

- 스카프(리본막대)로 표현한다면 어떻게 움직이면 좋을까?
- 여러 가지 색을 섞어서 음악의 느낌을 표현해 볼까?

〈마무리〉

⑦ 활동내용에 대해 평가한다.

활동목표와 관련지어 평가하고 영유아의 참여도, 흥미도, 감상 태도와 관련된 내용으로 평가한다. 이때 표현활동에 사용한 교구가 있다면 함께 정리하도록 한다.

(4) 음악 감상하기 지도 시 유의점

교사는 음악 감상 지도 시 다음의 사항을 고려해야 한다(김용희, 2016; 석문주, 2001; 이춘자, 2013; 장은희 외, 2014; 하정희 외, 2013).

① 교사는 감상곡에 대해 충분한 이해를 하고 있어야 한다.

교사는 감상할 곡을 여러 번 반복해서 듣는다. 또한, 작곡가, 곡 해설 등 곡에 대한 지식, 특징적인 부분은 무엇이며, 영유아와 이야기 나눌 수 있는 것에 무엇이 있는지 미리 파악한다.

② 주입식 활동 진행을 지양한다.

"움직이지 말고 들어 보자.", "눈 감고 들어 보세요."와 같은 지시사항은 편안한 음악 감상을 방해한다. 영유아가 음악의 흐름에 따라 몸을 자연스럽게 움직이며 표현할 때 감상곡에 대한 이해가 더 깊어질 수 있다. 음악 감상은 '참 재미있다! 다시 듣고 싶다'라는 관심에서 시작되어야 음악에 몰입할 수 있다.

③ 다양한 교수-학습자료를 활용한다.

곡의 이해를 도울 수 있는 작곡가 사진, 음악이 만들어진 배경, 음악 속의 이야기를 그림 또는 동화로 소개한다. 음악 감상 시 연주되는 악기 사진을 음악에 맞춰 제시하거나 작품의 음악적 요소를 시각화할 수 있는 동영상 자료를 제시한다.

- 음악에 사용된 악기나 연주 형태 그림, 음악의 분위기에 맞는 그림
- 중요한 음악적 요소, 형식, 표현 양식을 보여 주는 다양한 종류의 그림악보(listening map)
- 감상곡 CD, 연주 비디오, 멀티미디어 감상 자료

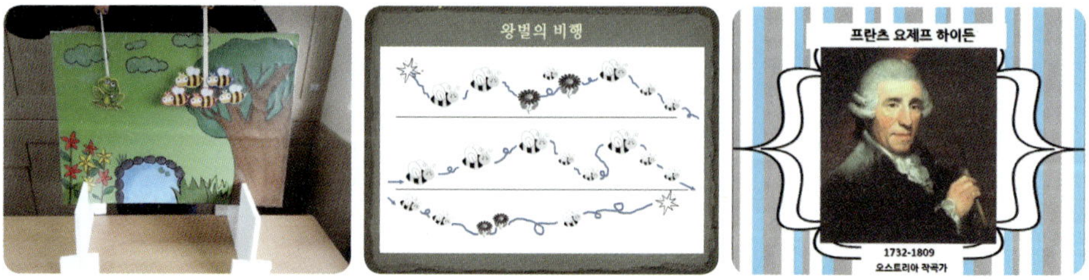

[그림 8-2] 음악 감상하기를 위한 교수-학습자료의 예

④ 반복해서 음악을 감상할 경우, 다양한 방법을 활용하여 감상활동을 진행한다.

영유아가 음악을 인식하고 새로운 것을 발견하며, 자신의 음악이 될 수 있도록 계속 반복하여 들려주는 것이 중요하다.

- 몸을 통한 표현: 음악에 맞춰 몸을 좌우로 움직이기(예: 〈라데츠키 행진곡〉-지휘하기)
- 언어를 통한 표현: 주선율에 노랫말 지어 보기
- 그림을 통한 표현: 그림으로 표현하기, 선이나 기호로 표현해 보기(예: 〈트리치트라치 폴카〉-직선 그리기, 〈피치카토 폴카〉-점 찍기)
- 도구를 통한 표현: 공, 스카프, 낙하산, 리본막대로 표현하기(〈왕벌의 비행〉-리본막대, 〈유머레스크〉-스카프 표현하기)

⑤ 영유아의 느낌이나 생각을 자유롭게 표현하는 허용된 분위기가 조성되어야 한다.

'빠르게/느리게' 요소의 음악을 들을 때 손을 빠르게 혹은 느리게 움직여 보거나, '크게/작게' 요소의 음악은 들을 때 몸을 크게 펴거나 오므리면서 들어볼 수 있다.

⑥ 음악 감상을 방해할 수 있는 외부 소음은 차단한다.

소음을 차단하지 못할 경우 감상곡의 볼륨은 더 커지고, 교사의 목소리는 높아질 수 있다. 영유아가 지속적으로 크고 높은 소리에 노출이 되면 소리에 대한 감지력이 낮아지고 청력 손실이 유발될 수 있다. 따라서 감상곡의 볼륨을 적정 수준으로 유지할 필요가 있다.

숲속의 생일잔치

생상스 ≪동물의 사육제≫ 중 〈피날레〉 주선율에 노랫말 지어보기

〈표 8-4〉 음악 감상하기 활동계획안의 예

<table>
<tr><td>활동명</td><td>노래하는 타자기</td><td>주제</td><td>생활도구</td></tr>
<tr><td>활동형태</td><td>대소집단</td><td>대상연령</td><td>4세</td></tr>
<tr><td>활동목표</td><td colspan="3">• 생활 속에서 기계 사용의 편리성을 안다.
• 다양한 리듬을 언어와 신체로 표현해본다.</td></tr>
<tr><td>누리과정 관련요소</td><td colspan="3">• 예술경험 〉 아름다움 찾아보기 〉 예술적 요소에 관심을 갖고 찾아본다.
• 예술경험 〉 창의적으로 표현하기 〉 신체나 도구를 활용하여 움직임과 춤으로 자유롭게 표현한다.
• 자연탐구 〉 생활 속에서 탐구하기 〉 도구와 기계에 대해 관심을 가진다.</td></tr>
<tr><td>활동자료</td><td colspan="3">앤더슨의 〈타이프라이터〉 음원, 타이프라이터 사진</td></tr>
<tr><td>사전경험</td><td colspan="3">• 옛날의 통신수단을 알아보며 오늘날의 통신수단과 비교해 본다.
• 동시' 컴퓨터 세상'를 감상 해 본다.</td></tr>
<tr><td colspan="4">활동방법</td></tr>
<tr><td>도입</td><td colspan="3">1. 타이프라이터 사진을 보며 이야기 나눈다.
– 타이프라이터를 본 적이 있니?
– 어떤 일을 할 때 사용하는 것일까?
2. 타자기와 컴퓨터의 차이, 컴퓨터 자판을 두드려 본 경험에 대해 이야기 나눈다.
– 타이프라이터는 컴퓨터가 나오기 전에 글을 칠 때 사용하던 기계였어.
– 타이프라이터를 칠 때는 어떤 소리가 날까?
– 컴퓨터의 키보드 자판을 칠 때 나는 소리와 비슷한 소리가 나는데 타이프라이터는 컴퓨터와 다르게 한 줄을 다 치고 다음 줄로 넘어갈 때 벨을 울려서 종이를 위로 올려 주어야 해.</td></tr>
<tr><td>전개</td><td colspan="3">3. 음악을 들려준다.
– 어떤 특별한 소리가 들리는지 잘 들어 보자.
4. 음악을 감상한 후 음악에 대한 느낌을 이야기 나눈다.
– 음악에서 어떤 소리가 많이 들렸니?
– 음악이 무엇을 표현한 것일까?
– 음악의 속도는 어떠니?
5. 곡에 대한 소개를 한다.
– 이 음악은 앤더슨이라는 작곡가가 타이프라이터를 분주하게 두드리는 모습을 보고 음악으로 표현한 〈타이프라이터〉라는 곡이란다.
– 이 음악에서 타이프라이터 치는 소리가 어느 부분에서 들리는지 잘 들어 보자.
6. 음악을 다시 들으며, 타자를 두드리듯 치는 짧은 리듬과 중간에 멈추는 동작을 손으로 표현해 본다.
– 음악을 감상하면서 타이프라이터를 사용하는 옛날 사람들의 모습을 상상하며 손을 움직여 보자.
7. 음악을 감상하며, 타자기의 독특한 소리를 흉내 내 본다.
– 타자기를 두드리는 소리를 입으로 표현해 줄 수 있겠니? (차그닥 차그닥, 착착, 탁탁)</td></tr>
<tr><td>마무리</td><td colspan="3">8. 활동에 대해 평가한다.
– 어떤 부분이 즐거웠니?
– 타자기를 치며 어떤 이야기를 썼을까?</td></tr>
<tr><td>확장활동</td><td colspan="3">• 타자를 치는 다양한 리듬을 표현해 보고 음악에 맞춰서 리듬악기를 연주해 본다.</td></tr>
<tr><td>참고사항</td><td colspan="3">• 타이프라이터를 두드릴 때 들리는 경쾌한 소리는 스타카토를 연상하게 한다. 두 손으로 타자를 두드리듯 스타카토를 표현하며 즐겁게 감상한다.
• 단조로울 수 있는 기계 소리도 음악적 표현이 될 수 있다.</td></tr>
</table>

4. 듣기, 음악 감상하기 평가

1) 듣기, 음악 감상하기를 할 때 관찰할 내용

자유선택활동과 집단 활동 시 듣기, 음악 감상하기를 할 때 영유아가 보이는 다음과 같은 행동에 대한 면밀한 관찰이 이루어져야 한다(하정희 외, 2013).

- 다양한 소리에 민감하게 귀 기울이는가?
- 일상적인 소리와 소음 그리고 음악을 구별하여 들을 수 있는가?
- 다양한 종류의 음악을 들을 기회를 가졌는가?
- 적극적인 감상자가 되는 것이 기대되는가?

2) 음악 감상 지도 평가표

교사가 음악 감상하기 활동을 진행한 후 전반적으로 음악 감상하기 지도 절차가 적절했는지 평가해 볼 수 있는 도구는 다음과 같다.

〈표 8-5〉 음악 감상 지도 평가표

범주	내용	그렇다	아니다
감상곡 선정	주제와 연계되는가?		
	영유아의 경험과 연계되는가?		
	곡의 특징이 뚜렷하여 영유아가 듣기에 적절한가?		
	곡의 길이가 영유아에게 적절한가?		
대형	영유아는 자신이 원하는 자리에 자율적으로 앉는가?		
	영유아의 주의집중을 위해 주변의 교구나 물건이 정리되어 있는가?		
매체	그림, 손인형, 융판 자료 등의 적절한 자료를 사용하는가?		
	음악을 듣기에 양질의 매체를 사용하였는가?		
감상 지도 과정	도입이나 주의집중이 감상곡과 연계되어 있는가?		
	감상곡이 대한 설명(곡의 배경, 작곡자 등)이 있는가?		
	감상곡에 대한 영유아의 느낌에 대해 이야기 나누었는가?		
	다양한 방법을 활용하여 감상곡을 들었는가?		
	영유아의 느낌이나 생각을 자유롭게 표현하도록 허용하였는가?		
마무리	감상 시간의 목표에 대한 평가를 하는가?		
	감상 시간이 끝났음을 알리고 다음 활동을 소개하는가?		

출처: 김희진 · 박은혜 · 이지현(2011).

5. 듣기 및 음악 감상하기 활동의 실제

활동 1 주방도구로 소리 탐색하기

대상연령 만 3, 4세

주제 생활도구

활동목표

- 여러 가지 소리에 관심을 가진다.
- 생활도구를 이용해 소리를 만든다.
- 다양하게 소리를 내 보는 과정을 통해 연주하는 즐거움을 경험한다.

누리과정 관련요소

- 예술경험 〉 아름다움 찾아보기 〉 예술적 요소에 관심을 갖고 찾아본다.
- 예술경험 〉 창의적으로 표현하기 〉 신체, 사물, 악기로 간단한 소리와 리듬을 만들어 본다.

활동자료

- 주방도구(뒤집개, 석쇠, 김발, 젓가락, 국자, 도마, 숟가락, 거품기, 냄비 뚜껑 2개 등), 셈여림 카드

활동 방법

1. 준비된 자료를 살펴본다.
   - 이 도구들은 어떤 일을 하는 데 사용되는 것일까?
   - 이름은 무엇일까?
2. 준비된 자료를 이용해서 소리를 내어 본다.
3. 도구를 활용하여 여러 가지 방법으로 소리를 내어 보고 주의 깊게 들어 본다.
   - 긁어서 소리를 낼 수 있는 도구는 무엇일까?
   - 맞부딪쳐서 소리를 낼 수 있는 도구는 무엇일까?
   - 흔들어서 소리를 낼 수 있는 도구는 무엇일까?
   - 두드려서 소리를 낼 수 있는 도구는 무엇일까?
   - 소리를 낼 수 있는 또 다른 방법은 무엇일까?

4. 셈여림 카드를 보며 주방도구로 다양하게 소리를 내어 본다.

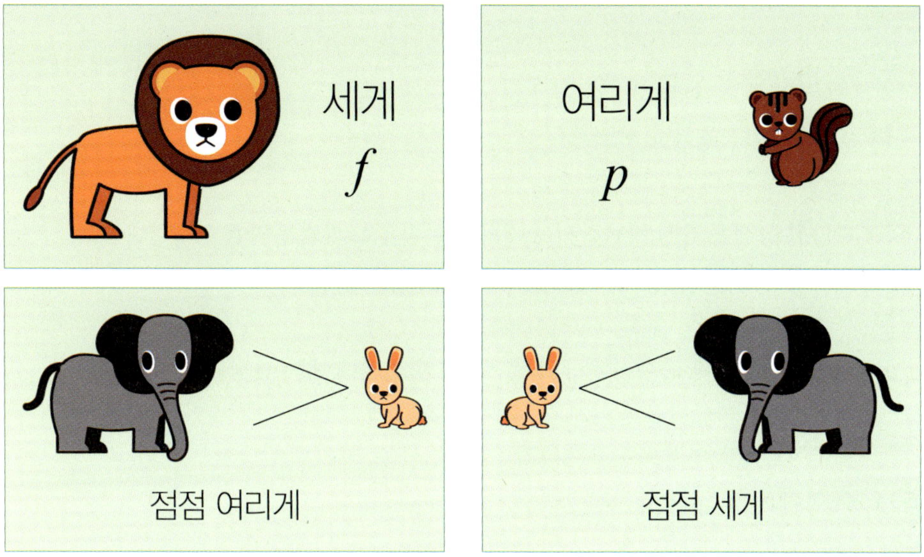

셈여림 카드

5. 활동을 마무리 후 평가한다.
   - 어떤 점이 가장 기억에 남았니?

확장활동

- 유아가 즉흥적으로 만든 소리를 녹음하여 음률영역에서 감상할 수 있도록 한다.

참고사항

- 유아가 여러 가지 방법으로 충분히 소리를 탐색해 보도록 격려한다.
- 주변 물건들의 독특한 소리에 호기심을 가질 수 있도록 한다.

활동 2 장난감 교향곡

대상연령 만 5세

주제 유치원 / 어린이집과 친구

활동목표

- 다양한 음색을 가진 장난감의 소리와 셈여림을 느끼며 음악을 감상한다.
- 음악을 구성하는 다양한 악기 소리에 관심을 갖는다.

누리과정 관련요소

- 자연탐구 〉 생활 속에서 탐구하기 〉 도구와 기계에 대해 관심을 가진다.
- 예술경험 〉 아름다움 찾아보기 〉 예술적 요소에 관심을 갖고 찾아본다.
- 예술경험 〉 창의적으로 표현하기 〉 신체, 사물, 악기로 간단한 소리와 리듬을 만들어 본다.
- 예술경험 〉 예술 감상하기 〉 다양한 예술을 감상하며 상상하기를 즐긴다.

활동자료

- 장난감 악기 그림(나이팅게일, 뻐꾸기 휘슬, 장난감 나팔, 장난감 북, 라쳇, 트라이앵글), 리듬악기

활동 방법

1. 교실의 다양한 놀잇감에 대해 이야기 나눈다.
   - 우리 반에 소리가 나거나 소리를 낼 수 있는 놀잇감은 어떤 것일까?
2. 〈장난감 교향곡〉을 감상한다.
   - 어떤 소리가 음악 속에 숨겨져 있는지 감상해 볼까?
   - 음악에서 어떤 소리를 들을 수 있었니?
   - 악기가 아닌 다른 소리가 들렸니?
   - 이 음악은 소리를 내는 장난감들이 악기로 사용됐단다.
   - 어떤 장난감이 악기로 연주되었을까?
3. 작곡가와 〈장난감 교향곡〉에 대해 알아본다.
   - 이 음악의 제목을 붙인다면 무엇이 어울릴까?
   - 레오폴트 모차르트가 작곡한 곡인데 장난감 가게에서 여러 가지 장난감을 가지고 놀다 재미있는 소리가 나는 것에서 아이디어를 얻어 만든 곡이란다. 그래서 이 곡의 제목은 〈장난감 교향곡〉이란다.

4. **음악을 감상하며 연관된 그림 카드를 게시판에 차례로 붙여 가며 다시 감상한다.**
   - 여기 있는 여러 장의 카드를 보면서 〈장난감 교향곡〉의 어느 부분에서 소리가 들리는지 찾아보자.
   - 악기를 큰 소리로 연주하는 부분은 어디였니?
   - 악기의 소리가 작게 크게 들리는 부분은 어디니?
5. **음악을 감상하며 그림 카드의 순서를 보면서 리듬악기를 함께 연주한다.**
   - 음악에 나왔던 소리와 비슷한 느낌을 가진 악기를 찾아볼까?
   - 〈장난감 교향곡〉에 맞추어 친구들과 연주해 보자.
6. **활동을 평가하고 마무리한다.**
   - 어느 부분이 가장 기억에 남니?
   - 다음에 연주한다면 어떤 장난감으로 연주해 보고 싶니?
   - 연주하면서 어렵거나 아쉬운 점이 있었니?

확장활동

- 동영상으로 연주 실황을 함께 감상해 본다.

참고사항

- 감상을 할 때 음악의 요소(음색, 셈여림 등)를 탐색할 수 있도록 지도한다.

나이팅게일

뻐꾸기 휘슬

장난감 북

장난감 나팔

라쳇(톱니바퀴)

〈장난감 교향곡〉의 장난감 악기

활동 3 휘파람 부는 사람과 개

대상연령 만 3, 4세

주제 우리 동네

활동목표

- 음악을 감상하고, 자신의 느낌을 말한다.
- 음악에 대한 자신의 느낌을 움직임으로 표현한다.

누리과정 관련요소

- -의사소통 〉 듣기와 말하기 〉 자신의 경험, 느낌, 생각을 말한다.
- 예술경험 〉 창의적으로 표현하기 〉 신체나 도구를 활용하여 움직임과 춤으로 자유롭게 표현한다
- 예술경험 〉 예술 감상하기 〉 다양한 예술을 감상하며 상상하기를 즐긴다.

활동자료

- '휘파람 소리' 효과음, 〈휘파람 부는 사람과 개〉 음원, 강아지 인형, 스카프

활동방법

1. 휘파람 소리를 들려주고 어떤 때 이런 소리를 내는지 이야기한다.
   - 이 소리가 무슨 소리일까? 어떻게 소리 내는 걸까?
   - 언제 휘파람 소리를 낼까?
2. 음악을 들려주고 음악에 대해 이야기 나눈다.
   - 음악의 제일 마지막에 나오는 소리는 무슨 소리일까?
   - 음악 속의 이 사람은 휘파람을 불면서 무엇을 하고 있을지 상상해 보자.
3. 곡명, 작곡가, 작곡 배경에 대해 알려 준다.
   - 이 곡은 '프라이머'라는 작곡가가 만든 〈휘파람 부는 사람과 개〉라는 곡이야. 아침에 휘파람을 불면서 개를 산책하는 사람들을 보고 이 곡을 만들었대.

〈곡의 스토리〉

어느 일요일 아침 주인과 강아지가 공원을 산책하고 있었어요. 강아지는 신이 나서 뛰어다니고, 기분이 좋아진 주인도 휘파람을 휘익– 휘익– 불었어요. 그런데 강아지가 보이질 않았어요. 주인은 다시 한 번 휘파람을 '휘–익 휙휙' 길게 불어봅니다. 귀여운 강아지는 꼬리를 흔들며 달려옵니다.

4. **음악을 들으면서 산책하는 사람을 표현해 본다.**
   - 너희는 산책을 해 본 적이 있니? 기분이 어땠니?
   - 다시 음악을 들으며, 동네 산책을 해 보자.
   - 여기 강아지 인형을 데리고 산책하는 사람을 표현해 보자.
   - 한 손에 강아지 줄을 잡고 산책하는 사람의 모습을 상상하며, 스카프를 길게 잡고 걸어 보자.

5. **활동을 평가하는 시간을 갖는다.**
   - 가장 재미있었던 부분은 어떤 부분이었니?
   - 음악을 들으며 산책을 표현해 보니 어떤 느낌이 들었니?

확장활동

- 그림책 『로지의 산책』에서 로지가 산책하면서 본 것들에 대해 이야기 나눈 후, 음악에 맞추어 표현해 본다.

참고사항

- 곡명, 작곡가 등에 대한 지식 전달보다 유아의 일상 경험을 중심으로 활동을 전개한다.

활동 4 꿀벌과 거북이

대상연령 만 5세

주제 동식물과 자연

활동목표

- 음악의 느낌을 말로 표현한다.
- 빠르기에 대한 느낌을 그림으로 표현한다.

누리과정 관련요소

- 예술경험 〉 아름다움 찾아보기 〉 예술적 요소에 관심을 갖고 찾아본다.
- 예술경험 〉 창의적으로 표현하기 〉 다양한 미술 재료와 도구로 자신의 생각과 느낌을 표현한다.
- 예술경험 〉 예술 감상하기 〉 다양한 예술을 감상하며 상상하기를 즐긴다.

활동자료

- 림스키코르사코프스키의 〈왕벌의 비행〉 음원, 생상스의 ≪동물의 사육제≫ 중 〈거북이〉 음원, 그림 그리기 자료(종이, 색연필 등)

활동방법

1. 림스키코르사코프스키의 〈왕벌의 비행〉과, 생상스의 ≪동물의 사육제≫ 중 〈거북이〉 음악을 감상하며 빠르기에 대해 이야기 나눈다.
   - 두 곡이 어떻게 다른지 생각하면서 들어보자.
   - (빠른 음악/느린 음악) 이 곡을 들으니까 무엇이 생각나니?
2. 작곡자와 곡명을 소개한다.
   - 이 빠른 음악은 러시아의 작곡가 림스키코르사코프가 작곡한 〈왕벌의 비행〉이란다. 바다를 건너오는 벌떼의 모습을 음악으로 표현했어.
   - 이 느린 음악은 프랑스의 작곡가 생상스가 작곡한 ≪동물의 사육제≫ 중 〈거북이〉라는 곡이야. 음악 속에 어떤 동물이 나왔을까? 거북이의 모습을 표현한 곡이란다.
3. 벌과 거북이의 움직임에 대해 이야기를 나눈다.
   - 벌과 거북이는 어떻게 움직일까? (벌은 윙윙, 거북이는 엉금엉금)
   - 어느 것이 더 빨리 움직일까? (벌과 거북이의 움직임을 신체로 표현한다)

4. 빠른 음악 〈왕벌의 비행〉과 느린 음악 〈거북이〉를 다시 감상하며, 준비된 그리기 도구를 이용하여 선으로 자유롭게 표현하도록 한다(종이와 그리기 도구를 제공한다).
   - 빠른 리듬에서는 어떤 그림으로 표현하였니?
   - 느리고 낮은 음악은 어떻게 표현할까?
   - 두 그림의 느낌이 어떻게 다르니?

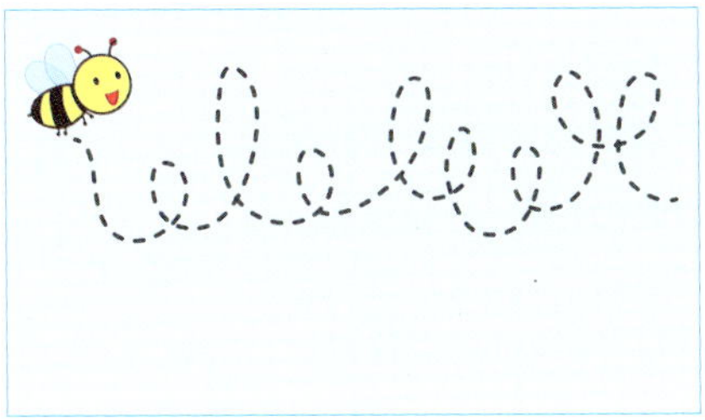

5. 음악을 감상하면서 그린 자료를 게시하고 서로 같은 표현과 다른 표현을 찾아본다.
   - 음악 감상하면서 그림으로 표현하니 어떠니?
   - 무엇이 재미있었니?

확장활동

- 음악을 들은 후 빠르기의 차이 이외에 음악에 대한 느낌, 생각나는 것을 그림으로 표현해 본다.

참고사항

- 두 곡을 들려줄 때, 두 곡의 음악 흐름을 비교하여 들을 수 있도록 전 곡을 들려주기보다는 30~40초 간격으로 번갈아 가면서 음악을 들려준다.
- 음악 감상 시 자유롭게 표현할 수 있도록 충분한 시간 동안 활동한다.

활동 5 뻐꾹 왈츠

대상연령 만 3, 4, 5세

주제 봄 / 동식물과 자연

활동목표

- 음악을 감상하며 셈여림, 빠르기, 리듬 등의 요소를 찾아본다.
- 음악의 분위기를 느끼며, 감상에 즐겁게 참여한다.

누리과정 관련요소

- 예술경험 〉 아름다움 찾아보기 〉 예술적 요소에 관심을 갖고 찾아본다.
- 예술경험 〉 창의적으로 표현하기 〉 신체, 사물, 악기로 간단한 소리와 리듬을 만들어 본다.
- 예술경험 〉 예술 감상하기 〉 다양한 예술을 감상하며 상상하기를 즐긴다.

활동자료

- 〈뻐꾹 왈츠〉 음원, 뻐꾸기 사진 자료, 우드블록, 까꿍 인형(pop-up 인형)

활동방법

1. 요나손의 〈뻐꾹 왈츠〉를 듣고 이야기 나눈다.
   - 이 음악을 들어 본 경험이 있니?
   - 이 음악을 들으니 어떤 느낌이 드니?
   - 이 음악에 등장하는 새는 무엇일까?
   - 이 곡의 제목은 무엇일까?
2. 제목과 작곡자를 알려 주고 새의 모습을 상상하면서 음악을 들어 본다.
   - 이 곡은 요나손이 작곡한 〈뻐꾹 왈츠〉라는 곡이야.
   - 왈츠는 빙글빙글 돌면서 추는 춤이야.
   - 뻐꾹새가 무엇을 하고 있는지 상상하면서 음악을 들어 보자.
   - 음악을 들으니 뻐꾹새가 무엇을 하고 있는 것 같니?
   - 봄날 오후 뒷동산에서 아름답게 노래하는 뻐꾹새의 모습을 생각나게 하는 곡이야.
3. 뻐꾸기 소리를 다양한 방법으로 표현하며 감상한다.
   - 뻐꾸기 소리가 나는 부분에서 어떻게 표현해 볼 수 있을까? (손뼉 치기 / 우드블록 치기 / 까꿍 인형으로 표현하기 등)
4. 감상한 내용을 유아들과 평가하며 마무리한다.
   - 뻐꾸기 소리를 우드블록으로 연주해 보니 어땠니?
   - 오늘 활동 중 어느 부분이 가장 재미있었니?

확장활동

- 〈뻐꾹 왈츠〉를 들으며 뻐꾸기 모습을 상상하여 신체활동을 할 수 있다.
- 뻐꾸기 소리를 흉내 낸 오스트리아 민요 〈뻐꾸기〉와 요나손이 작곡한 〈뻐꾹 왈츠〉를 비교 감상을 할 수 있다.

뻐꾸기

윤석중 작사
외국 곡

참고사항

- 스웨덴 작곡가 요나손이 지은 〈뻐꾹 왈츠〉는 뻐꾸기의 울음소리를 흉낸 낸 묘사음악으로 3박자의 경쾌한 왈츠풍의 춤곡이다.
- 감상을 할 때 음악의 요소(음색, 리듬, 셈여림 등)를 탐색할 수 있도록 지도한다.
- 활동 전, 자유선택활동 시간에 배경음악으로 〈뻐꾹 왈츠〉를 들려주어 유아가 음악에 충분히 익숙하게 한다.
- 레오폴트 모차르트의 〈장난감 교향곡〉 제2악장에도 뻐꾸기 소리가 묘사되어 나온다.

활동 6 나비처럼 훨훨

대상연령 만 5세

주제 동식물과 자연 / 봄

활동목표

- 음악이 주는 느낌을 상상하며 음악을 감상한다.
- 나비의 움직임을 몸으로 다양하게 표현한다.

누리과정 관련요소

- 예술경험 〉 아름다움 찾아보기 〉 예술적 요소에 관심을 갖고 찾아본다.
- 예술경험 〉 창의적으로 표현하기 〉 신체나 도구를 활용하여 움직임과 춤으로 자유롭게 표현한다.

활동자료

- 그리그 제3집 Op. 43 제1곡 〈나비〉 음원, 나비 사진 또는 영상 자료, 스카프

활동방법

1. 나비를 본 경험과 나비의 성장 과정, 생김새 등에 대하여 이야기를 나누어 본다.
   - 주변에서 나비를 본 적이 있니?
   - 어떤 모양의 나비를 보았니? 색은 어떠니?
2. 그리그의 〈나비〉를 감상한다.
   - 오늘 소개해 줄 음악이 있단다.
   - 음악을 들으면서 어떤 생각을 했니? 이 곡에 제목을 지어 볼까?
3. 제목과 작곡가에 대해 소개한다.
   - 이 곡은 작곡가 그리그의 〈나비〉라는 음악이야. 나비가 나는 모습을 경쾌한 피아노로 연주한 아름다운 곡이란다.
4. 다시 음악을 감상하며, 스카프를 이용하여 나비의 느낌을 몸으로 표현한다.
   - 나비처럼 움직이려면 무엇을 준비해야 할까?
   - (미리 준비한 스카프를 교실 가운데 놓는다) 여기 무엇이 있니?
   - 이제 음악을 들으며 이 스카프를 이용해서 느낌을 표현해 보자.
   - 음악이 잔잔하게 흐를 때는 스카프를 어떻게 흔들면 좋을까?
   - 음악에 맞춰 움직여 볼까?
   - ○○이는 스카프를 접었다가 펼치면서 나비의 날개를 표현하고 있구나.

5. 표현활동 내용을 유아들과 평가하며 마무리한다.
   - 나비의 움직임을 표현한 음악을 감상해 보니 느낌이 어떠니?
   - 음악을 감상하면서 어떤 점이 가장 재미있었니?
   - 만약에 음악 없이 우리가 움직였다면 어땠을까?

확장활동

- 미술영역에서 활동지를 통해 나비를 완성한 후, 감상곡에 맞추어 움직여 본다.

참고사항

- 스카프를 이용하여 신체표현을 할 때 유아가 자유롭게 몸을 움직이며 활동할 수 있도록 충분한 공간을 확보한다.

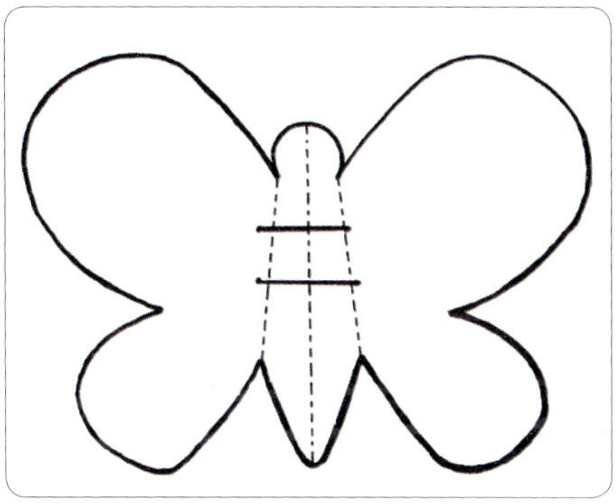

나비처럼 훨훨 표현활동

활동 7 천둥과 번개

대상연령 만 4세

주제 건강과 안전 / 여름

활동목표

- 음악을 감상하며 음악적 요소에 관심을 갖는다.
- 음악의 분위기를 느끼며, 감상에 즐겁게 참여한다.
- 음악에 대한 자신의 느낌을 신체 또는 도구로 표현한다.

누리과정 관련요소

- 예술경험 〉 아름다움 찾아보기 〉 예술적 요소에 관심을 갖고 찾아본다.
- 예술경험 〉 창의적으로 표현하기 〉 신체나 도구를 활용하여 움직임과 춤으로 자유롭게 표현한다.
- 예술경험 〉 예술 감상하기 〉 다양한 예술을 감상하며 상상하기를 즐긴다.

활동자료

- 〈천둥과 번개 폴카〉 음원, 천둥과 번개 사진, 스카프

활동방법

1. '천둥'과 '번개'와 관련된 경험에 대해 이야기 나눈다.
   - (천둥을 동반한 번개 사진을 보여 주며) 이 사진 속에는 어떤 일이 일어나고 있을까?
   - 너희는 천둥소리를 들어 본 적이 있니?
   - 언제 그 소리를 들었니?
   - 어떤 소리였니?
   - 번개가 빛을 내는 것을 본 적이 있니?
2. 〈천둥과 번개 폴카〉 음악을 감상한다.
   - 선생님이 소개해 줄 음악이 있단다. 한 번 들어 볼까?
   - 이 곡의 제목에 대해 생각해 보자.
   - (음악을 들은 후) 어떤 느낌이니?
3. 작품명을 알려 주고 작품이 생겨난 배경에 대해 알아본다.
   - 이 음악은 요한 슈트라우스 2세의 〈천둥과 번개 폴카〉란다. 천둥과 번개를 묘사한 음악으로 팀파니로 천둥소리를, 심벌즈로 번개의 모습을 표현한 음악이란다.
   - 다시 한 번 음악을 들어 보자.

4. 〈천둥과 번개 폴카〉 음악에 맞춰 느낌을 스카프로 표현해 본다.
- 음악을 들으며 스카프로 느낌을 표현해 보자.
- 스카프를 이용하여 어떻게 움직일 수 있을까?
- 악기(심벌, 큰북, 작은북)가 큰 소리로 연주될 때 어떤 느낌이 드니?
- ○○는 갑자기 소리가 커지는 부분이 천둥소리 같았구나.
- 그 느낌을 스카프로 어떻게 표현할 수 있을까?
- 천을 이용해서 흔들며 음악에 대한 느낌을 표현해 보자.
- ○○이는 소리가 갑자기 커지니까 스카프를 위아래로 빠르게 움직이고 있구나.

5. 감상한 음악에 대해 이야기 나누며 활동을 마무리한다.
- 음악을 들으며 어떤 생각이 떠올랐니?
- ○○는 쾅쾅거리는 소리가 번개가 치는 것 같아 깜짝 놀랐구나.
- 음악을 들으며 그 느낌을 스카프로 표현해 보니 어땠니?

확장활동

- 천둥과 번개 폴카에 맞춰 움직임과 춤으로 표현하는 신체활동을 해 본다.
- 활동을 실시 후 음률영역에 음원 자료와 썬더드럼 악기를 내주고, 유아가 감상하며 연주를 할 수 있도록 한다.
- 쇼팽의 〈빗방울 전주곡〉과 요한 슈트라우스 2세의 〈천둥과 번개 폴카〉곡을 비교 감상하며 이야기를 나누어 본다.

참고사항

- 스카프를 활용하여 창의적으로 표현할 수 있도록 격려한다.

Tip

-작곡가 퍼즐-
- 작곡가 사진을 프린트하여 아이스크림 막대에 붙인다.
- 사진을 붙인 후에 막대 간격으로 일정하게 자른다.
- 자른 막대를 섞은 후 다시 그림을 완성한다.

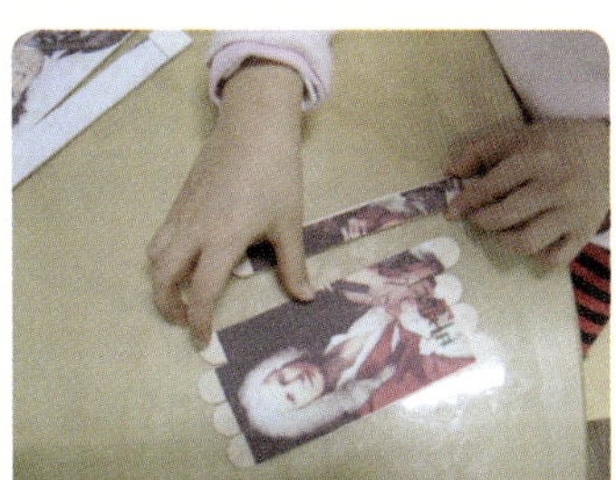

활동 8 고장 난 시계

대상연령 만 5세

주제 생활도구

활동목표

- 여러 가지 시계 소리를 표현할 수 있는 악기를 탐색한다.
- 다양한 리듬 패턴을 느끼고 신체와 악기로 연주한다.

누리과정 관련요소

- 자연탐구 〉 생활 속에서 탐구하기 〉 도구와 기계에 대해 관심을 가진다.
- 예술경험 〉 아름다움 찾아보기 〉 예술적 요소에 관심을 갖고 찾아본다.
- 예술경험 〉 창의적으로 표현하기 〉 신체나 도구를 활용하여 움직임과 춤으로 자유롭게 표현한다.

활동자료

- 다양한 시계 그림(벽시계, 탁상시계, 손목시계, 뻐꾸기시계, 알람시계), 르로이 앤더슨의 〈고장 난 시계〉 음원, 리듬막대, 트라이앵글

활동방법

1. 여러 가지 시계의 모습을 살펴본다.
   - 이 시계를 본 적이 있니? 어디에서 보았니? 모양은 어떠니?
2. 르로이 앤더슨의 〈고장 난 시계〉 음악을 감상하고 느낌을 이야기 나눈다.
   - 음악에서 무슨 소리를 들었니?
   - 제목이 무엇일까?
   - 방금 들었던 음악의 제목은 바로 〈고장 난 시계〉란다. 왜 '시계'라는 제목을 붙였을까?
     다시 한 번 음악을 듣고 이야기 나누어 볼까?
3. 음악을 듣고 손과 입으로 시계처럼 표현을 해 보며 신체표현을 해 본다.
   - 르로이 앤더슨의 〈고장 난 시계〉는 시계의 움직임을 표현한 곡이란다.
   - 음악을 들으며, 손으로 리듬을 표현해 볼 수 있을까? (똑딱똑딱은 검지로, 따르르르릉은 손을 위로 반짝반짝)
4. 리듬막대와 트라이앵글을 이용하여 음악을 표현해 볼 수 있다.
   - 리듬 막대와 트라이앵글을 치면서 〈고장 난 시계〉를 표현할 수 있을까?
   - 리듬 막대의 소리가 어떠니? 트라이앵글은 어떤 소리가 나니?
   - 똑딱똑딱 소리는 어떤 악기로 연주하면 좋을까?

- '알람 소리' 부분을 트라이앵글로 표현해 볼 수 있을까?

5. 오늘 감상한 음악에 대해 이야기를 나누며 수업을 마무리한다.
   - 오늘 들은 음악은 어떤 느낌이었니?
   - 다음에 악기를 사용하여 연주한다면 어떤 악기가 좋겠니?

확장활동

- 과학영역에 시계의 모습을 살펴볼 수 있도록 실제 시계와 관련된 책을 제공한다.
- 시계 소리와 움직임을 다양한 의태어와 의성어로 표현하여 동시 짓기 활동을 해 본다.
- 음률영역에서 그림악보(Listening map)을 보며 음악 감상을 해 본다.

르로이 앤더슨의 〈고장 난 시계〉

- 음악의 흐름에 따라 스카프를 활용하여 동작으로 표현해 볼 수 있다.
  - A: 스카프를 한손에 잡고 박에 맞추어 자유롭게 걸어 다닌다.
  - B: 제자리에 서서 스카프를 좌우로 부드럽게 움직인다.
  - C: 제자리 걷기를 하면서 트라이앵글 소리가 들리면 스카프를 위로 던진 후 잡는다.

참고사항

- 음률영역에 있는 다양한 리듬악기에 관심을 가지고, 충분히 소리를 탐색해 볼 수 있도록 지도한다.

활동 9 대장간 폴카

대상연령 만 4, 5세

주제 생활과 도구

활동목표

- 도구의 소리를 표현한 부분을 탐색하며 음악을 감상한다.
- 음악을 듣고 자신의 느낌을 다양한 방법으로 표현한다.

활동자료

- 요제프 슈트라우스 〈대장간 폴카〉 음원, 대장장이의 모습 동영상, 대장장이 사진

누리과정 관련요소

- 의사소통 〉 듣기와 말하기 〉 자신의 경험, 느낌, 생각을 말한다.
- 예술경험 〉 아름다움 찾아보기 〉 예술적 요소에 관심을 갖고 찾아본다.
- 예술경험 〉 창의적으로 표현하기 〉 신체나 도구를 활용하여 움직임과 춤으로 자유롭게 표현한다.

활동방법

1. **대장장이에 대해 이야기 나눈다.**
   - 이런 일을 하는 사람을 본 적이 있니?
   - 무엇을 하는 사람일까?
2. **대장장이의 모습을 담은 동영상을 감상한다.**
   - 대장간이 무엇을 하는 곳인지 알고 있니?
   - 쇠를 뜨겁게 만들어서 무엇을 만들었을까?
   - 대장간에선 어떤 소리가 날까?
3. 〈 대장간 폴카〉 음악을 들려준다.

- 어떤 소리를 표현한 것 같니?
- 대장장이의 어떤 모습이 떠오르니?
- 대장장이가 망치질 하는 소리를 표현한 부분은 어디일까?

4. **작곡가에 대해 이야기 나눈다.**
   - 이 음악은 오스트리아의 음악가 요제프 슈트라우스가 작곡한 〈대장간 폴카〉라는 곡이란다. 대장간에서 일하는 대장장이 모습과 망치 소리에 영감을 얻어 이 곡을 작곡했어. 〈대장간 폴카〉는 실제 대장간에서 들려오는 듯한 경쾌한 망치 소리를 들을 수 있단다.

5. **음악을 다시 들으며 몸을 움직여 본다.**
   - 음악을 들으며 대장장이가 되어 튼튼한 연장을 만드는 모습을 동작으로 표현해 보자.
   - 음악을 들으며 대장장이가 철판을 두드리는 소리가 부분에서 손뼉 치기나 무릎 치기를 해 보자.
6. **음악을 듣고 다양한 대장장이의 모습을 표현해 본 느낌에 대해 이야기를 나눈 후 활동을 마무리한다.**
   - 어떤 소리가 마음에 들었니?
   - 내가 대장장이라면 이 음악을 들었을 때 기분이 어땠을까?
   - 대장장이의 모습을 표현해 보니 어떠니?

확장활동

- 베르디의 ≪일트로바트레≫ 중 〈대장간의 합창〉, 미하엘리스 〈숲속의 대장간〉. 헨델의 〈흥겨운 대장간〉 음악을 함께 감상하며 느낌을 비교해 볼 수 있다.
- 〈대장장 폴카〉를 감상하며, 대장간의 활기 넘치는 망치 소리를 생활용품을(예: 냄비, 후라이팬 등) 두드리며 연주 할 수 있다.

참고사항

- 폴카는 경쾌한 춤곡이라는 뜻이다.
- 폴카 고유의 특징인 2박자의 활발함과 경쾌함 느껴며 감상한다.
- '대장간 폴카' 공연 실황 영상은 타악 연주자가 무대로 나와 대장장이를 연기하며 연주하는 모습을 감상할 수 있다.

활동 10 호두까기 인형

대상연령 만 4, 5세

주제 겨울

활동목표

- 셈여림, 빠르기, 리듬 등의 요소를 탐색한다.
- 다양한 춤에 관심을 갖고 즐긴다.

활동자료

- 차이콥스키의 ≪호두까기 인형≫ 영상 자료, 발레 공연 사진

누리과정 관련요소

- 예술경험 〉 아름다움 찾아보기 〉 예술적 요소에 관심을 갖고 찾아본다.
- 예술경험 〉 창의적으로 표현하기 〉 신체나 도구를 활용하여 움직임과 춤으로 자유롭게 표현한다.
- 예술경험 〉 예술 감상하기 〉 다양한 예술을 감상하며 상상하기를 즐긴다.

활동방법

1. 발레와 음악에 대해 이야기 나눈다.
   - 사진 속의 사람들이 누구인지 알 수 있겠니? (발레리나, 발레리노)
   - 발레 하는 것을 본 적이 있니?
   - 발레 할 때는 어떤 음악에 맞춰서 동작을 할까?
2. 곡과 작곡가에 대해 소개한다.
   - 발레의 곡으로 아주 잘 알려진 곡이 있단다.

> 〈곡의 해설〉
>
> ≪호두까기 인형≫은 차이콥스키의 대표적인 3대 발레곡 중의 하나이다. 독일의 호프만이 지은 동화 『호두까기 인형과 생쥐 왕』이라는 이야기에 차이콥스키가 아름다운 음악을 만들고 러시아 무용수가 발레극으로 만들었다.

3. 곡의 스토리를 소개한다.
   - 이 곡이 왜 '크리스마스의 멋진 선물'이 되었을까?

〈곡의 스토리〉

크리스마스 이브날 밤 '마리'가 선물로 받은 호두까기 인형을 동생이 못 쓰게 만들었어요. 마리는 그 인형을 고쳐서 크리스마스트리에 장식을 해 놓고 잠이 들었어요. 그런데 마리는 그날 밤 이상한 꿈을 꾸어요. 크리스마스트리에 달렸던 장난감과 과자들이 살아서 움직였어요. 그래서 마리는 문 뒤에 숨어서 몰래 지켜보았어요. 호두까기 인형은 쥐의 왕과 싸움을 벌이는데 호두까기 인형이 위협을 당하자 마리가 슬리퍼를 던져 호두까기 인형을 구해줘요. 그러자 호두까기 인형은 멋진 왕자님으로 변신하고 마리를 꿈의 궁전으로 안내해요. 마리는 축하파티에 초대되어 아름다운 춤과 음악을 감상해요. 잠이 깨어난 마리는 호두까기 인형을 꼭 안은 채 행복하게 크리스마스의 아침을 맞았어요.

4. 영상으로 차이콥스키의 ≪호두까기 인형≫ 모음곡과 춤을 감상한다.
   - 내용을 생각하면서 ≪호두까기 인형≫을 감상해 보자.
   - 발레리나는 곡에 따라 어떻게 춤을 추는지 보면서 음악을 들어 보자.
5. 영상을 통해 부분을 나누어 음악을 감상한다(〈아라비아의 춤〉, 〈러시아의 춤〉, 〈중국의 춤〉, 〈꽃의 요정 왈츠〉).
   - ≪호두까기 인형≫ 중에서 〈아라비아의 춤〉을 감상해 보자.
   - 음악을 들어 보니 어떤 느낌이 드니?
   - 차이콥스키는 ≪호두까기 인형≫이라는 작품에서 여러 나라의 춤을 음악으로 표현했대. 어떤 춤을 표현한 곡인지 또 다른 부분을 감상해 볼까?
   - ≪호두까기 인형≫ 곡 중에서 이번에는 〈○○○의 춤〉을 들어 보자.
6. 음악에 대한 자신의 느낌을 몸으로 표현한다.
   - 너희가 발레리나라면 어떻게 몸을 움직여 보겠니?
   - 이번엔 음악에 대한 자신의 느낌을 몸으로 표현해 볼까?
   - 〈○○○의 춤〉을 추면서 팔과 다리는 어떻게 흔들어 보면 좋을까?
7. 차이콥스키의 ≪호두까기 인형≫ 모음곡을 감상한 느낌에 대해 이야기 나누며 활동을 마무리한다.
   - 어느 춤곡이 빠르고 가장 신났니?
   - 어느 춤곡이 가장 아름답다고 느껴졌니?
   - 너희가 발레를 한다면 어느 곡으로 하고 싶니?

확장활동

- 발레리나가 되어 음악에 맞춰 발레 동작을 따라 해 본다.
- 그림책 『캥거루가 춤을 춘다고』를 함께 읽고 다양한 발레 동작을 따라 해 본다.

참고사항

- 작곡가와 스토리에 집중하여 교사 위주로 설명하기보다 유아 스스로 음악과 춤 동작을 느끼고 감상하며 직접 몸을 움직여 보도록 한다.

CHAPTER 09

노래 부르기

1. 영유아와 노래 부르기

노래 부르기는 가장 보편적인 음악활동이다. 노래 부르기는 영유아가 가장 쉽게 시작할 수 있는 음악활동으로 목소리라는 직접적 매체를 통해서 음악을 경험할 수 있다. 노래 부르기는 영유아에게 흥미로운 경험이자 자발적인 첫 번째 음악 표현양식이다. 영유아는 언어를 배우기 이전에 옹알이를 시작으로 자연스럽게 리드미컬한 소리를 만들어 내면서, 자신의 목소리를 실험하고 탐색해 나간다. 이러한 과정을 통해 목소리를 조절하고 노래하는 경험의 기초를 마련한다. 영유아는 멜로디 패턴에 따라 다양한 음높이의 소리를 만들어 내며 노래 부르기를 즐긴다. 뿐만 아니라 다른 사람이 부르는 노래를 듣는 것도 좋아하고, 들은 소리를 정확하게 재현하기 위해 집중한다. 또한, 놀이를 하는 동안 노래의 일부를 즉흥적으로 흥얼거리기도 하고 스스로 노래를 지어 부르기도 한다. 영유아가 노래를 부르는 것은 자신의 생각과 느낌을 표현하는 의사소통의 수단으로 작용한다. 노래 부르기는 영유아가 노래하는 것에 참여하여 음악을 즐기는 기본적인 활동이며, 영유아의 상상력을 자극하고 긍정적인 정서를 경험하게 한다.

2. 노래 부르기 내용

영유아는 생활주제 관련 동요, 전래동요, 자장가, 만화 주제가, 동작 노래, 대중가요, 다문화 동요 등 다양한 장르와 돌림노래, 문답노래, 반복노래 등 다양한 형식의 노래를 부른다. 영유아는 친숙한 경험을 다루는 노래를 선호하고 영유아의 관심을 반영한 노래에 흥미를 느낀다. 예를 들어, 신체의 각 부분, 가족, 음식, 놀이, 친구, 동물, 식물, 계절 등의 내용이 포함된 노래가 가장 많다. 또한, 조용한 노래와 활동적인 노래 간에 균형을 이루고, 가벼운 느낌과 무거운 느낌, 느린 박자와 빠른 박자, 강한 리듬과 부드러운 리듬을 느끼고 표현할 수 있으면서 예술적 가치를 포함한 곡이 적당하다.

1) 노래의 선택: 선정 기준

노래 부르기를 위한 영유아의 노래를 선택할 때에는 영유아의 음악적 발달 특성을 가장 우선하여 고려해야 한다. 영유아에게 적합한 노래를 선정하기 위한 기준은 다음과 같다.

(1) 노랫말

노랫말은 노래의 멜로디나 노래에 담긴 마음과 생각을 전달하는 수단이다. 또한, 노래의 분위기를 결정하거나 흥미를 더해 준다. 영유아가 쉽게 부를 수 있는 노랫말은 의성어, 단어와 문장의 반복, 같은 말이 패턴처럼 같은 자리에서 반복되는 노랫말을 가진 노래이다. 또한, 문답형 · 대화형의 노래는 주고받듯이 번갈아 부르는 과정을 통해서 노래를 익히고, 대답하는 부분의 노랫말을 영유아가 작사하여 바꾸어 불러 볼 수 있다(예: 〈숲속 친구들〉). 그 밖에 열거 · 순서형의 노래는 노랫말을 점차적으로 유추해 보는 데 도움이 된다(예: 〈열 꼬마 인디언〉, 〈크고 큰 우주 작고 작은 우리〉). 노랫말에 기초하여 선곡할 때 다음과 같은 사항을 염두에 두어야 한다.

- 기억하기 쉬운가? (예: 〈생일축하노래〉, 〈나비야〉)
- 내용이 단순한가? (예: 〈똑같아요〉, 〈그대로 멈춰라〉)
- 경험과 관련 있는가? (예: 〈괜찮아요〉)
- 생활과 밀접한가? (예: 〈손 씻기 노래〉)

- 아름다운 상상을 유발하는가? (예: 〈작은 별〉)
- 기쁨과 흥미를 느낄 수 있는가? (예: 〈내 마음이 기쁘단다〉)
- 새로운 사실을 발견할 수 있는가? (예: 〈돌과 물〉, 〈물에 들까?〉)
- 단어 또는 문장, 멜로디, 리듬 형식이 자주 반복되는가? (예: 〈머리 어깨 무릎 발〉)

(2) 멜로디

어린 연령의 경우 멜로디의 흐름선이 완만하고 순차진행하고 음정의 폭이 좁은 곡이 부르기 쉽다. 또한, 반복되는 멜로디가 많은 곡이 적당하다. 하지만 도약진행이라도 영유아의 가능한 음정 내에서 이루어진 자연스러운 멜로디이면 가능하다. 노래 안에 있는 음정들의 도약 폭이 클수록, 도약 횟수가 많을수록 영유아가 노래를 부르기 어려워진다.

(3) 음역

목소리의 음역은 노래를 부를 때 소리를 낼 수 있는 가장 낮은 음부터 가장 높은 음까지의 범위를 말한다. 영유아의 경우 음역이 상대적으로 한정된 것(C-C')으로 영유아를 위해 한 옥타브를 넘지 않는 노래로 선정하는 것이 바람직하다. 3세 유아를 위한 찬트 형태의 노래 대부분은 '솔-미', 단3도로 미(E), 솔(G), 라(A)를 중심으로 좁은 음역 안에서 노래를 부르기 시작한다. 이러한 좁은 음역은 시간이 지나면서 레-라(D-A), 도-시(C-B) 등과 같이 점차 더 높은 음과 더 낮은 음으로 넓혀지게 된다. 만 3세 유아는 도-라(C-A), 만 4~5세 유아는 도-시(C-B) 음역 안에서 편안하게 노래를 부를 수 있다. 영유아의 음역발달은 연령과 관계가 있지만 개인차가 심하다. 교사는 영유아가 소리 낼 수 있는 평균 음역을 고려하여 활동을 계획할 필요가 있다.

노래 부르기 발달 단계(Greenberg, 1979)

- 출생~3개월 : 초기 발성기
- 3~18개월 : 발성 실험과 소리 모방하기
- 18개월 ~3세: 대략적 노래부르기
- 3~4세: 제한 된 음역에서 정확하게 노래부르기
- 4~5세: 확장 된 음역에서 정확하게 노래 부르기

(4) 리듬 및 박자

연령이 어릴수록 단순하고 반복적인 리듬, 규칙적인 박자감으로 구성된 곡이 좋다. 즉, 리듬 패턴이 일관성 있게 반복되는 노래가 부르기에 적합하다. 당김음(syncopation)이나 셋잇단음표 등은 박자에 긴장감을 주어 영유아가 부르기에 어렵다. 영유아는 2박자, 4박자는 경쾌하고 생동감을 줄 수 있는 박자를 선호한다. 또한, 조화로운 심성 발달을 위하여 2박자, 4박자계뿐 아니라 3박자, 6박자 같은 부드럽고 유연성 있는 노래도 필요하다.

(5) 형식

영유아가 부르는 노래는 곡의 길이와 그 구성에 따라 난이도가 달라진다. 영유아가 주로 부르는 노래는 한 도막(8마디), 두 도막(16마디), 작은 세 도막(12마디) 또는 세 도막(24마디) 등과 같은 형식이다. 만 3~4세의 경우 8~16마디의 곡 길이가 적당하다. 만 5세의 경우 24마디까지 확대 가능하지만 멜로디나 리듬이 반복되는 형식의 곡이 노래를 익히거나 부르기에 수월하다.

(6) 주제에 따른 노래 선정

교육과정안에서 주제에 따른 노래를 선정 시 고려할 사항은 다음과 같다(김진영, 2010).

- 노랫말 내용이 주제와 직접 연관이 있다. 예를 들어, 〈게〉는 게의 움직임을 표현한 노래이므로 동물을 주제로 부를 수 있다.
- 노랫말에 직접적으로 제시되지 않지만 그 안에 내포된 내용이나 곡의 분위기에 따라 다른 주제에서도 부를 수 있다. 노래 〈게〉는 여름을 연상시킬 수 있으므로 계절을 주제로 부를 수 있다.
- 노래를 다양하게 불러 보거나 노랫말을 바꾸어 부르면 다른 주제에도 부를 수 있다. 예를 들면, 노래 〈게〉를 부르면서 손동작 또는 몸의 움직임으로 표현하면 신체를 탐색할 기회가 된다. 또한, 전이시간에 모두 게가 되어보고 '한 마리, 두 마리, 세 마리~' 대신에 '모린이, 경민이, 윤성이~'처럼 노랫말을 바꾸어 부르면서 다른 장소로 이동할 수 있다.

- 특정 주제와 상관없이 언제나 부를 수 있는 곡을 선정할 수 있다. 예를 들면, 〈생일축하노래〉, 〈기쁨 주는 생일〉처럼 일 년 내내 생일이 있을 때마다 부르는 노래나 영유아의 생활이나 감정 등을 다룬 노래(예: 〈꾹 참았네〉) 등이 있다.

3. 노래 부르기 교수방법

노래 부르기는 음악교육에서 가장 친근한 음악활동이며, 음악 학습에 가장 효과적인 도구가 될 수 있다. 노래 부르기를 지도할 때 교사는 많은 노래를 알고 교사와 영유아 사이에 의사소통의 한 방법으로 노래를 효과적으로 활용할 수 있어야 한다.

1) 노래 부르기 지도방법

(1) 노래 부르기를 위한 교수 매체

노래를 지도할 때 노랫말 자료는 다양한 형태로 제작하여 영유아의 흥미를 유발하고 노랫말을 쉽게 익힐 수 있도록 발달 수준에 적합한 글자와 그림을 적절히 활용한다. 영유아에게 글 중심의 매체를 사용하여 노래를 지도하면 읽기능력이 충분히 발달하지 않은 영유아는 좌절하고 읽기와 노래 부르기에 흥미를 잃을 수 있다. 따라서 음악과 더불어 다양한 시각 자료와 결합된 교재교구는 음악을 학습하고 음악을 둘러싼 맥락을 이해하는 데 매우 효과적이다. 노래 지도 시 내용을 전달하기 위해 사용되는 상징체계 유형은 다음과 같다(김진영, 2010; 이정환 · 김희진, 2017).

❶ 시각 자료

노래를 지도할 때 영유아가 쉽게 알아볼 수 있는 글과 그림으로 구성된 시각 자료를 이용하여 노랫말을 전달한다. 또한, 노래 안에 담긴 음악적 개념을 표상하기 위해 사용하기도 한다. 영유아의 읽기와 기호를 이해하는 능력의 발달을 고려하여 매체 없이 손 인형을 이용하여 노랫말이 담고 있는 의미를 이야기로 지도할 수 있다. 영유아의 연령에 적절한 시각 자료는 다음과 같다.

〈표 9-1〉 연령별 시각 자료

만 3세 이하	글씨 매체 사용을 자제한다. 그림만 제시한다. 노래의 대표적인 소재와 관련된 손 인형, 교사 이야기, 실물을 제시한다.
만 4세	노랫말을 표현하는 그림으로 구성된 매체를 제시한다. 대부분의 유아가 아는 단어일 경우 그림과 글씨를 같이 제시한다.
만 5세	노랫말을 표현하는 그림과 글씨가 같이 제시되는 단어 수 증가가 가능하다. 기호이해능력이 증가하면 노래의 높낮이나 강약을 표현하는 기호를 함께 사용하는 것이 가능하다.

[그림 9-1] 시각 자료의 예

❷ 동작 자료

노래를 동작으로 함께 표현하는 경우 신체의 움직임을 돕는 자료를 사용하면 노래의 느낌을 전달하는 데 효과적이다. 신체의 움직임은 귀에 들리는 소리를 눈으로 볼 수 있도록 변화시켜 주는 역할을 한다. 예를 들어, 낙엽이 춤을 추며 내려오는 모습, 꽃이 피는 모습 등 움직임을 효과적으로 표현하기 위해 스카프, 리본막대, 공, 작은 낙하산 등을 사용한다.

❸ 청각 자료

- 노래를 연상시키는 동기 부여: 녹음된 소리를 듣고 연상되는 노래를 찾아보거나 멜로디나 리듬 패턴을 듣고 어떤 노래인지 찾아보도록 한다.
- 노랫말의 이미지 표상: 노랫말에 나오는 단어나 이미지를 악기로 표현해 본다. 귀로(개구리), 오션드럼(파도), 투톤블록(시계, 딱따구리)와 같이 직접적으로 연상되는 소리를 닮은 악기들을 사용하여 노랫말을 대신할 수 있다.
- 노래에 맞춰 박자나 리듬을 만드는 도구: 악기로 박자를 맞추면 노래를 부르는 것뿐만 아니라 노래에 따라 다양한 리듬 패턴을 만들어 연주해 볼 수 있다. 예를 들면, 영유아를 노래를 부르는 집단과 악기를 연주하는 집단으로 나눌 수 있다.

❹ 컴퓨터

- 영유아의 사진이나 작품 등을 사용하여 노래 자료 만들기: 영유아가 그린 그림이나 노랫말에 맞게 설정된 모습을 사진으로 찍어 사용하면 흥미를 불러일으킬 수 있다.
- 움직이는 효과를 이용하여 노래 자료 만들기: 파워 포인트로 노랫말이나 그림을 노래에 맞추어 적절하게 커지고 작아지거나 나타났다가 사라지는 효과 등을 줄 수 있다.
- 동영상을 이용하여 노래 자료 만들기: 영유아가 노래를 부르거나 노래에 맞춰 움직이는 모습을 동영상으로 촬영하여 함께 본다.

(2) 새 노래 부르기 지도방법

새 노래 부르기 활동의 지도방법을 구체적으로 소개하면 다음과 같다.

〈도입〉

① 주의집중과 동기유발을 위해 수수께끼, 부분 보고 전체 맞추기 또는 손유희나 놀이에 필요한 인형이나 장난감, 그림 등의 다양한 도구를 준비한다.

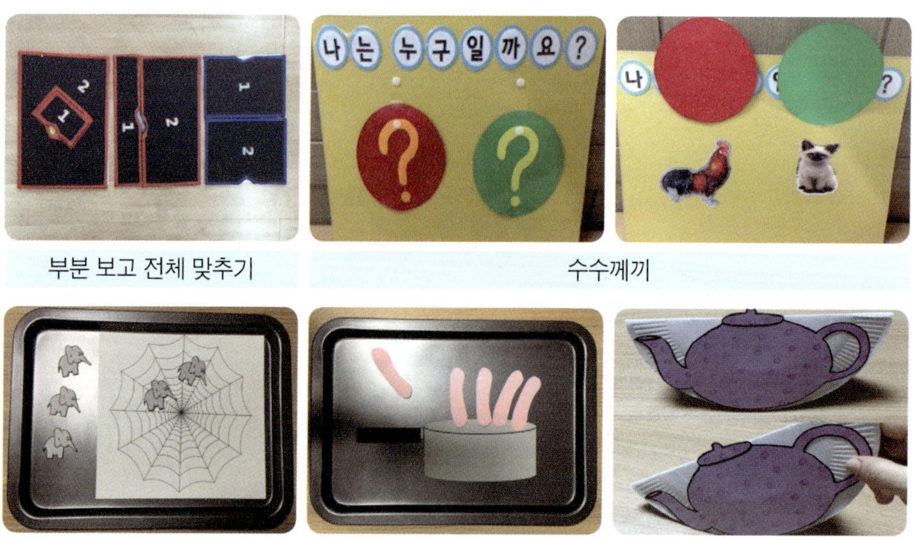

부분 보고 전체 맞추기 / 수수께끼

코끼리와 거미줄 / 다섯 개의 소시지 / 작은 주전자

[그림 9-2] 주의집중 자료의 예

② 영유아와 관련된 경험에 대해 이야기를 나누고 활동에 대해 안내한다.

- ○○○○ 노래를 불러 보자.

〈전개〉

③ 노랫말에 대해 함께 알아본다.

- 노래 가사판을 보며 어떤 노래 내용일지 유추해 본다.
- 이야기처럼 이루어진 노랫말이라면 그림 자료를 이용하여 동화를 들려주듯이 소개한다.

④ 교사가 정확한 발음으로 노래를 들려준다.

- 노래의 분위기와 감정을 살려서 교사의 육성으로 반주를 사용하지 않고 자신감 있게 불러 준다.
- 교사의 노래를 듣고 나서, 노랫말 이해를 위한 발문을 한다. (예: 노래 제목, 가사의 내용, 느낌).
  - 노랫말에서 재미있는 단어는 무엇이었니?
  - 노랫말처럼 ○○○을 해 본 적 있니?
  - 노래를 들어 본 느낌이 어떠니?
  - 이 노래는 어떤 제목을 갖고 있을 것 같니?

⑤ 피아노 반주 없이 멜로디를 듣는다.

-오른손으로 정확하게 멜로디만 연주하여 들려준다.

⑥ 한 소리('랄랄라', '아아아', '우우우' 등)로 부르기를 한다.

- '아아아' 또는 '라라라'로 멜로디만 다 함께 불러 본다.

⑦ 한소절씩 따라 불러 본다.

⑧ 노랫말의 난이도나 형식에 따라 노랫말을 부분적으로 불러 본다. 교사와 영유아가 노랫말을 나누어 다양한 방법으로 노래를 불러 본다. 이때 나누어 부르는 부분을 쉽게 인식할 수 있도록 노랫말 자료에 표시(색상 스티커)한다.

- 영유아가 노래의 일부분만 부르고 교사가 대부분 부르기
- 교사와 영유아가 나누어 부르기(쉬운 부분은 영유아, 어려운 부분은 교사)
- 한 소절씩 나누어 부르기
- 영유아를 그룹으로 나누어 교대로 부르기

⑨ 노래를 전체적으로 불러 본다.

- 다양한 악기를 활용하여 부르기
- 노랫말을 바꾸어 부르기
- 속도와 크기에 변화를 주어 부르기
- 일부 가사에 간단한 동작하기

〈마무리〉

⑩ 활동내용에 대해 평가한다.

- 새 노래 지도 시 사용한 교수자료는 음률영역에 제공하여 개별적으로 노래 부르기를 즐길 수 있도록 한다.
  - 친구들과 노래를 불러 보니 어떤 점이 좋았니?
  - 어느 부분이 재미있고 즐거웠니?

Tip

-노래상자-

- 신발 상자를 꾸민다.
- 노랫말을 그림 막대, 그림 집게로 만든다.
- 노래에 맞추어 그림을 제시한다.

노래상자

〈튼튼한 집〉

〈시장잔치〉

〈옛날이야기〉

〈그런 집 보았니〉

〈더 빠른 것 더 느린 것〉

〈표 9-2〉 노래 부르기 활동 계획안의 예

<table>
<tr><td>활동명</td><td>간다 간다</td><td>주제</td><td>교통기관</td></tr>
<tr><td>활동형태</td><td>대소집단</td><td>대상연령</td><td>4세</td></tr>
<tr><td>활동목표</td><td colspan="3">• 여러 가지 교통기관에 관심을 갖는다.
• 노랫말에 어울리는 움직임을 창의적으로 표현한다.</td></tr>
<tr><td>누리과정 관련요소</td><td colspan="3">• 예술경험 〉 창의적으로 표현하기 〉 노래를 즐겨 부른다.
• 예술경험 〉 창의적으로 표현하기 〉 신체나 도구를 활용하여 움직임과 춤으로 자유롭게 표현한다.</td></tr>
<tr><td>활동자료</td><td colspan="3">〈간다 간다〉 악보(김성균 작사, 작곡), 그림 자료(가사판, 자동차, 기차, 비행기)</td></tr>
<tr><td>사전경험</td><td colspan="3">• 여러 가지 교통기관의 소리를 듣고 구분해 본다.
• 여러 가지 교통 기관 퍼즐 놀이를 해본다.</td></tr>
<tr><td>도입</td><td colspan="3">1. 자동차, 비행기, 기차에 대한 수수께끼를 낸다.
• 나는 땅으로 다녀요. 사람이나 물건을 태우고 넓은 길도 다니고 좁은 길도 다녀요. 바퀴가 4개에요. 나는 누구일까요?
• 나는 하늘로 다녀요. 사람이나 물건을 태우고 구름 위로 다녀요. 날개가 있어요. 나는 누구일까요?
• 나는 땅으로 다녀요. 사람이나 물건을 태우고 캄캄한 굴속을 지나다녀요. 나는 누구일까요?
2. 교통기관을 타 보았던 경험을 회상한다.
– 자동차(비행기, 기차)를 타 보았니?
– 언제 타 보았니?</td></tr>
<tr><td>전개</td><td colspan="3">3. 교사가 노래를 들려준다.
– 자동차와 비행기 그리고 기차가 지나가는 모습에 대한 노래가 있단다. 어떤 노래인지 함께 들어 보자.
– 이 노래의 제목은 무엇일까?
– '간다 간다'는 무엇이 가고 있는 걸까?
– 자동차가 어디를 가고 있다고 했니?
4. 다양한 방법으로 노래를 불러 본다.
– 이번에는 피아노 연주에 맞추어 멜로디를 들어 보자.
– '랄랄라'로 소리 내어 불러 볼까?
– 선생님이 먼저 부르면 따라 불러 볼 수 있겠니?
– 노래를 어떤 방법으로 불러 보면 좋겠니?
– 선생님과 나누어 불러 보자.
– '간다 간다' 부분은 너희가 부르고 자동차가 어느 곳을 갔는지는 선생님이 불러 볼게.
– 간다 간다 간다 간다 / 골목길로
– 간다 간다 간다 간다 / 넓은 길로
– 간다 간다 간다 간다 / 뛰뛰빵빵
– 랄랄랄라 자동차 (다 같이)
– 이번에는 다 함께 불러 보자.</td></tr>
</table>

전개	5. 노랫말에 어울리는 동작을 만들어 표현한다. – 동작을 넣어 불러 보자. '자동차'는 어떤 동작으로 표현해 볼 수 있을까? – 골목길(넓은 길, 지붕 위, 구름 위 등)을 갈 때는 어떤 모습일까? – 뛰뛰빵빵의 소리를 손동작으로 표현하면 어떻게 할 수 있을까? – 너희가 만든 동작을 노래를 부르며 표현해 보자.
마무리	6. 활동을 마무리한다. – 어떤 부분이 가장 재미있었니? – 다음에 부를 때는 자동차 소리(기차 소리, 비행기가 나는 모습)를 어떤 노랫말로 바꾸어 불러 보고 싶니?
확장활동	• 다른 교통기관으로 노랫말을 바꾸어 불러 본다.
참고사항	• 동요 가사판을 활용한 후 음률영역 벽면에 게시한다. • 자동차, 비행기, 기차의 특징에 대해 관심을 가지도록 한다.

Tip

-노래하는 주사위-

- 노래 제목을 붙인 주사위와 동작 또는 악기 연주하기를 붙인 주사위를 동시에 던져 노래를 불러 본다.

(3) 다양한 방법으로 노래 부르기

노래 부르기를 지도할 때 영유아의 집중 시간과 흥미를 고려하여 노래를 배우고 부르는 활동을 다양하게 계획한다. 만 1, 2세 영아는 특별히 정해진 노래 부르기 시간보다는 놀이 중이나 휴식 중에 반복하여 들으면서 자연스럽게 익히도록 하는 것이 좋다. 예를 들어, 기저귀를 갈아주면서, 하루 일과 동안 영아의 요구에 반응하면서 노래를 불러 주는 교사와의 상호작용이 필요하다. 만 3세 이후부터는 의도적인 노래 부르기 시간을 배정할 수 있다. 교사는 영유아가 노래를 배울 수 있도록 노래의 특성에 따라 적절한 방법을 찾는다. 한 번 들으면 쉽게 따라 부를 수 있는 노래도 있지만, 그렇지 않은 경우 노래에 따라 어떻게 나누어 부르면 좋을지, 어떤 음악적 요소를 가지고 접근할 것인지를 찾아야 한다. 교사가 계획한 활동목표에 따라 노래 지도하기 방법은 다음과 같이 지도할 수 있다.

① 음높이를 강조한 노래 부르기

- 손으로 음정을 표시하면서 노래를 부른다.

- 손 이외에 정해진 신체의 위치로 음을 표현한다.

- 몸 전체를 이용하여 음정을 표시하면서 노래를 부른다.

[그림 9-3] 음높이를 신체로 표현하기

② 내청(마음속으로 노래 부르기 또는 일부를 숨기고 노래 부르기)을 적용한 노래 부르기

- 교사와 영유아가 신호를 정한다.
- 까꿍 인형이 나오면 소리 내어 부르고, 인형이 안으로 들어가면 노래를 마음속으로 부르도록 한다.

[그림 9-4] 까꿍(pop-up) 인형

- 일정한 간격으로 '소리 내지 않고 부르기(4마디)/소리 내어 부르기(4마디)'를 한다.
- 특정 단어 또는 의성어, 의태어만 소리 내지 않고 부른다.

〈도레미 송〉

도는 하얀	○○○	레는 상큼한	△△
(부르기)	(내청)	(부르기)	(내청)
미는 파란	◇◇◇	파는 예쁜	□□□
(부르기)	(내청)	(부르기)	(내청)

③ 리듬을 강조한 노래 부르기

- 노래를 부르며 노랫말에 맞춰 손뼉을 쳐 본다.
- 소리를 내지 않고, 속으로 노래하며 노랫말에 맞춰 손뼉을 쳐 본다.

④ 함께 노래 부르기

- 전체 노래 지도법(whole-song method): 교사가 노래 전체를 여러 번 들려주면서 지도하는 방법이다. 노래 전체를 여러 번 들으면서 영유아가 가사에 귀를 기울여 의미 있게 들을 수 있도록 하기 위해 교사는 가사와 관련된 여러 가지 질문을 한다.
- 구절법(phrase-by-phrase method): 교사가 노래를 끝까지 한 번 불러 준 다음 한 번에 한 소절씩 따라 부르게 하여 지도하는 방법이다. 구절법은 노랫말의 발음이나 내용을 분명하게 할 필요가 있을 때, 영유아가 노래의 각 부분을 쉽게 수용할 수 있다.
- 전체-부분 결합방법(combination of whole-song and phrase-by-phrase method): 먼저 전체 노래 지도법을 활용하고, 특히 어려운 부분은 구절법으로 지도하는 방법이다. 노래의 길이가 짧은 경우, 한 소절씩 나누어 가르치면 노래 전체의 흐름이나 분위기를 느끼기 어려울 수 있으므로 새 노래를 지도할 때 전체 노래 지도방법으로 가르치고, 어려운 부분만 구절법으로 반복해서 가르치는 것이 효과적이다.

2) 노래 부르기 지도 시 유의점

영유아를 위한 노래 부르기 지도 시 유의사항은 다음과 같다(방자현 2006; 이춘자 · 조인경, 2013; 장은주, 남옥선, 2018; 하정희 외, 2013; Eliason & Jenkins, 2003).

① 노래 부르기 지도 전에 교사는 노래를 충분히 익힌다.

노래의 가사와 음을 정확하게 외우고 아름다운 음성으로 감정을 풍부하게 표현하도록 노력한다. 만약 음역대가 높거나 낮은 경우 원곡을 영유아에게 알맞은 음역으로 조옮김을 한다.

② 노래 부르기의 목표를 선정한다.

즐겁고 재미있게 노래를 부르는 경험과 더불어, 음악교육으로서의 활동목표도 달성할 수 있도록 계획한다.

③ 노래의 반주 방법을 선택하고 점검한다.

새 노래 지도 시, 처음에는 반주 없이 오른손의 멜로디만 듣는 과정이 필요하다. 지나치게 화려한 반주보다는 피아노로 멜로디를 분명하게 연주해 주는 것이 중요하다. 음원 자료를 반주로 사용할 경우, 영유아의 노랫소리보다 반주 음이 커지지 않도록 주의한다. 노래의 분위기에 따라 키보드를 활용해 여러 가지 악기 소리로 반주해 줌으로써 다양한 음색을 경험할 수 있고, 반주 없이 노래만 하는 기회도 가질 수 있다.

④ 노래 부르기 활동 시 교사는 항상 영유아를 보면서 노래한다.

교사가 즐거운 마음으로 영유아의 눈을 보며 노래할 때 노래의 느낌과 분위기를 효과적으로 전달할 수 있다. 즉, 교사는 음악적 모델링을 제공할 수 있고, 영유아는 관찰학습을 통해 노래 부르는 태도를 배울 수 있다. 활동 시 일정한 규칙은 없으나 환경에 따라 바닥 또는 의자에 반원형으로 앉아서 노래를 부르도록 한다.

⑤ 노래 가사나 느낌을 이해하면서 노래를 부를 수 있도록 지도한다.

일반적으로 노래를 잘 부른다는 것은 무조건 크게 부르는 것이 아니라 노래의 가사나 느낌을 이해하고 부르는 것을 의미한다.

⑥ 영유아에게 노래 부르기를 강요하지 않는다.

다른 영유아와 그룹으로 편안하게 노래를 부를 수 있기까지 시간이 오래 걸리는 영유아도 있다. 영유아가 노래를 부를 때 언어로 격려해 주는 등 긍정적인 강화를 해 주는 것은 동기유발이 된다.

⑦ 새 노래를 익히기 위해 장시간 노래를 부르는 것을 피한다.

새 노래는 첫날 완벽하게 익히는 것이 아니라 여러 날 동안 다양한 방법으로 노래를 부르면서 전체를 자연스럽게 익힌다. 예를 들어, 1절 이상의 노래인 경우 1절을 먼저 충분히 익힌 후 2절을 소개하는 것이 바람직하다.

⑧ 노래의 느낌을 몸으로 표현해 본다.
이를 위하여 손뼉을 치거나 함께 동작을 만들어 볼 수 있다. 그러나 지나치게 정해진 동작만을 강조하면 노래의 느낌보다 획일적인 동작표현에 그칠 수 있다. 동작을 제시할 경우 충분히 노래 부르기를 경험한 후 제시하는 것이 바람직하다.

⑨ 반주 없이 노래를 부를 때 교사는 마지막 2소절 정도를 '랄랄랄'로 불러 준다.
교사가 "하나, 둘, 셋, 넷.", "시- 시- 시작." 등의 사인을 주기보다는 마지막 소절을 허밍으로 불러 주면 멜로디를 듣고 노래의 음높이를 알고 박자와 분위기에 맞추어 노래를 부를 수 있다.

4. 노래 부르기 평가

1) 노래 부르기를 할 때 관찰할 내용

자유선택활동과 집단 활동 시 노래 부르기를 할 때 영유아가 보이는 다음과 같은 행동에 대한 면밀한 관찰이 이루어져야 한다(하정희 외, 2013).

- 얼마나 즐겁게 노래를 부르는가?
- 얼마나 다양한 동요를 부르고 있는가?
- 얼마나 자신감을 가지고 부르는가?
- 얼마나 자발적이고 적극적으로 노래를 부르는가?

2) 노래 부르기 평가

교사가 노래 부르기 활동을 진행한 후 자신의 수업에 대해 평가해 볼 수 있는 도구는 다음과 같다.

〈표 9-3〉 노래 부르기 지도 평가표

범주	내용	그렇다	아니다
노래 선정	주제와 연계되는가?		
	영유아의 경험과 연계되는가?		
	노래의 음역이 영유아에게 적절한가?		
	노래의 길이가 영유아에게 적절한가?		
	노래의 가사와 리듬이 반복적인가?		
대형	영유아가 앉은 대형이 노래 부르기에 적절한가? (예: 반은 바닥, 반은 의자)		
	영유아는 자신이 원하는 자리에 자율적으로 앉는가?		
	영유아의 주의집중을 위해 주변의 교구나 물건이 정리되어 있는가?		
매체	그림, 손인형, 융판 자료 등의 적절한 자료를 사용하는가?		
노래 지도 과정	도입(노랫말 소개)이 있는가?		
	교사가 정확한 음으로 노래를 불러 주는가?		
	반주 없이 멜로디만 다 함께 부르는가?		
	'라라라' 등으로 멜로디만 다 함께 부르는가?		
	교사와 영유아가 노래의 일부분씩 나누어 부르는가?		
	노래 전체를 다 함께 부르는가?		
	확장(가사 바꾸어 부르기)해서 부르는가?		
마무리	노래 시간에 평가하는가?		
	노래 시간이 끝났음을 알리고 다음 활동을 소개하는가?		

출처: 김희진 · 박은혜 · 이지현(2011).

5. 노래 부르기 활동의 실제

활동 1 누구일까요?

대상연령 만 2세

주제 나는요

활동목표

- 노래 부르는 즐거움을 느낀다.
- 나와 친구의 생김새, 옷차림 등을 인식한다.

표준보육과정 관련요소

- 예술경험 〉 창의적으로 표현하기 〉 익숙한 노래와 리듬을 표현한다.
- 사회관계 〉 나를 알고 존중하기 〉 나를 구별하기

활동자료

- 〈누구일까요〉 가사판

활동방법

1. 〈누구일까요〉 노래를 자연스럽게 들려준다.
   - 동그란 눈 누구일까요, 사과 같은 두 볼 누구일까요.
2. 영아가 관심을 보이면 〈누구일까요〉 노래를 함께 부른다.
3. 〈누구일까요〉 노랫말에 영아의 생김새, 옷차림, 영아의 이름 등을 넣어 부르며 영아의 모습을 함께 살펴본다.
   - 동그란 눈 누구일까요, 줄무늬 양말 누구일까요.
   - 삐삐 머리 누구일까요, 그건, 그건 바로 ○○○.
   - ○○이 양말에 줄무늬가 있네.
   - ○○이가 머리를 양쪽으로 묶었구나.
4. 노랫말에 친구의 생김새, 옷차림 등의 특징을 넣어 부르며 친구의 모습에도 관심을 가지며 노래를 부른다.
   - 커다란 눈 누구일까요? 꽃무늬 치마 누구일까요.
   - 짧은 앞머리 누구일까요? 그건, 그건 바로 ○○○.

확장활동

- 노래가 익숙해지면, 영아 스스로 넣고 싶은 생김새, 옷차림의 특징, 혹은 동물, 사물 등을 넣어 가사를 바꾸어 불러 볼 수 있다.

참고사항

- 음률영역 외에 다른 영역에서 놀이하고 있는 친구들의 이름을 불러 주면 영아가 노래에 관심을 보일 수 있다.

누구일까요

김경석 작사
김현수 작곡

활동 2 닮은 곳이 있대요

대상연령 만 2세

주제 나와 가족

활동목표
- 가족과 닮은 얼굴 생김새에 관심을 갖는다.
- 각 신체 부위의 명칭을 알고 말한다.

표준보육과정 관련요소
- 신체운동 〉 감각과 신체 인식하기 〉 신체를 인식하고 움직인다.
- 예술경험 〉 창의적으로 표현하기 〉 익숙한 노래와 리듬을 표현한다.

활동자료
- 〈닮은 곳이 있대요〉 음원, 가사판

활동방법

1. 〈닮은 곳이 있대요〉 노래를 듣고 함께 불러 본다.
   - 엄마하고 나하고 닮은 곳이 있대요. 엄마하고 나하고 닮은 곳이 있대요. 눈 땡 코 땡 입 딩동댕.
2. 엄마와 닮은 곳이 어디인지 이야기해 본다.
   - ○○는 엄마랑 어디가 닮았니? ○○의 아빠와 ○○는 어디가 닮았니?
   - 눈이 닮았니? 코가 닮았니? 입이 닮았니?
   - 엄마도 ○○처럼 웃는 입 모양이 예쁘시구나.
3. 노랫말에 영아 이름과 닮은 곳이 있는 부분을 넣어서 불러 본다.
   - 엄마하고 ○○하고 닮은 곳이 있대요. 엄마하고 ○○하고 닮은 곳이 있대요.
4. 노랫말을 바꿔 가며 불러 본다.
   - 이번엔 '아빠'를 넣어서 불러 볼까?
   - 아빠하고 ○○하고 닮은 곳이 있대요.

확장활동
- 엄마 대신 아빠, 할머니, 할아버지 등 집에서 영아를 주로 돌봐주시는 어른을 넣어 가사를 바꿔 가며 부른다.

참고사항

- 영아가 노래에 익숙해지면 노랫말에 다른 가족 구성원으로 바꾸어 부른다.

닮은 곳이 있대요

김성균 작사
김성균 작곡

활동 3 내 마음이 기쁘단다

대상연령 만 3, 4, 5세

주제 유치원 / 어린이집과 친구

활동목표

- 자신의 경험을 말로 표현한다.
- 친구와 함께 하는 기쁨을 노래에 담아 표현한다.

누리과정 관련요소

- 의사소통 〉 듣기와 말하기 〉 자신의 경험, 느낌, 생각을 말한다.
- 사회관계 〉 더불어 생활하기 〉 친구와 서로 도우며 사이좋게 지낸다.
- 예술경험 〉 창의적으로 표현하기 〉 노래를 즐겨 부른다

활동자료

- 〈내 마음이 기쁘단다〉 가사판, 악보(교사용)

활동 방법

1. 친구와 함께 놀이한 경험을 회상하며 이야기 나눈다.
   - 친구가 필요한 장난감을 양보해 주면 어떤 기분이 드니?
   - 너희가 어떤 행동을 할 때 친구의 기분이 좋아질까?
2. 친구에 관한 노래를 소개하고, 노래를 들려준다.
   - 오늘 배울 노래 제목은 〈내 마음이 기쁘단다〉라고 하는데, 왜 이렇게 제목을 지었을까?
   - 노랫말에 어떤 이야기가 담겨 있는지 함께 들어 보자.
3. 다양한 방법으로 노래를 불러 본다.
   - 한 가지 소리를 넣어 불러 볼까? '아'로 노래를 불러 볼까?
   - 이번에는 노랫말로 불러 보자.
   - 선생님과(친구들과) 나누어서 불러 보자.
4. 노래 가사를 바꾸어 불러 본다.
   - 친구를 칭찬해 보자. 어떤 일로 내 마음을 기쁘게 해 주었는지 이야기해 보자.
   - 그 이야기를 노래 가사로 만들어 불러 보자.
   - 지아야, 나의 지아야, 그림 그리기 도와주어서 지아야, 나의 지아야, 내 마음이 기쁘단다.

5. 활동한 후 느낌을 이야기 나눈다.
   - 이 노래를 부르고 나니 어떤 마음이 드니?
   - 어떻게 하면 서로의 마음을 기쁘게 할 수 있을까?

확장활동

- 노래에 맞춰 리듬악보를 보며 악기를 연주해 본다.

참고사항

- 노래를 통해 친구와의 긍정적인 상호작용의 중요성을 알 수 있도록 이야기 나눈다.

내 마음이 기쁘단다

김진영 작사
김진영 작곡

활동 4 꾹 참았네

대상연령 만 3, 4, 5세

주제 유치원 / 어린이집과 친구

활동목표

- 자신의 경험을 말로 표현한다.
- 친구와의 갈등을 긍정적인 방법으로 해결해야 함을 안다.
- 셈여림에 따라 노래를 부른다.

누리과정 관련요소

- 의사소통 〉 듣기와 말하기 〉 자신의 경험, 느낌, 생각을 말한다.
- 사회관계 〉 더불어 생활하기 〉 친구와 서로 도우며 사이좋게 지낸다.
- 예술경험 〉 창의적으로 표현하기 〉 노래를 즐겨 부른다

활동자료

- 〈꾹 참았네〉 가사판, 악보(교사용)

활동방법

1. 친구와 놀이한 경험을 회상하며 이야기 나눈다.
   - 친구와 함께 놀이하면 기분이 어떠니?
   - 혹시 친구와 놀이하다 속이 상하거나 화가 날 때가 있었니?
2. 노래를 들려주고 노래 가사에 대해 이야기 나눈다.
   - 친구가 너희가 만든 집을 무너뜨리면 기분이 어떨까?
   - 노래 속의 주인공은 어떻게 했는지 함께 들어 보자.
   - 내가 만든 블록 집을 무너뜨린 친구에게 어떻게 말했니? (친구야, 다음부터 그러지 마라.)
   - 우리도 옆에 친구에게 "친구야, 다음부터 그러지 마라."라고 서로 이야기해 보자.
3. 다양한 방법으로 노래를 부른다.
   - 멜로디를 들으며 '라'로 불러 볼까?
   - 이번에는 노랫말로 불러 볼 수 있겠니?
   - 교사와 함께 부르기
   - 박수 치며 노래 부르기
   - 다 같이 전체 부르기

4. 가사판을 보고, 셈여림에 따라 노래를 반복하여 부른다.
   - 이 부분(빨간색 부분)에는 어떻게 노래하면 좋을까?
   - 이번에는 똑같은 목소리 크기로 부르다가 빨간색 부분은 큰 소리로 불러 보자.

> 친구가 내 곁을 지나가다가 내가 만든 집을 무너뜨렸네.
> '콩'하고 싶지만 꾹– 참았네. 친구야. 친구야.
> 다음부터 그러지 마라. 다음부터 그러지 마라.

5. 노래를 불러 본 느낌을 이야기하며 마무리한다.
   - 노래를 부르며 어떤 느낌이 들었니?
   - 가장 즐거웠던 점은 무엇이었니?

확장활동

- 친구와 있었던 일을 노랫말로 바꿔 재구성해 본다.

참고사항

- 노래를 통해 친구와의 갈등 상황을 긍정적으로 해결할 수 있도록 지도한다.
- 셈여림에 따라 노래를 부를 때, 교사는 피아노 반주를 크거나 작게 변화를 주어 유아가 셈여림을 표현할 수 있도록 돕는다.

꾹 참았네

김진영 작사
김진영 작곡

활동 5 교실 안에서 보물찾기

대상연령 만 3, 4, 5세

주제 유치원 / 어린이집 / 생활도구

활동목표

- 셈여림을 표현하며 노래 부르기를 즐긴다.
- 노래게임 규칙을 지키며 즐겁게 놀이에 참여한다.

누리과정 관련요소

- 사회관계 〉 더불어 생활하기 〉 친구와 서로 도우며 사이좋게 지낸다.
- 예술경험 〉 아름다움 찾아보기 〉 예술적 요소에 관심을 갖고 찾아본다.
- 예술경험 〉 창의적으로 표현하기 〉 노래를 즐겨 부른다

활동자료

- 보물(숨길 수 있는 장난감)

활동방법

1. 보물찾기 활동을 소개한다.
   - 오늘은 교실 안에 보물을 숨겨 볼 거야. 교실 어디에 보물을 숨겨 볼까?
   - 누가 보물을 숨겨 볼까? 그럼 보물을 찾는 친구는 누가 할까?
   - 친구가 꼭꼭 숨긴 보물을 어떻게 찾을까?
   - 보물을 찾는 친구가 잘 찾게 도와주려면 어떻게 해야 할까?
   - 친구가 숨겨진 보물에서 멀리 가면 노래를 작게 불러 주고, 보물 가까이 가면 노래를 크게 불러 주자.
   - 그럼 보물을 숨기는 친구는 선생님이 시작! 하면 보물을 꼭꼭 숨겨 보는 거야. 보물을 찾는 친구는 ○○영역에서 뒤돌아 눈을 가리고 서서 기다리자.
   - 다 같이 열을 셀 동안 보물을 숨겨 보렴. 하나, 둘, 셋...... 아홉, 열!
2. 보물을 찾은 동안 다 함께 노래를 반복하여 부른다.
   - 자, 이제 보물을 찾아볼 건데 ○○친구가 잘 찾을 수 있도록 〈작은 별〉 노래를 불러 주자.
   - ○○이는 친구들의 노래를 잘 들어 보면서 보물을 찾아보도록 하자.
3. 찾은 보물을 친구들에게 소개한다.
   - 보물을 찾았니?
   - 이번에는 보물을 숨기는 친구, 찾는 친구를 바꿔서 해 보자.
4. 활동을 평가하는 시간을 갖는다.
   - 노래를 들으며 보물을 찾아본 느낌이 어떠니?

- 보물을 숨기는 것과 찾는 것 중 무엇이 더 재미있었니? 왜 그것이 더 재미있었니?

확장활동

- 보물을 찾을 때 노래를 부르는 대신 리듬악기를 연주해 본다.

참고사항

- 유아가 활동방법을 알고, 방법에 맞게 놀이해 볼 수 있도록 한다.
- 노래막대를 활용하여 보물을 찾을 때 부를 노래를 정한다.

노래막대 만들기

▼ 아이스크림 막대에 노래 관련 그림과 가사 일부를 적어 만든다.

활동 6 행복한 우리 동네

대상연령 5세

주제 우리 동네

활동목표

- 노래를 통해 우리 동네의 모습과 함께하는 이웃들에 관심을 갖는다.
- 노래를 배우고 부르면서 자신의 느낌을 표현한다.

누리과정 관련요소

- 사회관계 〉 사회에 관심 가지기 〉 내가 살고 있는 곳에 대해 궁금한 것을 알아본다.
- 예술경험 〉 창의적으로 표현하기 〉 노래를 즐겨 부른다

활동자료

- 〈행복한 우리 동네〉 음원, 악보(교사용), 가사판

활동방법

1. 교사가 전체 노래를 들려준다.
   - 노래의 제목을 무엇이라고 지으면 좋을까?
   - 이 곡의 제목은 〈행복한 우리 동네〉란다.
   - 가장 기억에 남는 노랫말은 무엇이니? 동네 어느 곳이 소개되었니?
   - 노래 속에 '행복한 우리 동네' 가사가 몇 번이나 나오니?
2. 노랫말을 알아본다.
   - 노랫말에 나오는 미용실, 시장, 병원, 유치원 등 우리 동네에서 볼 수 있는 기관과 그곳에서 볼 수 있는 분들은 누구일까?
3. 다양한 방법으로 노래를 불러 본다.
   - 한 소리로 불러 본다.
   - 교사를 따라 한 소절씩 불러 본다.
   - 삐뽀삐뽀삐뽀, 싹뚝싹뚝싹뚝, 북적북적북적, 하하호호 등 의성어, 의태어 부분을 어떻게 부르면 좋을까? (손뼉 치기)
   - 병원, 미용실, 시장, 유치원 부분은 마음속으로 불러 보자. (내청으로 부르기)
   - 친구들과 어떻게 나누어 부르면 좋을까?
4. 노래를 불러 본 느낌에 대해 이야기 나누며 활동을 마무리한다.
   - 어떤 방법으로 노래를 부르는 것이 가장 재미있었니?
   - 어떤 가사가 재미있었니?
   - 다음에 부를 때는 어떤 노랫말을 넣어 불러 보고 싶니?

확장활동

- 노랫말에 등장하는 병원, 미용실, 시장, 유치원 대신 다른 우리 동네 기관의 이름과 그 기관에 어울리는 의성어 의태어를 넣어 노랫말을 개사해서 불러 본다.
- 노랫말에 어울리는 악기를 함께 연주해 본다.

참고사항

- 우리 동네에 무엇이 있는지 이야기 나누고 〈행복한 우리 동네〉를 함께 불러 볼 수 있다.

행복한 우리 동네

한혜선 작사
맹윤희 작곡

활동 7 숲속 친구들

대상연령 만 4, 5세

주제 동식물과 자연

활동목표

- 동물의 생김새나 특징에 관심을 가진다.
- 다양한 방법으로 노래 부르기를 즐긴다.

누리과정 관련요소

- 자연탐구 〉 자연과 더불어 살기 〉 주변의 동식물에 관심을 가진다.
- 예술경험 〉 창의적으로 표현하기 〉 노래를 즐겨 부른다.

활동자료

- 숲속 그림 자료, 동물 막대인형(원숭이, 기린, 코끼리, 토끼 등)

활동방법

1. 막대인형을 사용하여 동물들이 대화하는 것처럼 이야기하며 노래를 불러 준다.
   - 호기심 많은 원숭이가 기린에게 목이 왜 긴지 궁금한 것을 물어보았어.
   - (노래로) 기린에게 묻기를 너의 목은 왜 그렇게 기니?
   - 기린은 어떻게 대답했을까?
   - (노래로) 기린 대답하기를 먼 곳을 잘 보기 위해서 나의 목은 길단다. 라라라 라라라 라라라.
2. 교사가 전체 노래를 들려준 후 노랫말을 확인해 본다.
   - 원숭이가 토끼(코끼리)에게 무엇을 물어보았니?
   - 토끼(코끼리)는 무엇이라고 대답해 주었니?
3. 노래를 다양하게 불러 본다.
   - 교사와 유아가 노랫말을 나누어서 문답식으로 부르기
   - 유아가 먼저 부르고 대답 부분을 교사가 부르기
   - 노래의 처음부터 끝까지 다 함께 부르기

4. 노랫말의 동물을 바꾸어 불러 본다.
   - 코끼리에게 묻기를 너의 귀는 왜 그렇게 크니?
   - 얼룩말에게 묻기를 네 다리는 왜 그렇게 기니?

5. 평가 후 활동을 마무리한다.
   - 노래를 부르고 나서 무엇을 알게 되었니?
   - 노래를 부를 때 어려운 점은 없었니?
   - 다음에 더 재미있게 부르려면 어떻게 하면 좋을까?

확장활동

- 동물이 대답하는 부분을 리듬에 맞추어 리듬악기를 연주하며 노래를 불러 본다.

참고사항

- 유아가 노래에 친숙해질 수 있도록 자유선택활동 시간이나 전이활동 시간에 원곡을 들을 수 있도록 한다.

숲속 친구들

김진영 작사
김진영 작곡

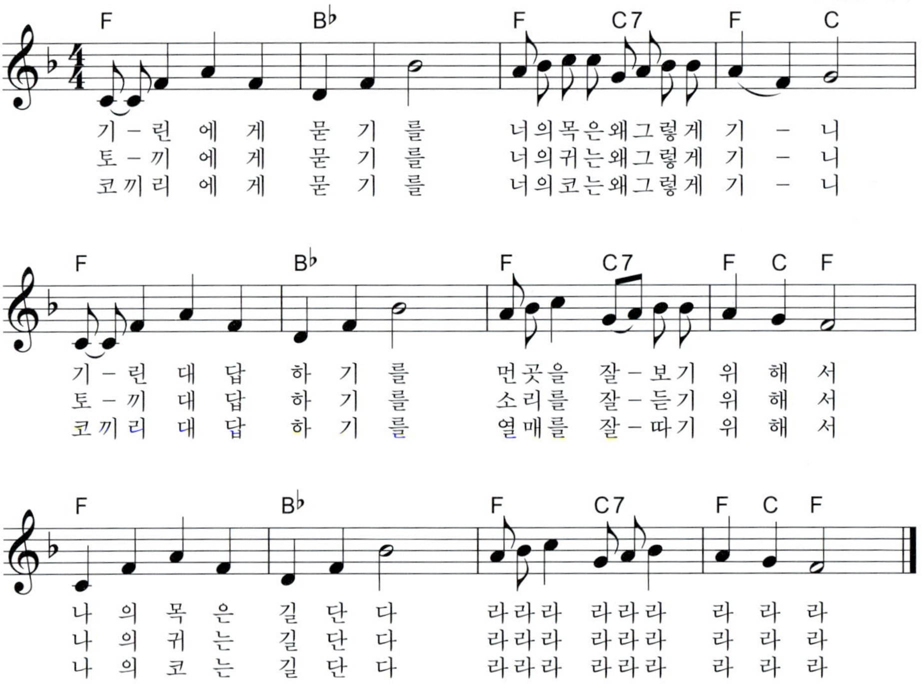

활동 8 물놀이

대상연령 만 3, 4, 5세

주제 건강과 안전 / 여름

활동목표

- 의성어와 의태어의 느낌을 살려 노래를 부른다.
- 노랫말의 내용을 동작으로 창의적으로 표현한다.

누리과정 관련요소

- 예술경험 〉 창의적으로 표현하기 〉 노래를 즐겨 부른다.
- 예술경험 〉 창의적으로 표현하기 〉 신체나 도구를 활용하여 움직임과 춤으로 자유롭게 표현한다.

활동자료

- 〈물놀이〉 가사판, 악보(교사용)

활동방법

1. 물놀이를 해 본 경험에 대해 이야기 나눈다.
   - 물놀이를 해 보았니? 어디에서 해 보았니?
   - 물놀이를 할 때 나는 소리들을 어떤 말로 표현할 수 있을까?
2. 교사가 육성으로 노래를 들려준다.
   - 신나는 물놀이 장면을 노래로 만들었는데 들어 볼까?
3. 한 음으로 노래를 부른다.
   - '라' 소리로 멜로디를 불러 볼까?
4. 노랫말의 의성어 느낌을 살려 노래를 부른다.
   - 사람이나 사물의 소리를 흉내 낸 말을 의성어라고 해.
   - '첨벙첨벙', '어푸어푸'는 어떤 소리일까?
   - 소리를 흉내 낸 말을 모두 찾아볼까?
   - 소리가 나듯 실감 나게 불러 볼까?

5. 노랫말의 내용을 동작으로 표현해 본다.
 - 노랫말을 동작으로 표현해 보도록 하자.
 - 어푸어푸(퐁퐁, 첨벙첨벙)는 어떻게 표현하면 좋을까?

6. 활동을 평가하는 시간을 갖는다.
 - 노래를 부르면서 어떤 점이 재미있었니?
 - 어려웠던 점은 없었니?

확장활동

- 〈물놀이〉 노래를 부르며 리듬악기로 연주해 본다.
- 다양한 의성어, 의태어로 표현하여 개사한 노래를 불러 볼 수 있도록 확장한다.

참고사항

- 음률영역이나 실외놀이 시 또는 전이활동 시 반복하여 불러 볼 수 있도록 한다.
- 의성어와 의태어의 의미를 알고 우리말의 재미를 느낄 수 있도록 한다.

물놀이

김진영 작사
김진영 작곡

활동 9 건너가는 길

대상연령 만 4, 5세

주제 건강과 안전 / 교통기관

활동목표

- 길을 건널 때 지켜야 할 교통안전 규칙을 안다.
- 노래 부르기 활동에 즐겁게 참여한다.

누리과정 관련요소

- 신체운동 · 건강 〉 안전하게 생활하기 〉 교통안전 규칙을 지킨다.
- 예술경험 〉 창의적으로 표현하기 〉 노래를 즐겨 부른다.

활동자료

- 〈건너가는 길〉 가사판, 악보(교사용)

활동방법

1. 우리가 지켜야 할 교통안전 규칙에 대해 이야기 나눈다.
   - 길을 건널 때 안전하게 건너려면 어떤 약속을 지켜야 할까?
   - 신호등이 초록색으로 변하면 바로 건너는 걸까?
2. 〈건너가는 길〉 노래를 듣는다.
   - 노랫말을 생각하며 노래를 들어 보자.
   - 기억에 남는 노랫말이 있니?
   - 어떤 색의 신호등 불이 켜졌을 때 건너가야 할까?
   - 신호등이 없을 때는 어떻게 해야 한다고 했니?
3. 노랫말을 보며 함께 불러 본다.
   - 한 소리를 정해 멜로디를 불러 보자. 어떤 소리로 불러 볼 수 있을까?
   - 선생님이 한 소절 부르면 따라 불러 보자.
   - 반복되는 노랫말(안돼요)은 너희가 부르고, 나머지는 선생님이 불러 볼게.
   - 한 소절씩 나누어서 불러 보자.
   - 손뼉으로 박자를 맞추며 불러 보자.

4. **활동한 후 느낌을 이야기 나눈다.**
   - 〈건너가는 길〉 노래를 불러 보니 어떤 기분이 드니?
   - 우리가 길을 건널 때 조심해야 할 점은 또 무엇이 있을까?
   - 다음에는 어떻게 불러 보면 좋을까?

확장활동

- '길을 건널 때 조심해야 하는 안전 규칙'을 가사에 넣어 불러 볼 수 있다.

참고사항

- 길을 건널 때 지켜야 할 교통안전 규칙에 대해 이야기를 나누고 노래를 부른다.

건너가는 길

김성균 작사
김성균 작곡

활동 10 자동차를 타고

대상연령 만 5세

주제 교통기관

활동목표

- 자동차에 대한 경험을 이야기하며, 노래 가사의 의미를 이해한다.
- 다양한 방법으로 즐겁게 노래 부른다.

누리과정 관련요소

- 예술경험 〉 아름다움 찾아보기 〉 예술적 요소에 관심을 갖고 찾아본다.
- 예술경험 〉 창의적으로 표현하기 〉 노래를 즐겨 부른다.
- 예술경험 〉 창의적으로 표현하기 〉 신체, 사물, 악기로 간단한 소리와 리듬을 만들어 본다.
- 예술경험 〉 창의적으로 표현하기 〉 신체나 도구를 활용하여 움직임과 춤으로 자유롭게 표현한다.

활동자료

- 〈자동차를 타고〉 음원, 가사판, 핸드드럼 또는 탬버린

활동방법

1. 자동차에 대해 이야기 나눈다.
   - 자동차를 타고 여행을 해 본 적이 있니?
   - 자동차에서 어떤 소리가 들렸니?
   - 자동차를 타고 가면서 이런 표지판을 본 적 있니?
   - 자동차를 타고 가는 곳에 대한 노래가 있단다. 노래를 들어 보자.

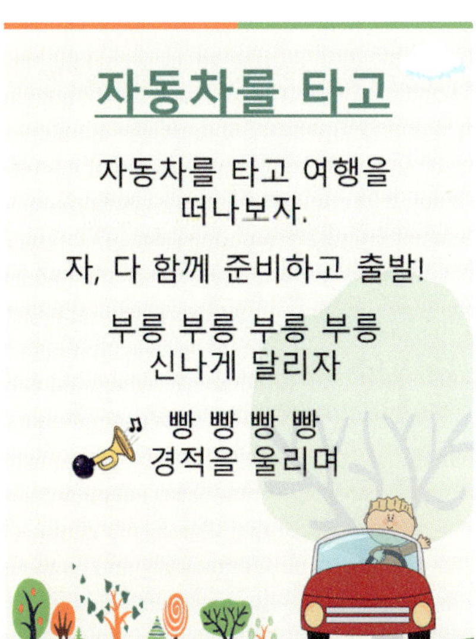

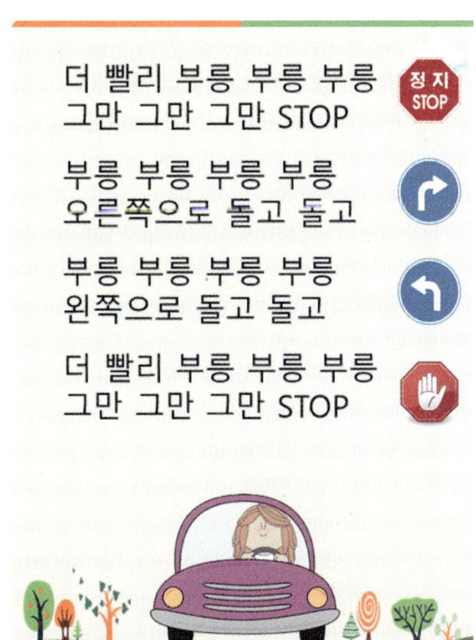

2. 교사가 노래를 들려준다. 노래를 들려주기 전에 노래 가사 중 주의 깊게 들어야 하는 부분을 알려 준다.
   - 이런 이야기를 담은 자동차에 대한 노래가 있대. 제목이 무엇일까 생각하면서 들어 보자.
   - 재미있는 소리가 있는지도 잘 들어 보자.
3. 노래 가사에 대해 이야기 나눈다.
   - 노래를 잘 들어 보았니?
   - 노래 제목이 뭐라고 생각하니?
   - 어떤 소리가 들렸니? (부릉부릉, 빵빵빵)
   - 노래 속에서 자동차 운전을 어떻게 했니?(오른쪽으로 돌고, 왼쪽으로 돌고)
   - 'stop'은 무슨 뜻일까?
4. 다양한 방법으로 노래를 부른다.
   - 한 소리로 부르기
   - 한 소절씩 따라 부르기
   - 다 같이 부르기
5. 노래에 익숙해지면 율동을 하며 노래 부른다.
   - 자동차를 운전하는 모습을 동작으로 표현해 볼까?
6. '빵 빵 빵 빵' 부분을 핸드드럼으로 연주하면서 불러 본다.
   - 악기로 자동차 소리를 연주해 보자.
   - 핸드드럼으로 연주해 보자. 노래를 부르며 운전대처럼 움직이다가 '빵빵'에서 연주를 해 보자.
7. 노래를 불러 본 소감을 이야기 나누며 활동을 마무리한다.
   - 노래를 부르며 자동차를 운전하는 모습을 표현해 보니 어땠니?
   - 오늘 활동에서 재미있었던 것은 무엇이었니?
   - 다음에 자동차 말고 어떤 교통기관을 넣어 불러 볼 수 있을까? 어떤 소리를 낼까?

확장활동

- 의성어, 의태어 부분을 알맞은 악기로 바꾸어 연주하며 불러 본다.
- 〈자동차를 타고〉 노래에서 '빵빵빵빵'이 나올 때마다 카주로 연주해 본다.

카주(kazoo) 만들기

① 두꺼운 종이를 말아서 종이튜브(휴지심)를 만든다.
② 종이 튜브 앞부분에 작은 구멍 하나를 뚫는다.
③ 작은 구멍이 있는 쪽 끝을 종이호일로 팽팽하게 감싸고 고무줄로 묶어준다.
④ 종이튜브를 꾸민다.

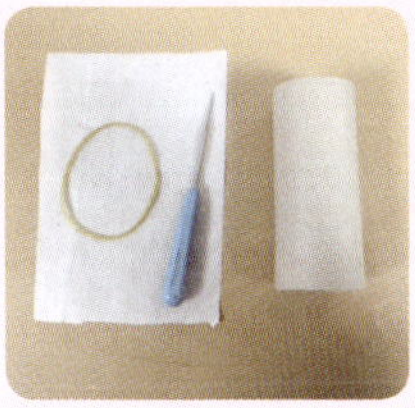

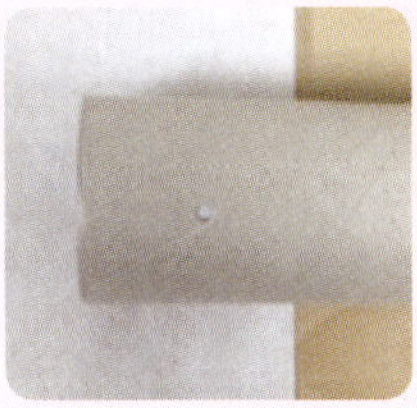

참고사항

- 유아마다 생각하는 자동차 소리를 자유롭게 표현할 수 있도록 리듬악기를 지원한다.

자동차를 타고

국소연 작사
국소연 작곡

CHAPTER 10

악기 다루기

1. 영유아와 악기 다루기

악기란 음악을 연주하기 위해 사용하는 '소리 내는 도구'이다. 악기를 매체로 하는 음악활동은 노래 부르기나 감상 등 다른 활동이 제공할 수 없는 특별한 음악적 경험을 영유아에게 제공한다. 특히, 영유아를 위한 악기 연주하기는 연주 기능에 초점을 두는 것이 아니라 음악을 느끼고 이해하는 데 중점을 두고 있다. 즉, 연주 기술의 습득보다는 경험에 가치를 두고 비언적의사소통 능력을 신장시키는 데 중요한 역할을 한다. 악기를 연주하는 것은 영유아가 경험하는 기본적인 음악활동 중의 하나로 리듬악기, 멜로디악기, 국악기, 다른 나라의 민속 악기, 오케스트라 연주에 이르기까지 다양하고 폭넓은 경험을 직・간접적으로 할 수 있다. 영유아의 악기 연주하기는 처음부터 가르치는 것이 아니라 소리 탐색에서 시작하여 리듬악기, 멜로디악기를 연주하고 리듬합주로 단계적으로 발전할 수 있으며, 다양한 소리를 듣고 만들면서 음색을 발견하고 음악적 표현 감각을 익히는 데 유용하다. 이를 통해 악기로 음악을 즐기고 표현할 수 있는 능력을 기를 수 있다. 영유아는 악기 연주하기를 통해 말로 표현하기 힘든 감정을 소리로 발산하기도 하고 자신이 내는 소리를 다른 사람과 공유하기를 원한다. 또한, 함께 연주하기를 통해서 협동심, 사회성 발달과 함께 여러 악기와의 조화도 체험할 수 있다.

악기 연주하기는 흔들고 두드리고 부딪히고 문지르며 소리를 만들어 낸다. 이를 통하여 영유아의 청각과 시각, 촉각을 동시에 자극하여 협응력을 극대화시킨다. 또한, 소근육과 대근육의 조절능력을 증진시키고, 몸을 움직이는 실험과 탐색을 하도록 도와줌으로써 신체발달을 도모한다. 악기 연주하기는 영유아의 음악적 · 동작적 발달과 깊은 관련이 있다. 각 연령에 따른 영유아의 음악-동작 발달과 그 발달에 기초한 악기와 연주방법을 제시하면 〈표 10-1〉과 같다(Campbell & Scott-Kassner, 2014).

〈표 10-1〉 음악-동작 발달에 기초한 악기 다루기

연령	음악적 · 동작적 발달	악기: 악기 다루기
만 2세 미만	• 흔들기, 끄덕이기, 리듬 있게 흔들기, 쥐기 가능	• 딸랑이(rattle): 흔들기 • 징글벨: 흔들기
만 2~3세	• 짧은 시간 동안의 규칙적인 리듬감	• 북: 손으로 두드리기 • 막대: 두드리기
만 3~4세	• 긴 시간 동안의 규칙적인 리듬감 • 박자에 대한 민감성 • 팔을 리듬 있게 흔들기	• 리듬막대 : 두드리기 • 우드블록: 채로 치기, 문지르기 • 샌드블록: 문지르기 • 탬버린: 흔들기, 치기 • 귀로: 문지르기 • 마라카스: 흔들기 • 징: 채로 치기 • 카우벨: 채로 치기
만 5~6세	• 박자 유지하기 • 손 교체하기 • 초보적인 눈과 손의 협응하기	• 핑거심벌즈: 가장자리 치기 • 봉고: 손으로 치기 • 팀파니: 채로 치기 • 심벌즈: 서로 마주 부딪치기 • 트라이앵글: 채로 치기 • 키보드: 한 손 연주하기

출처: Campbell & Scott-Kassner(2014) 재구성.

2. 악기 다루기 내용

1) 악기 소리 탐색하기

악기 소리 탐색하기는 악기의 모양, 재질, 소리 등을 탐색하는 것이다. 영유아는 악기를 탐색하며 악기의 독특한 음색과 음높이, 음길이, 셈여림 등의 음악적 요소를 자연스럽게 학습한다. 교사는 영유아가 악기로 먼저 다양하게 소리를 실험해 보고 악기를 통해 무엇을 발견했는지에 대해 서로 이야기 나누는 경험을 할 수 있도록 지도해야 한다. 예를 들면, 북채와 손가락으로 북 연주하기, 줄에 매달린 트라이앵글과 손으로 잡고 트라이앵글을 연주했을 때 소리가 어떻게 다른지 소리를 비교해 볼 수 있다. 악기 탐색 과정에서 유념해야 할 사항은 악기 탐색의 주체가 교사가 아닌 영유아가 되어야 한다. 즉, 악기를 탐색하는 과정을 교사 주도적으로 이끌어 가거나 지나친 제한을 한다면 악기에 대한 흥미를 잃을 수 있다. 영유아의 악기 소리 탐색을 위한 제시 내용은 다음과 같다.

- 위, 아래, 옆으로 흔들어 보기: 오션드럼을 기울이면 어떤 소리가 날까? 레인스틱은 어떤 소리가 날까?
- 다양한 채로 두드려 보기: 장구는 어떻게 소리를 낼 수 있을까? 어떤 소리가 들리니?
- 마찰시켜 소리 내 보기: 귀로의 소리를 들어 보니 어떤 느낌이 드니? 어떤 소리와 비슷하니?
- 두 개를 비벼서 소리 내 보기: 샌드블록은 어떤 소리가 날까?

악기 소리 탐색하기는 전이 및 주의집중 시간에 활용할 수 있다. 여러 가지 악기를 소개한 후 눈을 감고 악기의 소리만 듣고도 어떤 악기인지 알아맞히는 활동을 한다. 처음에는 한 가지 소리를 내고 무슨 소리인지 알아맞힌 후에 두세 가지 악기 소리를 동시에 내고 어떤 악기 소리였는지 알아맞혀 보는 것도 좋은 방법이다.

2) 악기 연주하기

악기는 음악활동에서 가장 중요한 표현 수단이다. 악기는 노래에서 경험할 수 없는 음역, 멜로디, 리듬, 음색을 제공한다. 모든 영유아는 악기를 혼자 혹은 여럿이 연주할 수 있다. 영유아의 악기연주능력은 연령과 신체발달 정도에 따라 다르기 때문에 적합한 악기를 선택하여 사용해야 한다. 악기 연주하기는 여러 종류의 악기를 접하고 탐색하면서 악기의 정확한 이름과 바른 연주법을 배울 수 있다. 바른 연주법이란 각 악기의 정확한 소리를 내기 위해 필요한 기능이다. 영유아를 위한 악기 연주하기는 연주의 기술을 습득하는 것이 목적이 아니라 음악을 즐기고 표현할 수 있도록 하기 위해서 악기에 대한 올바른 연주 방법을 익히는 것이 중요하다. 따라서 교사는 악기마다 바르게 연주하는 방법이 다르므로 미리 숙지하여, 영유아가 악기를 바르게 사용할 수 있도록 돕는다. 교사는 영유아의 음악활동을 위하여 악기연주능력을 기본적으로 갖추어야 한다. 예를 들면, 피아노, 우쿨렐레 등 반주가 가능한 악기 이외에 간단한 리듬악기 다루는 방법과 악기활용법에 대한 지식과 경험을 갖추고 있어야 한다. 영유아를 위한 악기의 종류와 연주 방법을 소개하면 다음과 같다.

(1) 신체 악기

영유아가 항상 지니고 다니는 악기는 바로 신체 악기이다. 신체 악기는 신체의 한 부분을 두드리거나 다양한 방법으로 소리 내는 것으로 목소리, 손, 발, 배 등을 악기처럼 사용할 수 있다. 또한, 신체 부위에서 나는 소리를 탐색하고 새로운 소리의 패턴을 발견해 볼 수 있다. 기본적인 신체 악기로 손뼉 치기, 무릎 치기, 발 구르기, 손가락 튕기기를 사용한다. 그 밖에 가슴 두드리기, 손등 비비기 등 다양한 신체 부위를 사용할 수 있으며 다양한 방법으로 변형할 수 있다. 예를 들어, 손으로 소리를 낼 때 손뼉 치기, 주먹으로 두드리기, 손바닥 비비기, 손톱끼리 부딪치기 등 소리를 내는 방법이 있다. 발 구르기는 서서 할 수도 있고 앉아서 할 수 있다. 무릎 치기는 한쪽 무릎만 칠 수도 있고 양쪽 무릎을 동시에 칠 수도 있다. 또한, 강약, 장단, 속도에 맞추어 몸에서 나는 소리를 내면서 몸 전체로 리듬을 느끼고 표현하게 된다.

[그림 10-1] 신체 악기

(2) 리듬악기

리듬악기는 일정한 음정이 없는 악기이다. 리듬악기는 비교적 연주가 쉽기 때문에 영유아를 위한 음악활동에 사용하기 적절하여, 유아에게 음악에 대한 흥미를 유발할 수 있다. 훌륭한 소리(sound quality)를 가진 리듬악기는 자연의 소리를 닮기도 하고 상상력을 자극하여 악기 소리에 여러 가지 의미를 부여할 수 있다. 리듬악기는 재료에 따라 가죽, 나무, 금속으로 된 것 등으로 분류하거나, 연주하는 방법에 따라 두드려서 소리 나는 악기, 흔들어서 소리 나는 악기, 문질러서 소리 나는 악기 등으로 분류할 수도 있다. 리듬악기의 종류는 다음과 같다.

❶ 캐스터네츠

두 개의 판으로 만든 조개 모양의 악기이다. 막대 캐스터네츠를 연주할 때는 수평으로 쥔 다음 악기의 손잡이를 잡고 빠르게 악기를 아래위로 흔들어 소리를 낸다.

❷ 마라카(스)

딸랑이의 일종으로 야자과 식물 마라카의 열매 속을 도려낸 다음 그 안에 말린 씨를 넣고 손잡이를 달아 만든 악기이다. 연주 시 손잡이를 잡고 팔을 위아래로 움직이거나 몸을 흔들며 손목을 이용해 소리를 낸다. 한 손으로 사용할 수도 있으나 보통 양손에 하나씩 들고 연주하기 때문에 마라카스라는 복수형으로 불린다.

❸ 우드블록(wood blocks)

우드블록은 나무로 만든 종(bell)이라는 뜻이며, 목종이라고도 한다. 나무속을 파내어 만들어 공허하고 맑은 소리가 특징이다. 모양은 둥글거나 네모난 상자 모양을 하고 있으며, 채로 쳐서 리듬을 연주한다.

❹ 귀로(guiro)

귀로의 소재는 박 외에도 떡갈나무나 쇠뿔 등을 사용한다. 연주법은 겉 표피에 있는 일정한 간격의 골을 채로 긁어서 소리 낸다.

❺ 리듬막대

한 쌍의 나무 막대를 부딪쳐서 연주한다.

❻ 스터드럼(stir drum)

길이가 다른 나무 판들을 팔각형의 밑판에 붙여놓은 것으로 나무 채를 악기 안쪽에 넣어 돌려가며 연주한다.

❼ 트라이앵글

정삼각형 모양의 둥근 강철로 한쪽이 트여 있으며, 쇠막대로 치는 악기이다. 연주 방법은 왼손으로 세모꼴의 가장 윗부분을 매달아 잡고 오른손의 채로 트라이앵글의 밑변을 쳐서 소리를 낸다. 또는 삼각형의 밑변을 치거나 열려 있는 두 변의 안쪽을 연속적으로 치기도 한다.

❽ 방울

작은 종들을 막대, 가죽 밴드 또는 작은 틀에 끼워 넣어 흔드는 악기로 박에 맞추어 흔들면서 연주한다. 썰매 방울(sleigh bells), D링 방울, 손목 방울, 막대 방울 등이 있다.

❾ 핑거심벌즈(finger cymbals)

심벌즈의 가장 작은 형태로 직경이 3~4cm이고, 양손 엄지손가락에 따로 걸고 가볍게 스치면 부드러운 소리가 난다.

❿ 탬버린

금속이나 플라스틱, 나무 등으로 만들어졌으며, 테의 한쪽 면에 가죽을 대고 둘레에 작은 방울이나 얇은 쇠붙이를 겹으로 단 악기이다.

- 탬버린 잡는 법: 탬버린을 비스듬히 쥐고 가슴 높이로 든다.
- 북면 치기: 탬버린을 친다. 때로는 주먹이나 손바닥으로 치기도 한다.
- 테 치기: 테를 가볍게 손가락으로 친다.
- 트레몰로: 탬버린을 가볍게 쥐고 울림쇠가 잘 울리도록 손목을 좌우로 흔든다.

[그림 10-2] 탬버린 연주하기

⓫ 샌드블록(sand blocks)

사포(sand paper)가 붙어 있는 양면을 서로 비비면서 소리를 만들어 낸다.

⓬ 카바사(cabasa)

악기 표면을 둘러싸고 있는 체인을 흔들거나 손에 놓고 돌려서 연주한다.

⓭ 라쳇(ratchet)

손잡이를 잡고 악기를 돌리면 톱니들이 나무판을 스쳐 지나가면서 딱따구리 소리와 같은 소리가 난다.

⓮ 비브라슬랩(vibraslap)

왼손으로 손잡이를 잡고 오른손으로 나무 봉을 치면 떨면서 '타라락' 소리가 난다.

⓯ 클래터 필러(clatter pillar)

손으로 구부리면 나무 막대기들이 서로 부딪히며 소리가 난다. 마디마디를 구부리고 펴면서 연주하는 동안 달그락 달그락 소리가 난다.

⓰ 썬더드럼(thunder drum)

스프링 드럼(spring drum)이라고도 불리며, 스프링 진동이 면에 전달되면서 천둥소리와 유사한 소리가 난다.

⓱ 레인스틱(rain stick)

악기 내부에 작은 구슬이나 모래 등을 채워 좌우로 기울이면 비 오는 소리가 난다.

⓲ 오션드럼(ocean drum)

드럼 속에 구슬이 들어 있어 파도 소리를 묘사할 수 있는 악기이다. 천천히 구슬의 흐름에 따라 오션드럼을 손으로 기울이며 소리를 들을 수 있다.

⑲ 핸드드럼(hand drum)

한쪽 면에만 가죽을 대어 만든 북으로 손이나 채를 이용하여 연주한다.

[그림 10-3] 리듬악기

(3) 멜로디악기

멜로디악기란 멜로디를 연주할 수 있는 악기를 말한다.

❶ 피아노

건반이 있고 손으로 쳐서 소리를 내는 악기이다. 그랜드 피아노와 업라이트 피아노 두 가지가 있다. 음량이 풍부하고 센 음과 여린 음을 조절할 수 있는 장점이 있다. 악보를 읽지 못하는 영유아를 위하여 건반 위에 음계를 나타내는 색깔 스티커를 붙여 주고 색깔 스티커로 만든 그림악보를 제공할 수 있다.

❷ 실로폰

그리스어로 '나무 소리'라는 뜻이다. 단단하고 조율된 나무 소리판을 피아노 건반과 같은 방식으로 배열하여 채로 두드려 연주한다. 양손에 한 개씩 채를 가지고 연주하지만, 화음 연주를 위해 두 개씩 가지고 연주하기도 한다.

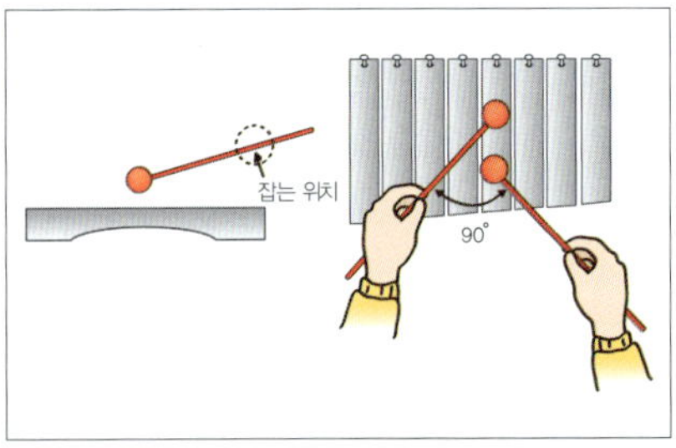

[그림 10-4] 실로폰 연주 방법

❸ 공명 실로폰

금속으로 만든 건반을 공명관에 하나씩 부착하여 연주하는 악기이다. 실로폰처럼 연속적으로 배열하거나 분리할 수도 있다. 고무로 된 채로 건반을 두드려서 연주한다.

❹ 계단벨(step bells)

실로폰 형태의 악기로 계단 비슷한 틀에 금속 건반이 배열된 악기이다. 높고 낮은 음을 한눈에 식별할 수 있어 유용하며, 높은 음은 높은 계단 쪽으로, 낮은 음은 낮은 계단 쪽으로 배열한다.

❺ 멜로디언

멜로디언은 불어서 소리를 내면서 멜로디와 화음을 모두 연주할 수 있는 악기로서, 20세기 중반에 만들어진 교육용 악기이다. 건반이 있는 본체와 호스로 연결된 마우스피스를 입으로 불면서 건반을 눌러 연주한다. 입이 직접 닿는 부분은 철저한 위생 관리가 필요하다.

①피아노 ②실로폰 ③공명 실로폰 ④계단벨 ⑤멜로디언

[그림 10-5] 멜로디악기

3) 악기 만들기

악기 만들기는 여러 가지 재료를 활용하는 과정을 통해 새로운 아이디어를 얻을 수 있다. 즉, 생활 주변의 여러 사물이나 재활용품의 특성을 충분히 활용하여 새로운 악기를 만들 수 있다. 영유아가 스스로 악기를 만들어봄으로써 악기의 재료 및 연주 방법의 기본 원리를 이해할 수 있다. 생활용품을 활용한 악기 연주 방법을 소개하면 다음과 같다.

〈표 10-2〉 생활용품 악기 만들기

생활용품	연주 방법
유리컵 여러 개	다양한 높이로 물 채우기
깡통, 빵 굽는 틀, 냄비, 바가지	숟가락으로 치기
돌멩이와 깡통, 동전과 깡통	흔들기
냄비 뚜껑	젓가락으로 치기, 심벌처럼 치기
고무줄 여러 개와 상자	상자에 걸쳐 뜯기
음료수병	입으로 불기
빨래판	포크로 긁기

영유아가 언제든지 자신만의 악기를 만들어 보도록 주변의 자연물이나 생활용품 등의 재료를 준비해 두는 것이 좋다. 악기를 만들어 볼 수 있는 재료들은 다음과 같다.

〈표 10-3〉 악기 만들기 재료

자연물	솔방울, 돌멩이, 모래, 각종 씨앗, 조개껍데기, 대나무 등
곡식류	쌀, 콩, 옥수수, 수수, 마카로니 등
생활도구	김발, 숟가락, 젓가락, 국자, 주걱, 도마, 집게, 거품기, 냄비 뚜껑, 프라이팬, 플라스틱 바구니, 절구통과 절굿공이, 빨래판, 체, 고무호스, 부채, 칫솔 등
재활용품	우유갑, 요구르트병, 빈 병, 깡통, 음료수 캔, 페트병, 빈 상자, 스티로폼, 병뚜껑, 여러 가지 모양의 플라스틱 용기, 우드락, 일회용 접시 등
기타	여러 가지 천, 털실, 방울, 구슬, 리본끈, 실, 고무줄, 모래종이, 풍선 등

깡통드럼 / 풍선드럼 / 오션드럼 / 틱톡블록 / 카바사

페트병 마라카스 / 숟가락 마라카스 / 레인스틱 / 탬버린 / 귀로

[그림 10-6] 재활용품 악기 만들기

악기 만들기는 물리적 지식활동이다. 즉, 악기를 만드는 과정에서 소리의 탐색과 실험을 통해 여러 유형의 소리를 만들고 보고 이러한 소리의 속성들(음높이, 셈여림, 음길이)이 어떻게 변하는지 발견하도록 이끈다. 이를 통해 음악적 감각발달과 창의적 사고 형성에 깊은 영향을 준다. 또한, 음악, 미술, 수, 과학, 문학, 연극 등을 통합적으로 경험하게 하여 다양한 영역에서 발달적 가치와 풍부한 학습의 기회를 얻을 수 있다. 예를 들면, 영유아는 자신의 악기를 만들고 장식하여, 이것을 가지고 훌륭한 연주를 할 수 있고 더불어 노래나 춤, 연극에서 활용할 수 있다(Hildebrandt, 1998; Upitis, 1992). 즉, 예술적 · 과학적 발달의 초석이 될 수 있다(Chenfeld, 2002; DeVries, Zan, Hildebrandt, Edmiaston, & Sales, 2002).

3. 악기 다루기 교수방법

악기 연주하기는 한 악기가 낼 수 있는 가장 아름다운 소리를 느끼고 탐색하는 것이 중요하다. 악기의 아름다운 소리는 그 자체로 영유아에게 음악적 동기와 감동을 부여한다. 따라서 아름다운 소리를 낼 수 있는 악기를 잘 선택하는 것이 무엇보다 중요하다. 교사는 악기의 고유한 특성과 음색을 잘 살리면서 동시에 상상력을 자극하고 음악적 표현이 될 수 있도록 도와주어야 한다. 특히, 함께 연주하기는 상대방의 연주에 귀 기울이며 다른 악기와의 조화를 이루도록 하는 데 중점을 둔다. 만 2세의 영아의 경우, 특별히 악기 연주를 위한 시간을 할애하기보다는 실내 자유선택활동 시간에 자유롭게 연주하도록 허용하는 것이 바람직하다. 만 3, 4, 5세 학급에서는 악기를 이용하여 리듬에 맞추어 함께 연주하는 시간을 갖는 것이 좋다. 연주하기를 위한 교수방법에는 자유롭게 연주하기, 부분연주하기, 분담합주하기, 전체합주하기 등이 있다.

1) 악기 연주하기 지도방법

악기 연주하기 활동의 지도방법을 구체적으로 소개하면 다음과 같다.

〈도입〉

① 주의집중을 위해 노래, 수수께끼, 부분 보고 전체 맞추기 등의 활동을 한다.

② 오늘 활동에 대해 안내하고 악기 소개를 한다.

- 악기의 소리를 들려주며 호기심을 유발한다. 무슨 소리인지, 비슷한 소리를 들어 본 경험이 있는지 이야기 나눈다.
- 악기의 모양, 재질, 각 부분의 촉감, 소리 등을 탐색한다.
  - 어떻게 생겼니?
  - 만져 보니까 어떤 느낌이니?
- 연주 방법을 유추해 본다.
  - 어떻게 소리를 낼 수 있을까?
  - 또 다른 방법으로 소리를 낼 수 있을까?
  - 이번에는 크게 소리 내 볼까?
  - 더 길게 소리 내 볼까?
  - 혹시 악기의 이름을 알고 있니?

〈전개〉

③ 악기 연주를 위한 노래를 부르거나 감상곡을 들어 본다.

- 악기 연주하기는 이미 알고 있는 노래 또는 감상곡을 사용한다. 곡의 길이가 짧고 리듬과 박이 쉬운 분명한 노래로 선택한다. 전곡을 연주할 수 있지만 곡에 따라 부분만을 악기로 연주할 수 있다.

④ 노랫말 자료나 그림악보 등을 제시하고 연주하기 방법(자유롭게 연주하기, 부분연주하기, 분담합주하기, 전체합주하기 등)을 소개한다. 노랫말 자료나 그림악보는 연주 방법에 따라 악기 사진이나 그림, 연주 방법 등을 정하여 표시할 수 있다.

- 자유롭게 연주하기: 노래에 맞추어 자유롭게 연주하는 방법이다.
- 부분연주하기: 곡의 특정한 부분에서 악기로 연주하는 방법이다. 그림악보를 준비하거나 교사가 어떤 부분을 연주하는지 시범을 보인다. 예를 들어, 〈동물

흉내〉의 경우 동물의 울음소리 부분만 악기 연주를 한다.

- 분담합주하기: 각자 맡은 부분을 연주한다. 그림악보에 나누어 연주할 부분을 표시한다.

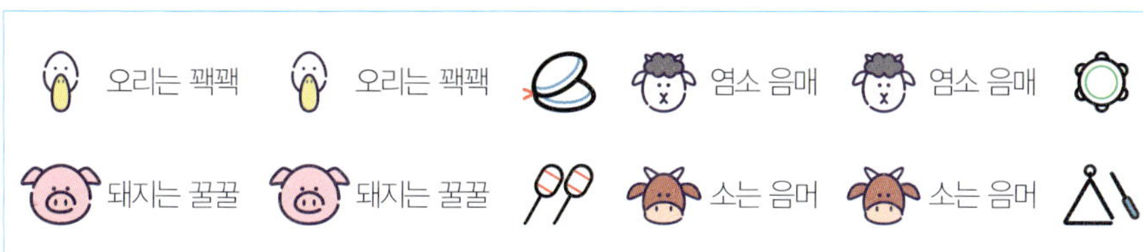

- 전체합주하기: 곡의 리듬이나 박자에 맞게 쿵(강박: 탬버린) 악기와 짝(약박: 캐스터네츠) 악기를 나누어 합주하는 방법이다. 이 방법은 영유아가 리듬 치기에 충분히 익숙해진 후 이루어질 수 있다.

⑤ 그림악보를 보며 악기로 연주하기 전에 먼저 악기를 연주하는 동일한 부분을 신체 악기(손뼉 치기, 무릎 치기, 발 구르기 등)로 해 본다. 신체 악기는 연주하기 전에 연주 방법을 익히는 데 유용하다.

⑥ 악기를 나누어 준다. 신체 악기로 연주해 본 것을 악기로 연주할 것임을 알려 준다.

⑦ 그림악보를 보며 악기로 연주한다.

[그림 10-7] 그림악보의 예

⑧ 다양한 방법으로 연주한다.

- 악기를 바꾸어 연주하거나 연주 방법을 바꾸어 연주하기(예: 탬버린-치기, 흔들기, 트라이앵글-치기, 트레몰로 연주하기)
- 연주하는 부분을 바꾸어서 연주하기
- 노래 부르는 그룹과 연주하는 그룹으로 나누기

〈마무리〉

⑨ 활동내용에 대해 평가한다.

- 악기를 정리하고, 악기 연주를 하고 난 느낌, 약속된 방법으로 악기를 연주했는지, 연주가 조화롭게 되었는지, 한 악기 소리만 너무 크게 나지는 않았는지 등에 대해 이야기 나눈다.

〈표 10-4〉 악기 연주하기 계획안의 예

<table>
<tr><td>활동명</td><td>병원차와 소방차</td><td>주제</td><td>교통기관</td></tr>
<tr><td>활동형태</td><td>대소집단</td><td>대상연령</td><td>4세</td></tr>
<tr><td>활동목표</td><td colspan="3">• 교통기관에 관심을 갖고 하는 일을 이해한다.
• 사이렌 소리를 리듬악기로 연주하며 즐겁게 표현한다.</td></tr>
<tr><td>누리과정 관련요소</td><td colspan="3">• 사회관계 〉 사회에 관심 갖기 〉 지역사회에 관심 갖고 이해하기
• 예술경험 〉 예술적 표현하기 〉 음악으로 표현하기</td></tr>
<tr><td>활동자료</td><td colspan="3">〈병원차와 소방차〉 음원, 가사판, 여러 가지 리듬악기</td></tr>
<tr><td>사전경험</td><td colspan="3">• 소방차와 병원차(구급차)가 내는 고유의 소리를 탐색해 본다.
• '병원차와 소방차' 음원을 감상하고 노래를 불러본다.</td></tr>
<tr><td colspan="4">활동방법</td></tr>
<tr><td>도입</td><td colspan="3">1. 미리 배운 〈병원차와 소방차〉 노래를 불러 본다.
– 하얀 자동차 이름은 무엇일까?
– 그럼 빨간 자동차 이름은 무엇일까?
– '삐뽀 삐뽀', '애앵 애앵'은 우리 몸의 어느 부분으로 연주하면 좋을까?
– '삐뽀 삐뽀'는 손뼉 치기, '애앵 애앵'은 무릎 치기를 해 보자.</td></tr>
<tr><td>전개</td><td colspan="3">2. 리듬악기를 소개하고 〈병원차와 소방차〉의 사이렌 소리를 악기로 연주한다.

병원차와 소방차
하얀 자동차가 삐뽀 삐뽀 / 빨간 자동차가 애앵 애앵
내가 먼저 가야해요 삐뽀 삐뽀 / 내가 먼저 가야해요 애앵 애앵
아픈 사람 타야 해요 삐뽀 삐뽀 / 불났어요 불났어요 애앵 애앵
병원으로 가야 해요 삐뽀 삐뽀 삐 / 불을 끄러 가야 해요 애앵 애앵 앵

– 어떤 리듬악기가 있니? (예: 탬버린, 트라이앵글)
– 병원차는 어떤 악기로 연주하면 좋을까? (예: 트라이앵글)
– 소방차는 어떤 악기로 연주하면 좋을지 생각해 볼까? (예: 탬버린)
– 병원차 소리에서는 악기를 어떻게 연주할까? (트라이앵글– 치기)
– 소방차 소리에서는 악기를 어떻게 연주하면 좋을까? (탬버린– 흔들기)
3. 노래를 부르면서 사이렌 소리를 악기로 연주한다.
– 노래 부르며 사이렌 소리를 악기로 연주해 보자.
– 악기를 연주하는 부분에서 노래를 마음속으로 불러 보자.</td></tr>
<tr><td>마무리</td><td colspan="3">4. 악기를 정리한 후 평가를 한다.
– 병원차와 소방차의 사이렌 소리를 악기로 연주해 보니 어땠니?
– 가장 재미있었던 부분은 어느 부분이니?
– 다음에는 또 어떤 방법으로 연주하고 싶니?
– 어려운 점은 없었니?</td></tr>
<tr><td>확장활동</td><td colspan="3">• 공공기관의 차에 대해 알아보고 개사하여 노래를 불러 본다.</td></tr>
<tr><td>참고사항</td><td colspan="3">• 사전에 다양한 악기 소리 탐색을 충분히 한 후 활동할 수 있도록 환경을 제공한다.</td></tr>
</table>

2) 악기 연주하기 지도 시 유의점

악기 연주하기를 지도할 때 유의해야 할 사항은 다음과 같다.

① 교사는 악기 연주하기에 적절한 곡을 선정한다.

② 다양한 악기를 연주해 볼 수 있는 기회를 제공한다.

영아는 멜로디보다 리듬발달이 먼저 시작되기 때문에 연령이 어릴수록 리듬악기가 많은 비중을 차지하도록 한다. 즉, 영유아가 쉽게 다룰 수 있는 리듬악기부터 시작하고 발달이 진행됨에 따라 점차 멜로디악기로 확장한다. 또한, 정확하게 연주하는 것을 강조하기보다는 다양한 연주 방법을 경험하고 연주과정을 즐길 수 있도록 지도하는 것이 바람직하다.

③ 영유아의 연령, 학기 초 · 말 발달 수준 등을 고려하여 발달에 적합한 양질의 악기를 준비한다.

학기 초에는 너무 많은 악기를 제시하지 않도록 하고 비슷한 종류의 악기라 하더라도 발달 수준을 고려하여 영아에게는 조작이 쉽고, 한 손에 쥘 수 있는 가벼운 재질의 악기를 제공한다. 예를 들어, 만 2세 미만의 영아의 경우 딸랑이, 방울악기, 만 2~3세경에는 막대 탬버린, 만 4~5세경에는 가죽이 있는 탬버린을 제공한다.

④ 악기를 제공할 때 한두 가지의 악기부터 제공하면서 점차 악기 종류를 늘린다.

한꺼번에 많은 악기를 제시하는 것은 영유아의 흥미를 떨어뜨릴 수 있으므로 적절한 수량을 정하여 제공한다. 특히, 연령이 어릴수록 같은 종류의 악기 수량을 2~3개 정도 여유롭게 제공하여 영아끼리 갈등을 줄이도록 한다.

⑤ 악기 연주를 하기 전에 충분한 탐색의 기회를 제공한다.

미리 음률영역에 제시하거나 개별적으로 악기를 탐색할 수 있도록 한다. 예를 들어, 멜로디악기를 연주하기 위해서 소리의 높낮이를 충분히 이해하도록 음률영역에서 자유롭게 탐색할 기회를 먼저 제공한다.

3) 악기를 다루는 태도와 보관방법

영유아가 악기를 사용하는 데 있어 다음과 같은 사항에 주의를 기울여야 한다.

① 활동에 사용할 악기를 나눠 주기 전에 악기 사용에 대한 규칙을 정한다. 예를 들어, 장난감처럼 두드리거나 무기로 사용하지 않고 소중히 다루기, 교사가 이야기하거나 연주할 때 악기 소리 내지 않기, 악기 바르게 사용하기, 연주하지 않을 때 내려놓기 등의 규칙을 정해서 지도한다. 특히, 던지거나 다른 사람을 방해하기 위한 도구로 쓰일 경우 위험의 요소가 있기 때문에 주의를 기울인다.
② 악기를 나눠 줄 때는 소란스럽지 않고 짧은 시간에 나눠 줄 수 있도록 한다. 예를 들면, 소그룹인 경우 악기가 담긴 상자나 통 앞에 한 줄로 서서 자신이 연주하고 싶은 악기를 가져가도록 하거나 한 명이 정하여 나누어 주게 한다. 대그룹인 경우, 악기를 종류별로 바구니에 넣고 2~3명의 영유아가 그룹별로 악기를 나누어 준다.
③ 여러 가지 악기를 사용할 경우 영유아가 서로 악기를 바꾸어 연주하는 기회를 갖는다.
④ 악기 연주하기가 끝난 후, 영유아 스스로 정리하는 시간을 갖는다. 악기를 약속된 보관 장소에 놓거나, 혹은 한 영유아가 통을 들고 다니면서 걷어서 정리하도록 한다.
⑤ 악기가 일부 파손되거나 채 등을 잃어버리면 제 역할을 하지 못하므로 세심하게 관리한다.

4. 악기 다루기 평가

1) 악기 연주를 할 때 관찰할 내용

자유선택활동과 집단 활동 시 악기 연주하기를 할 때 영유아가 보이는 다음과 같은 행동을 관찰하고 기록할 수 있다(하정희 외, 2013).

- 생활 주변의 물건으로 다양한 소리를 만들어 보는 경험을 했는가?
- 소리를 만들 때 어떤 소리를 내고자 예측하고 실험하는가?
- 악기를 장난감으로 여기지 않고 음악적 도구로 인식하는가?
- 리듬악기의 바른 연주 방법과 태도를 알고 있는가?
- 즐거운 마음으로 악기 연주에 참여하는가?

2) 악기 연주하기 평가

교사가 악기 연주하기 활동을 진행한 후 전반적으로 악기 연주하기 지도 절차가 적절했는지 평가해 볼 수 있는 도구는 다음과 같다.

〈표 10-5〉 악기 연주하기 지도 평가표

범주	내용	그렇다	아니다
곡 선정	주제와 연계되는가?		
	영유아의 경험과 연계되는가?		
	곡의 특징이 뚜렷하여 영유아가 악기 연주에 적절한가?		
	곡의 길이가 영유아에게 적절한가?		
대형	영유아는 자신이 원하는 자리에 자율적으로 앉는가?		
	영유아는 주의집중을 위해 주변의 교구나 물건이 정리되어 있는가?		
매체	그림, 손인형, 융판 자료 등의 적절한 자료를 사용하는가?		
	악기의 종류, 개수가 활동하기에 적절하였는가?		
악기 지도 과정	도입이나 주의집중이 노래 또는 감상곡과 연계되어 있는가?		
	악기 연주 방법에 대한 설명이 있는가?		
	다양한 방법(예: 악기 바꾸기, 나누어 연주해 보기 등)을 활용하여 악기를 연주하였는가?		
	영유아의 느낌이나 생각을 자유롭게 표현하도록 허용하였는가?		
마무리	악기 활동목표에 대한 평가를 하는가?		
	악기 활동 시간이 끝났음을 알리고 다음 활동을 소개하는가?		

출처: 김희진 · 박은혜 · 이지현(2011).

5. 악기 다루기 활동의 실제

활동 1 냄비 악기 연주하기

대상연령 만 2세

주제 환경과 생활

활동목표

- 냄비 악기로 연주를 해 본다.

표준보육과정 관련요소

- 예술경험 〉 예술적 표현하기 〉 리듬 있는 소리와 노래로 표현하기
- 자연탐구 〉 탐구하는 태도 기르기 〉 사물과 자연을 반복하여 탐색하기를 즐긴다.

활동자료

- 냄비 뚜껑 세트

활동방법

1. 냄비를 자유롭게 소리를 내 보며 탐색한다.
   - 이것을 본 적이 있나요? 무엇일까요?
   - 음식을 담는 냄비의 뚜껑이구나. 동그랗게 생겼고, 손잡이도 달려 있네.
2. 냄비로 소리를 만들어 본다.
   - 어떻게 하면 냄비에서 소리가 날까?
   - 손으로 두드려볼 수도 있구나.
   - 두 개를 맞부딪히니까 소리가 나네.
   - ○○이처럼 뒤집힌 냄비 바닥을 쳐서 소리를 낼 수 있구나.
   - ○○이는 뚜껑 두 개를 부딪쳐 소리 내는구나.
3. 짝을 맞춘 냄비 악기를 서로 맞부딪히며 자유롭게 소리 내 본다.
   - 챙! 하는 소리가 나네.
4. 영아가 좋아하는 노래나 친숙한 노래를 부르며 냄비 악기를 연주해 본다.
   - 노래를 부르며 냄비를 연주해 보자.
   - 나비야~ 나비야~ 이리 날아오너라.

확장활동

- 냄비 악기를 연주하며 다양한 노래를 함께 불러 본다.

참고사항

- 영아가 조작하기 쉬운 크기의 냄비를 충분한 개수로 제공한다.
- 소리가 너무 큰 경우 냄비 가장자리에 부분적으로 펠트지를 덧대도록 한다.
- 영아가 냄비 악기에 대한 충분한 탐색이 끝나면 악기 연주를 해 볼 수 있다.

스테인리스 그릇

계량 스푼

얼음 틀

김발

거품기

나무 주걱

주방용품 연주하기의 예

활동 2 동물 리듬악기를 연주해요

대상연령 만 2세

주제 동물놀이

활동목표

- 또래와 함께 동물악기 연주를 하며 즐거움을 느낀다.

표준보육과정 관련요소

- 예술경험 〉 창의적으로 표현하기 〉 익숙한 노래와 리듬을 표현한다.
- 신체운동 〉 감각과 신체 인식하기 〉 감각능력 기르기

활동자료

- 재활용품으로 만든 악기

교구제작방법:

〈재료〉 소형 빨래판, 주걱, 병뚜껑, 펠트지, 방울

① 빨래판 귀로: 빨래판의 뒷면과 옆면만 펠트로 감싼 후 동물 모양처럼 꾸며 준다. 빨래판에 주걱을 줄로 연결한다.

② 분유 뚜껑 악기: 뚜껑에 펠트로 손잡이를 만든 후, 방울을 달아 준다.

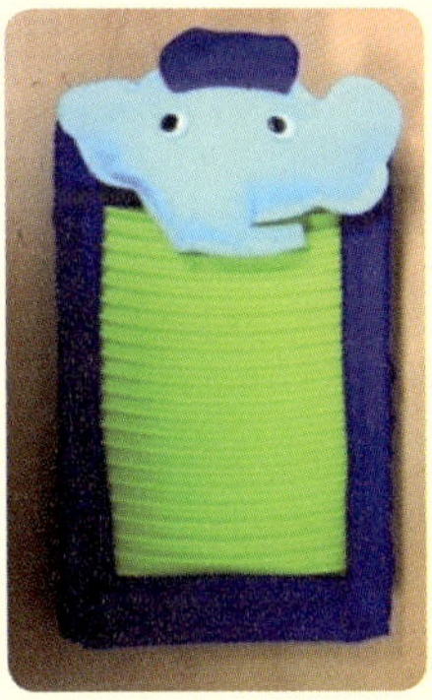

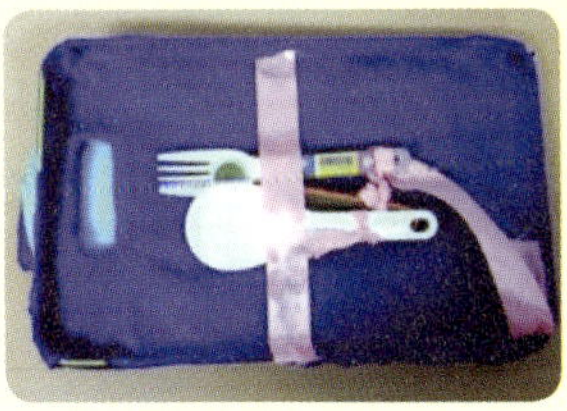

활동방법

1. 여러 가지 동물 악기를 자유롭게 만져 보고 소리 내 본다.
   - 이건 뭘까?
   - 네모난 판에 주걱이 붙어 있네. 이 악기는 어떻게 소리를 내는 걸까?
   - 여기 있는 막대로 판을 긁을 수 있겠구나.
   - 어떤 소리가 나니? 악기를 흔드니까 소리가 나는구나.
   - 악기의 소리가 달랐구나.
2. 영아에게 친숙한 동요를 함께 부르며 동물 악기를 골라 노래에 맞추어 소리 내 본다.
   - 노래를 부르면서 악기 소리를 내 볼까?
   - ○○는 어떤 동물 악기로 연주해 보고 싶니?
   - 〈작은 동물원〉 노래를 부르면서 빨래판 귀로를 두드려 볼까?
3. 노래의 빠르기를 다르게 하여 악기를 연주해 본다.
   - 노래를 빠르게/느리게 부르며 악기 연주를 해 볼까?
   - 노래를 빠르게, 느리게 부르며 연주해 보니 기분이 어땠니?

확장활동

- 악기 소리를 입으로 따라 표현하며 놀이할 수 있다.

참고사항

- 악기를 움직여 소리 내는 모습을 보여 준다.
- 다양한 채로 빨래판 귀로를 바르게 연주해 보도록 격려한다.
- 영아가 좋아하는 동요를 불러 주며 자유롭게 악기를 연주해 보도록 한다.

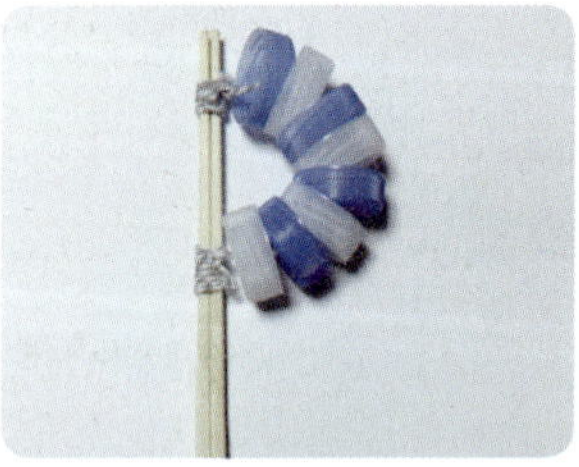

병뚜껑 딸랑이

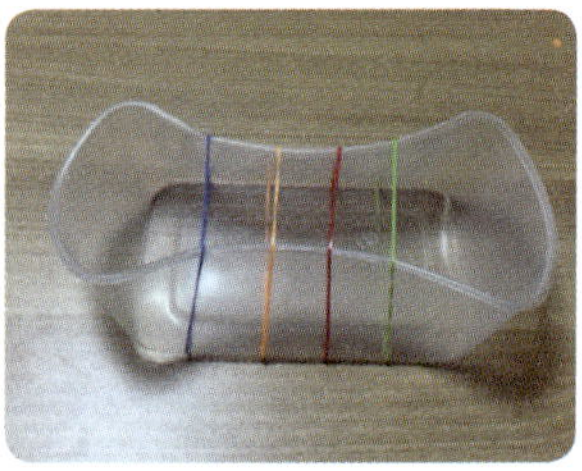

고무줄 기타

재활용품으로 만든 악기

활동 3 샌드페이퍼 발레

대상연령 만 3, 4, 5세

주제 교통기관

활동목표

- 샌드블록 연주법에 관심을 갖고 소리를 탐색한다.
- 음악을 주의 깊게 듣고, 알맞은 때에 샌드블록을 연주한다.

누리과정 관련요소

- 예술경험 〉 아름다움 찾아보기 〉 예술적 요소에 관심을 갖고 찾아본다.
- 예술경험 〉 창의적으로 표현하기 〉 신체, 사물, 악기로 간단한 소리와 리듬을 만들어 본다.

활동자료

- 앤더슨의 〈샌드페이퍼 발레〉 음원, 샌드블록

활동방법

1. 샌드블록 악기를 탐색한다.
   - (샌드블록을 보며) 이게 무엇일까?
   - (샌드블록을 손으로 만지며) 느낌이 어떠니? 무엇인 것 같니?
   - 이건 '샌드블록'이라는 악기란다.
   - 샌드페이퍼라는 종이인데, 작은 모래를 붙여 놓은 거란다.
   - 두 손으로 잡고 샌드블록을 비벼 보자. 어떤 소리가 나니?
2. 앤더슨의 〈샌드페이퍼 발레〉를 들으며 샌드블록 악기 소리를 찾는다.
   - 음악에서 샌드블록 소리가 들리는지 들어 보렴.
   - 샌드블록 소리가 들리니?
   - 샌드블록 소리가 들릴 때, 우리 손이 '샌드블록' 악기가 되어 비벼 보자.
3. 음악을 주의 깊게 들으며, 샌드페이퍼 소리가 들릴 때 샌드블록을 연주한다.
   - 샌드페이퍼 소리가 들릴 때, 함께 연주해 볼 수 있겠니?
4. 연주 후 느낌을 이야기하며 악기를 정리한다.
   - 샌드블록을 연주할 때 어려운 점은 없었니?
   - 내가 만든 샌드블록으로 음악을 연주하니 기분이 어떠니?

확장활동

- 샌드페이퍼에 관심을 갖고 그림을 그려본다.

참고사항

- 샌드블록 악기는 상품화된 제품을 준비하거나 제작하여 준비한다. 샌드블록을 제작할 때는 유아가 잡기 쉬운 크기의 네모난 나무판 또는 플라스틱 상자를 준비한다. 바닥 면에 샌드페이퍼(사포)를 붙여 완성한다.

샌드블록 만들기

① 샌드페이퍼를 적당히 잘라 플라스틱 상자에 붙인다.
② 같은 모양과 크기로 하나 더 만든다.
③ 완성된 샌드블록을 꾸민다.

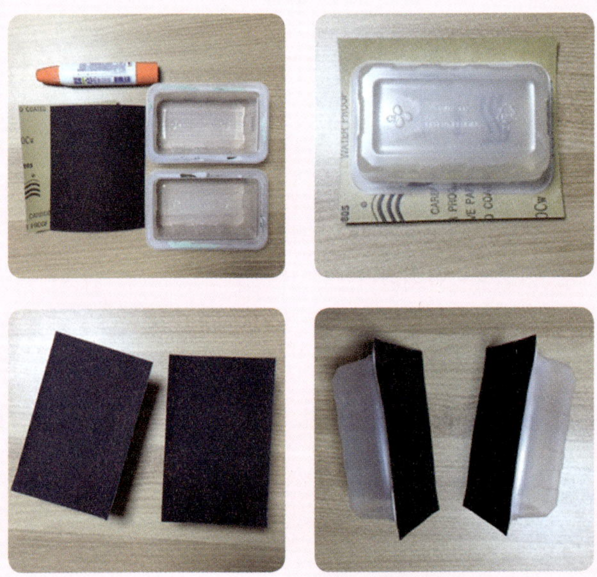

활동 4 색깔 유리병 연주하기

대상연령 만 4, 5세

주제 봄 여름 가을 겨울 / 생활과 도구

활동목표

- 유리병에 담긴 물의 높낮이에 따라 소리가 다름을 안다.
- 기본 8음계(도, 레, 미, 파, 솔, 라, 시, 도)의 소리를 탐색한다.
- 색깔악보를 보고 간단한 노래를 연주한다.

누리과정 관련요소

- 자연탐구 〉 생활 속에서 탐구하기 〉 물체의 특성과 변화를 여러 가지 방법으로 탐색한다.
- 예술경험 〉 아름다움 찾아보기 〉 예술적 요소에 관심을 갖고 찾아본다.
- 예술경험 〉 창의적으로 표현하기 〉 신체나 도구를 활용하여 움직임과 춤으로 자유롭게 표현한다.

활동자료

- 유리병으로 만든 악기, 실로폰, 채, 〈작은 별〉 색깔악보

활동방법

1. 실로폰을 보며 이야기 나눈다.
   - 이 악기의 이름을 알고 있니?
   - 실로폰을 연주하려면 무엇이 필요할까?
   - 실로폰은 어떤 소리가 나니?
   - 우리가 실로폰을 만들어 볼 수 있을까?
   - 만든다면 어떻게 만들 수 있을까?

〈만드는 방법〉
1. 유리컵에 물의 양을 달리하며 붓는다.
2. 유리컵에 물의 양을 달리하면 소리의 어떤 변화가 생기는지 이야기해 본다.
3. 이때 각각의 유리컵에 서로 다른 색의 물감을 넣는다.

2. 유리병 악기를 소개하고 소리를 들어 본다.
   - 유리병 안에 무엇이 들어 있니? (색깔 물)
   - 유리병 안에 들어 있는 물의 모습이 어떻게 다르니? (색깔이 다르다/물의 높낮이가 다르다)
   - 실로폰 채로 유리병을 살짝 쳐서 어떤 소리가 들리는지 들어 보자.

3. 물의 높낮이에 따른 소리의 차이를 느껴 본다.
   - 이번에는 8개의 유리병을 모두 한 번씩 쳐 보자.
   - 소리가 어떠니?
   - 어떤 색깔 물감이 들어 있는 유리병의 소리가 가장 낮니?
   - 빨간색 유리병과 보라색 유리병은 무엇이 다르니? (물의 높낮이)
4. 유리병 실로폰으로 연주를 해 본다.
   - 악보를 보고 실로폰을 연주해 볼까?
   - 실로폰과 비슷한 소리가 나는 것 같니?
5. 유리병 악기를 두드려 소리 내는 것에 익숙해지면 〈작은 별〉 색깔악보를 보며 연주한다.
   - 〈작은 별〉 노래를 알고 있니? 함께 불러 보자.
   - (교사 연주) 색깔악보에 나타난 색깔을 순서대로 유리병 악기를 치면 〈작은 별〉을 연주할 수 있단다.
   - 너희도 색깔악보대로 유리병 악기를 연주할 수 있겠니?
6. 활동을 평가하고 마무리한다.
   - 유리병 실로폰을 만들어서 연주해 보니 어땠니?
   - 어려운 점은 없었니?
   - 물을 이용하여 또 어떤 악기를 만들어 볼 수 있을까?

확장활동

- 노래를 바꾸어서 실로폰을 연주해 본다.
- 플라스틱 생수병에 색깔 유리병처럼 물을 담아 입으로 불어 연주해 본다.

참고사항

- 연주 시 물이 쏟아지거나, 유리병이 깨질 수 있으므로 주의를 기울인다.
- 유리컵에 계이름을 만들어 붙이고 색깔악보를 그려 노래를 연주해 볼 수 있다.

유리병 악기로 연주하기

활동 5 나의 몸은 신기한 악기

대상연령 만 3, 4, 5세

주제 나와 가족

활동목표

- 소리를 만들기 위해 몸의 각 부분의 특성을 활용하여 움직인다.
- 몸에서 나는 소리로 간단한 리듬을 만든다.

누리과정 관련요소

- 예술경험 〉 창의적으로 표현하기 〉 신체, 사물, 악기로 간단한 소리와 리듬을 만들어 본다.
- 신체운동 · 건강 〉 신체 인식하기 〉 신체를 인식하고 움직이기

활동자료

- 신체소리카드

활동방법

1. 몸으로 어떤 소리를 낼 수 있는지 이야기 나눈다.
   - 몸에서 나는 소리에는 어떤 것들이 있을까?
   - 몸에서 저절로 나는 소리들은 어떤 것들이 있을까?
2. 몸으로 직접 소리를 내 본다.
   - 너희 몸으로 어떤 소리를 만들 수 있을까? (예: 손뼉 치기, 무릎 치기, 발 구르기, 손가락 튕기기, 혀로 소리 내기 등)
   - 너희 몸 중에서 어느 부분을 이용해서 소리를 만들 수 있을까?
   - 직접 소리를 내 보자.
   - 우리의 몸이 악기가 되어 연주해 보자.

3. 신체 소리 카드를 보면서 소리를 내 본다.
  - 카드에 어떤 그림이 있니? 그림을 보면서 말해 보자.
  - 그림을 보면서 몸으로 소리를 내 보자.
  - 작게 소리를 내 보자.
  - 크게 소리를 내 보자.

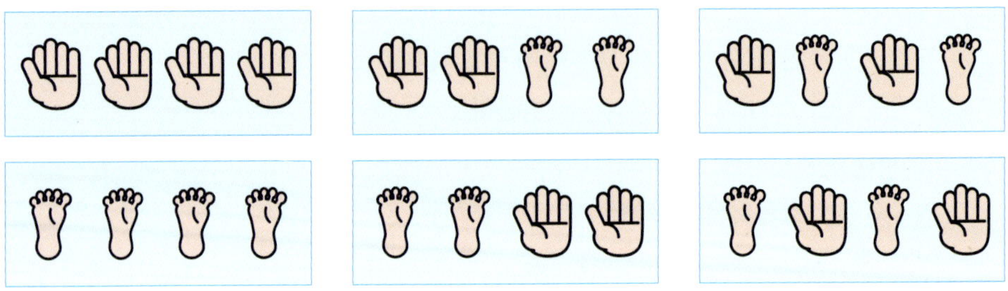

신체 소리 카드

4. 내 몸에서 소리를 만들어 본 느낌에 대해 이야기한다.
  - 몸으로 여러 가지 소리를 만들어 보니 어땠니?
  - 몸에서 나는 여러 가지 소리로 연주를 해 보니 어땠니?

확장활동

- 종이 위에 자신의 손과 발을 본뜨기로 그려 신체 소리 카드를 완성해 본다.

참고사항

- 신체 소리 카드로 소리를 낼 때 친구들과 속도를 맞추기 위해 처음에는 입으로 신체 이름을 말하면서 표현한다.

활동 6 낙엽을 밟으며

대상연령 만 4, 5세

주제 가을

활동목표

- 악기 연주하기 활동에 즐겁게 참여한다.
- 다양한 소리와 음악적 요소를 고려하며 악기를 연주한다.

누리과정 관련요소

- 예술경험 〉 아름다움 찾아보기 〉 예술적 요소에 관심을 갖고 찾아본다.
- 예술경험 〉 창의적으로 표현하기 〉 신체, 사물, 악기로 간단한 소리와 리듬을 만들어 본다.

활동방법

1. 〈낙엽을 밟으며〉 노래를 부른다.
   - 노랫말을 생각하며 노래를 불러 보자.
2. 노래의 낙엽 소리와 어울리는 악기를 탐색한다.
   - 〈낙엽을 밟으며〉를 리듬악기로 연주해 보자.
   - 어느 부분을 리듬악기로 연주하면 좋을까?
   - '촉착촉착', '비삭비삭', '부스럭 부스럭' 부분에서 어떤 악기로 연주를 할까?
   - '조고 조고'는 다른 악기로 연주해 볼까?
   - '티딕 티딕'은 어떻게 연주하고 싶니?
   - 이 부분에선 어떻게 연주할까? 어떤 방법으로 소리를 내면 좋겠니?
   - 탬버린을 흔들 때와 두들길 때의 느낌은 어떻게 다르니?
3. 노래를 부르며 악기 연주를 한다.
   - 노래를 부르며 리듬악기로 연주할 부분을 손뼉 치기 해 보자.
   - 노래를 부르며 원하는 악기로 연주해 보자.
   - 이 악기를 연주할 때 노래의 느낌을 표현하기 위해서는 어떻게 연주하면 될까?
   - 이번에는 친구와 악기를 바꿔서 연주해 볼까?
4. 활동 후 평가하는 시간을 갖는다.
   - 노래만 부를 때와 악기를 연주하며 부를 때의 느낌은 어떻게 달랐니?
   - 어떤 부분이 재미있었니? 왜 그 부분이 재미있었니?
   - 악기 연주를 하며 어려운 점을 없었니?
   - 연주해 본 악기 말고 또 어떤 것으로 연주해 볼 수 있을까?

확장활동

- 낙엽 소리를 새롭게 만들어 불러 본다.
- 노랫말이 적힌 악보와 리듬악기 그림 카드를 제시하여 유아가 직접 그림악보를 구성하여 원하는 악기로 연주할 수 있도록 한다.

참고사항

- 사전 활동으로 〈낙엽을 밟으며〉 노래를 충분히 익힌 후, 본 활동을 전개한다.
- 다양한 리듬악기를 제시하여 유아가 자유롭게 탐색하고 연주할 수 있도록 한다.

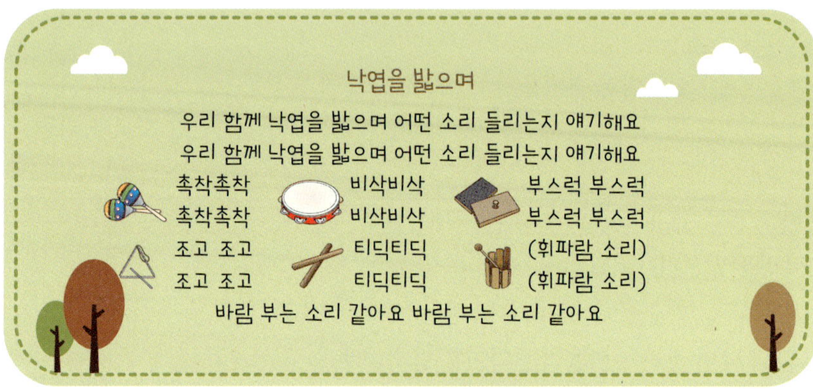

낙엽을 밟으며

김진영 작사
김진영 작곡

활동 7 동물들의 악기 연주

대상연령 만 4, 5세

주제 동식물과 자연

활동목표

- 여러 가지 악기의 소리에 관심을 갖는다.
- 악기를 이용하여 노래의 리듬을 연주해 본다.

누리과정 관련요소

- 예술경험 〉 아름다움 찾아보기 〉 예술적 요소에 관심을 갖고 찾아본다.
- 예술경험 〉 창의적으로 표현하기 〉 신체, 사물, 악기로 간단한 소리와 리듬을 만들어 본다.

활동자료

- 〈동물들의 악기 연주〉 가사판, 악보(교사용), 북, 탬버린, 스터드럼(돌림실로폰)

활동방법

1. **〈동물들의 악기 연주〉 노래를 불러 본다.**
   - 악기 연주하는 모습을 흉내 내면서 불러 볼까?
   - 어떤 동물이 악기 연주를 한다고 하였니?
   - 토끼는 무엇을 연주한다고 하였니?
   - 토끼가 연주하는 악기는 어떤 소리가 났니?
   - 우리도 악기로 연주하며 노래를 불러 볼까?
2. **연주할 악기를 가져와 소개한다. 노래에 나오는 악기를 소개한다.**
   - 〈동물들의 악기 연주〉를 부르며 어떤 악기를 연주할지 선택해서 함께 해 보자.
   - 이 악기는 어떻게 연주하는 악기일까?
   - 곰은 악기를 어떻게 연주하면 좋을까?
   - 새는 어떤 악기를 연주하면 좋겠니?
   - 피리가 없으면, 어떤 악기로 '삐리 삐리~~'를 연주하면 좋을지 생각해 볼까?
3. **악기를 연주하며 노래 부른다.**
   - 〈동물들의 악기 연주〉를 부르며 악기를 연주할 수 있겠니?
   - 탬버린을 연주하는 친구들은 신나게 악기를 흔들어 줄 수 있겠니?
   - 준비되었으면 친구들과 함께 악기를 연주하며 노래를 불러 보자.
4. **활동을 마무리하며 평가한다.**
   - 악기를 연주하며 노래를 부르니 어떤 기분이 들었니?
   - 다른 동물을 악기로 표현하면 어떤 동물을 표현해 보고 싶니?

- 다음엔 어떤 악기로 연주해 보고 싶니?

확장활동

- 여러 가지 동물의 악기 연주 모습을 개사하여 노래 부르기 활동으로 확장한다.
- 음률영역에 그림악보를 제시해 유아가 자유롭게 악기를 연주하며 노래를 불러 볼 수 있도록 한다.

참고사항

- 사전 활동으로 〈동물들의 악기 연주〉 노래를 배운다.
- 피리는 굵은 빨대를 이용하여 만든 모조 피리를 사용할 수 있다.

동물들의 악기 연주

김진영 작사
김진영 작곡

활동 8 게

대상연령 만 3세

주제 여름

활동목표

- 악기를 이용하여 노랫말을 표현한다.
- 노래의 멜로디와 리듬에 관심을 갖고 연주한다.

누리과정 관련요소

- 예술경험 〉 아름다움 찾아보기 〉 예술적 요소에 관심을 갖고 찾아본다.
- 예술경험 〉 창의적으로 표현하기 〉 신체, 사물, 악기로 간단한 소리와 리듬을 만들어 본다.

활동자료

- 〈게〉 가사판, 악보(교사용), 여러 가지 악기 그림, 여러 가지 악기(캐스터네츠, 탬버린, 트라이앵글)

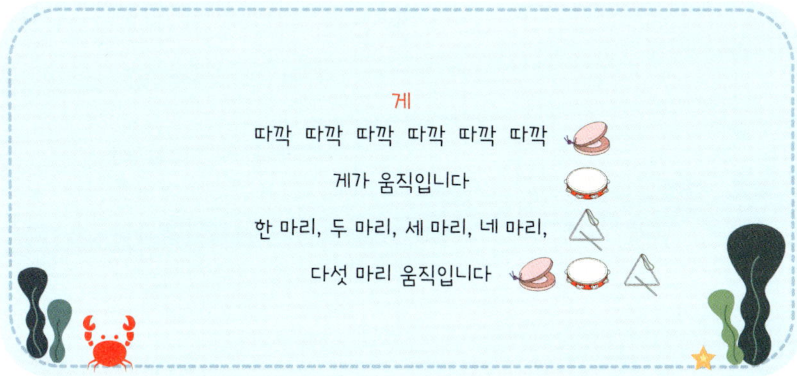

활동방법

1. 미리 배운 〈게〉 노래를 불러 본다.
   - '따깍 따깍 따깍'은 무슨 소리였니?
   - '따깍 따깍 따깍'을 우리 몸의 어느 부분으로 연주하면 좋을까?
   - '따깍 따깍 따깍' 부분을 손뼉 치기 해 보자.
2. '따깍 따깍 따깍' 부분을 악기로 연주해 본다.
   - '따깍 따깍 따깍'은 어떤 악기로 소리를 내면 좋을까? (캐스터네츠, 탬버린, 트라이앵글)

3. 노래를 부르면서 '따깍 따깍 따깍' 부분을 악기로 연주한다.
   - ○○○으로 '따깍 따깍 따깍' 부분을 연주해 보니 어땠니?
   - ○○○로 하니까 게가 움직이는 것처럼 느껴졌니?

4. 노래 전체에 맞추어 악기를 연주해 본다.
   - '한 마리 두 마리 세 마리 네 마리' 부분은 어떤 악기로 연주하면 좋을까?

5. 활동 후 평가한다.
   - 노래에 맞춰 악기 연주 활동을 해 보니 어땠니?
   - 악기를 연주하면서 어려운 점은 없었니?
   - 연주해 보고 싶은 다른 악기가 있니?

확장활동

- 노랫말 아래에 악기 그림을 붙일 수 있도록 준비해 합주해 볼 수 있다.

참고사항

- 움직이는 모습을 잘 표현하도록 악기를 다양하게 준비한다.
- 악기 소리를 충분히 사전에 탐색할 수 있도록 한다.

게

김진영 작사
김진영 작곡

활동 9 재활용품으로 나만의 악기 만들기

대상연령 만 3, 4, 5세

주제 환경과 생활

활동목표

- 재활용품을 이용한 만들기 활동을 할 수 있다.
- 자신이 만든 악기의 소리를 탐색한다.

누리과정 관련요소

- 예술경험 〉 아름다움 찾아보기 〉 예술적 요소에 관심을 갖고 찾아본다.
- 예술경험 〉 창의적으로 표현하기 〉 신체, 사물, 악기로 간단한 소리와 리듬을 만들어 본다.
- 예술경험 〉 창의적으로 표현하기 〉 다양한 미술 재료와 도구로 자신의 생각과 느낌을 표현한다.

활동자료

- 다양한 재활용품(단추, 메추리알 넣는 비닐 껍질, 종이컵, 종이 접시 등), 쌀, 빨대 잘게 자른 것, 팥, 구슬, 탬버린, 마라카스, 우드블록 등

활동방법

1. 재활용품의 종류와 소리에 대해 알아본다.
   - 여기에 무엇이 있니?
   - 너희가 알고 있는 재활용품에는 무엇이 있니?
   - 그 재활용품에는 어떤 소리가 나니?
   - 그 소리를 들으면 어떤 생각이 드니?
   - (준비된 자료를 보여 주며) 이것으로 무엇을 만들 수 있을까?
2. 리듬악기를 보면서 리듬악기에 대해 이야기 나눈다.
   - 이것은 무엇이라고 하니?
   - 어떤 소리가 날까?
3. 재활용품으로 악기를 만드는 방법에 대해 이야기 나눈다.
   - 재활용품으로 악기를 만들려면 어떻게 해야 할까?
   - 소리가 나게 하려면 어떻게 해야 할까?
4. 악기를 자유롭게 만든다.
   - 내가 좋아하는 재료를 이용해서 악기를 만들어 볼까?

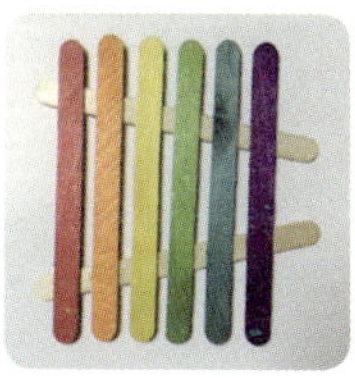

5. 완성된 나만의 악기를 소개하고 활동을 마무리한다.
   - 각자 만든 악기 소리를 들려줄 수 있니?
   - ○○이는 종이 접시로 마라카스를 만들었구나!
   - 악기의 소리는 마음에 들었니?
   - 악기를 만들 때 어떤 점이 재미있었니?
   - 어려운 점은 없었니?
   - 또 어떤 악기를 만들어 보고 싶니?

확장활동

- 악기를 만든 후 다 같이 음악을 들으면서 악기 연주를 해 본다.

참고사항

- 재활용품 안에 넣어서 소리를 내게 하는 다양한 재료를 준비한다.
- 재활용품을 준비할 때 어려움이 있으면 가정통신문을 보내 가정에서 필요한 재활용품을 모아서 원으로 보낼 수 있도록 한다.

<애벌레 캐스터네츠>

■ 활동자료 병뚜껑, 본드, 골판지 또는 하드보드지

① 종이를 적당한 길이로 잘라 본드로 병뚜껑을 한 개씩 양쪽에 붙인다.

② 종이의 다른 면에 눈을 표시하여 악기를 완성한다.

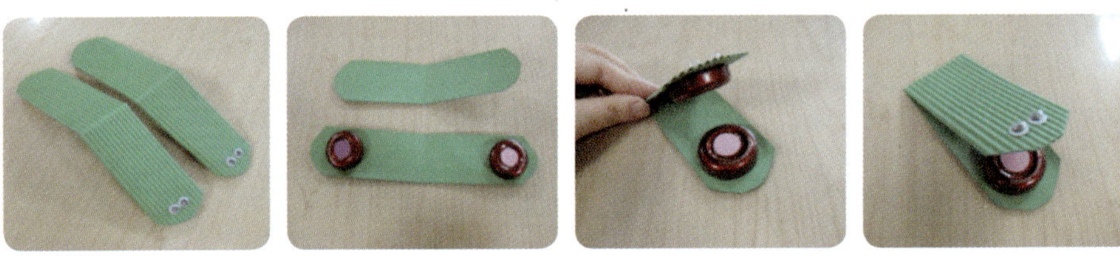

<병뚜껑 캐스터네츠>

■ 활동자료 종이접시, 병뚜껑, 본드

① 종이 접시를 반으로 접는다.

② 반으로 접은 종이 접시 위에 본드로 병뚜껑을 차례로 붙인다.

③ 완성 후 반으로 접어 연주한다.

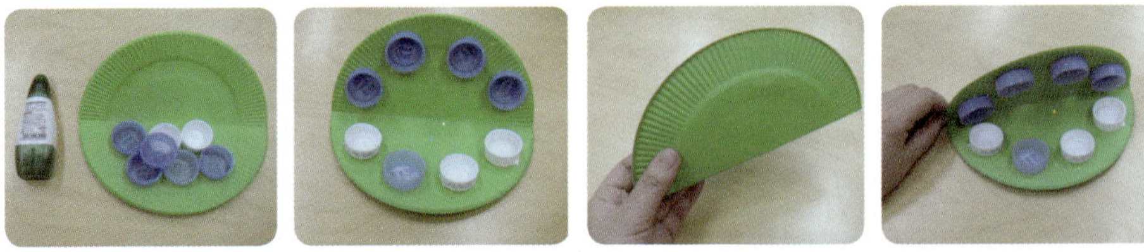

<달걀 셰이커>

▪ 활동자료 달걀판, 쌀, 콩, 글루건, 테이프, 물감

① 달걀판을 하나씩 잘라 두 개를 붙인다.

② 자른 달걀 모양 안에 소리를 낼 수 있는 쌀, 콩 등을 넣은 후 글루건으로 붙인다.

③ 달걀 모양으로 완성한 후 물감으로 색칠하여 꾸민다.

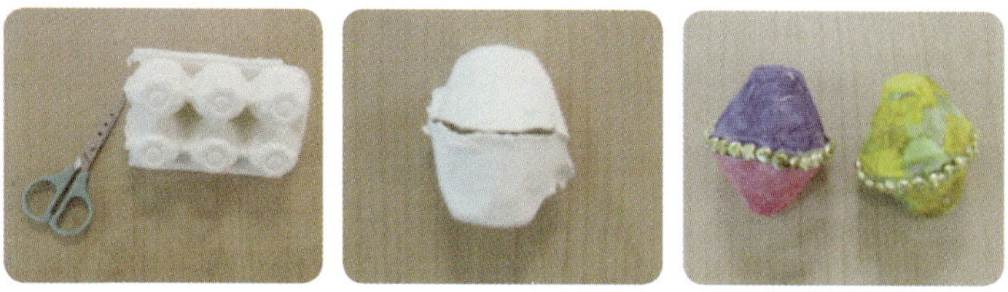

<풍선 드럼>

▪ 활동자료 깡통, 풍선, 코르크 마개, 나무젓가락, 고무줄

① 풍선을 잘라 깡통에 덧씌우고 고무줄로 고정한다.

② 코르크 마개를 나무젓가락에 끼운다.

<병 마라카스>

▪ 활동자료 생수병, 테이프, 구슬, 수수깡, 휴지심

① 생수통에 소리를 낼 수 있는 수수깡 또는 구슬을 넣어 뚜껑을 닫는다.

② 휴지심을 연결하여 테이프로 고정하여 손잡이를 만든다.

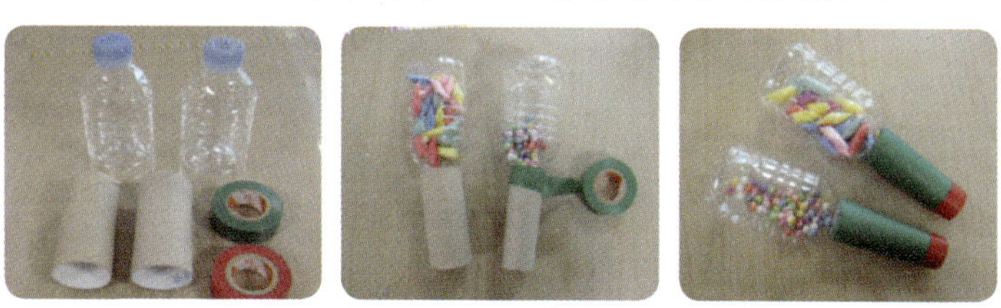

<휴지심 마라카스>

■ 활동자료 휴지심, 테이프, 색종이, 풀, 쌀

① 휴지심 한쪽 끝을 테이프로 붙인다.

② 휴지심 안에 쌀을 넣고 다른 한쪽도 테이프로 붙인 후, 색종이로 꾸민다.

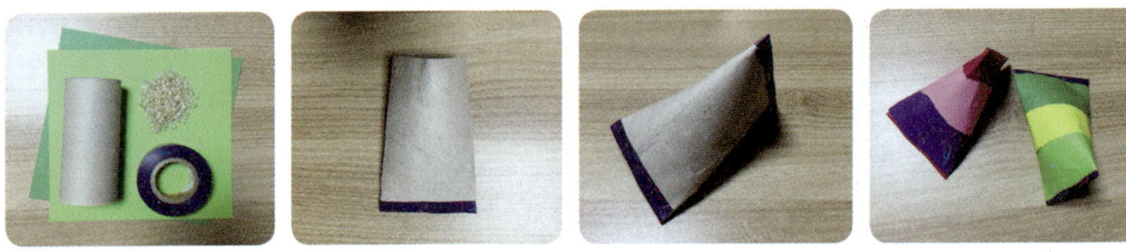

<컵기타>

■ 활동자료 크기가 다른 종이컵, 고무줄

① 종이컵에 고무줄을 끼운다.

② 줄을 튕겨 소리를 낸다.

<트럼펫 만들기>

■ 활동자료 깡통, 종이, 폼폼, 풀

① 두 장의 종이를 트럼펫 모양으로 자른다.

② 자른 종이 두 장을 깡통에 붙인다.

③ 완성된 트럼펫에 단추 또는 폼폼을 붙여 장식한다.

<구름 탬버린>

■ 활동자료 종이 접시, 리본, 솜, 에어캡(뽁뽁이), 펀치, 콩, 팥, 글루건

① 종이 접시에 콩, 팥 등 소리를 낼 수 있는 것을 넣고 글루건으로 붙인다.

② 두 장의 종이 접시를 붙인 아래 부분에 구멍을 뚫어 리본을 연결한다.

③ 종이 접시에 하얀 솜을 붙여 구름 모양으로 꾸민다.

④ 또는 에어캡(뽁뽁이)을 잘라 붙여 비 오는 모양을 만들 수 있다.

<병뚜껑 기타>

■ 활동자료 병뚜껑, 아이스크림 막대, 테이프, 고무줄

① 병뚜껑에 고무줄을 끼운다.

② 뒷면에 아이스크림 막대를 붙이고 테이프로 고정한다.

활동 10 악기 친구 꾸미기

대상연령 만 3, 4, 5세

주제 유치원 / 어린이집과 친구 / 나와 가족 / 생활과 도구

활동목표

- 다양한 모양의 악기를 이용하여 친구의 모습을 구성한다.
- 자신의 생각을 창의적으로 표현한다.

누리과정 관련요소

- 사회관계 〉 더불어 생활하기 〉 친구와 서로 도우며 사이좋게 지낸다.
- 자연탐구 〉 생활 속에서 탐구하기 〉 물체의 위치와 방향, 모양을 알고 구별한다.
- 예술경험 〉 예술 감상하기 〉서로 다른 예술 표현을 존중한다.

활동자료

- 북, 마라카스, 트라이앵글, 탬버린, 벨, 샌드블록, 우드블록, 핑거심벌즈 등

활동방법

1. 자신의 신체에 관심을 갖고 이야기 나눈다.
   - 친구들의 모습은 어떻게 생겼니?
   - 어떤 도형을 찾을 수 있을까? 얼굴은 어떤 도형이니?
   - 우리 몸에서 세모 모양으로 생긴 곳은 어디일까?
2. '악기친구 꾸미기'를 소개한다.
   - 오늘은 상상 속의 악기 친구를 표현해 볼 거란다.
   - 어떤 모양의 악기가 있니?
   - 어떻게 하면 상상하는 악기 친구를 악기로 완성할 수 있을까?
3. 악기 친구를 만들어 본다.
   - 준비된 악기로 눈, 코, 입, 팔, 다리를 어떻게 꾸밀 수 있을까?
   - 핑거심벌즈는 어디와 어울릴 것 같니?
   - 마라카스는 어느 곳에 놓이면 좋을까?
4. 완성된 작품을 보며 이야기 나눈다.
   - 악기 친구는 어떤 모습이니?
   - 친구에게 악기 친구를 소개해 보자.

악기 친구 꾸미기

확장활동

- 악기 그림자 카드와 어울리는 악기를 찾아 연주하는 활동을 진행해 본다.

악기 그림자 카드 보고 악기 알아 맞히기

참고사항

- 모둠을 나눠 악기 친구를 꾸며볼 수 있다.

CHAPTER 11

동작으로 표현하기

1. 영유아와 동작으로 표현하기

인간의 삶은 본능적인 움직임에서 시작한다. 영유아는 활발히 몸을 움직이며 자신을 비롯한 주변 세계를 인식하고 경험한다. 특히, 영유아는 언어적 표현능력이 부족하므로 자신의 몸으로 생각과 느낌을 표현하고 움직임으로 소통하는 것에 더 능숙하다. 따라서 노래나 음악을 듣고 리듬감 있게 움직이며 즐거움과 만족감을 표현하는 것은 매우 의미 있는 표현활동이다. 이러한 과정을 통하여 아름다움을 느끼고 표현하며 감동 받은 정서는 영유아의 삶을 풍요롭게 한다. 동작으로 표현하기는 영유아가 음악, 리듬, 이야기, 느낌 등에 대해 몸을 움직여 반응하는 형태를 의미하며, 창의적인 움직임을 나타내면서 리듬과 공간을 신체로 탐색하는 것이다. 동작으로 표현하기의 중요성은 다음과 같다(이숙재, 2019; 이정환 · 김희진, 2017; Van der Linde, 1999).

- 동작으로 표현하기는 신체운동능력 발달을 돕는다. 다양한 동작활동을 통하여 자신의 몸으로 무엇을 할 수 있는지 인식하게 된다. 즉, 자신의 신체에 대한 지식을 획득하고 신체가 가진 잠재적인 운동능력을 이해하게 된다. 여러 가지 신체 움직임을 경험하면서 운동기술능력이 향상되고 자신의 신체를 안전하게 유지하는 능력이 발달한다.
- 동작으로 표현하기는 자신감을 느끼게 한다. 영유아는 신체 움직임을 통하여

생각이나 느낌, 경험을 자유롭게 표현하면서 자신에 대해 발견하고 긍정적인 자아를 형성하며 만족감과 성취감을 갖게 된다. 동작표현에 몰두하는 과정을 통하여 불안과 긴장과 같은 내면의 정서를 해소하고 자신의 움직임 표현에 대한 자신감을 형성하게 된다.

- 동작으로 표현하기를 통하여 사회성 발달이 촉진된다. 음악이 주는 자극에 따라 여럿이 함께 반응하는 활동을 하면서 다른 사람의 움직임에 관심을 갖고 수용하며 의견을 모아 하나의 동작을 구성하기도 한다. 또한, 동작표현을 하면서 친구 간에 신체 접촉을 통해 친밀감을 형성한다. 이러한 동작활동을 통하여 유능하게 사회적 관계를 맺는 방법을 배우고 다른 사람과 협동하고 공유하는 태도를 익히게 된다.

동작으로 표현하기는 음악적 경험과 밀접한 관련이 있다. 음악에 맞추어 영유아가 만들어 낸 동작표현은 단순히 음악에 맞추어 몸을 움직이는 것이 아니라 자신의 감정과 욕구, 사고와 감정을 표현하는 것이다(이희자 외, 2007). 동작으로 표현하기는 음악이라는 청각적 영역에 움직임의 영역을 더함으로써 영유아 음악발달의 기초를 이룬다.

영유아를 위한 음악과 동작을 계획하고 실행하기 전에 음악발달의 기본 단계를 이해하는 것은 중요하다. 미국의 전국유아교육협회(National Association for the Education of Young Children)에서 영유아 발달에 적합한 음악과 동작활동 안내지침을 다음 〈표 11-1〉과 같이 제공하고 있다.

〈표 11-1〉 연령별 동작으로 표현하기 발달

연령	발달적 기능
만 2세	• 몸을 앞뒤, 좌우로 흔들고 위아래로 움직인다. • 손뼉 치기, 게임, 손유희, 율동을 즐긴다. • 운율, 리듬을 따라 해 보고, 신체동작을 통해 음악에 반응한다. • 짧고 간단한 노래를 배울 수 있고 악기와 소리들을 실험해 보는 것을 즐긴다. • 음악을 듣고, 때때로 간단한 음악 박자에 신체 동작을 맞추어 본다. • 간단한 패턴이 있는 노래에 반응한다. • 위아래, 앞뒤로 움직이면서 공간을 탐색한다. • 바닥 가까이 몸을 낮추어 움직이거나 발끝을 세워 까치발로 걸을 수 있다. • 놀이할 때 노래하거나 읊조린다.

연령	발달적 기능
만 3세	• 익숙한 노래의 특정 구절을 따라 부른다. • 규칙적인 박자를 만들거나 유지할 수 있다. • 후렴구가 있는 노래를 하고 선율에 맞춰 노래한다. • 활동하는 동안 이야기하고 노래한다. • 지속적으로 리듬감 있게 반응하고, '얼음'처럼 갑자기 멈추기도 할 수 있다. • 음반 듣기를 좋아하고, 다른 아이의 동작을 따라 하거나 반응하기를 좋아한다. • 노래할 수 있는 시 구절이나 단어들을 제안한다. • 리듬악기에 관심이 있다.
만 3세	• 성인이 유아와 같이 놀고 모방할 수 있는 리듬 패턴을 제공할 때 즐거워한다. • 간단한 손유희를 배울 수 있다. • 여러 가지 다른 속도와 수준으로 성인의 박수를 모방하여 칠 수 있다.
만 4세	• 목소리 조절과 리듬감이 향상된다. • 음악적 활동을 제안한다. • 노래에 단어들을 붙이고 악기를 가지고 노래를 만든다. • 새로운 리듬을 만든다. • 노래하는 것을 즐기고, 환경의 소리와 리듬을 더 잘 인식한다. • 방향, 시간, 힘을 바꿈으로써 쉽게 배워지는 동작들을 솔선수범하여 추가한다. • 동물, 기계, 또는 익숙한 사물이나 사람들의 동작을 흉내 낸다. • 보다 길고 복잡한 손유희와 노래를 배울 수 있다. • 노래 가사를 습득하는 능력이 증가한다. • 창작 동극과 동작, 노래를 결합시킨다. • 셈여림과 음의 높낮이에 따라 소리를 조화롭게 맞추고 분류할 수 있다. • 목소리나 악기로 리듬 있는 패턴을 만든다. • 손유희, 찬트, 음률을 외운다. • 낮음-부드러움, 빠름-느림 같은 기본 개념을 형성한다.
만 5~6세	• 노래를 기억해서 완벽하게 부른다. • 특별한 규칙이나 패턴에 따라 노래 부르거나 춤추기를 즐긴다. • 규칙적인 박자에 리듬감 있게 움직이고 장단을 맞춘다. • 음의 높낮이를 잘 조절하고 리듬을 정확히 하는 능력이 증가한다. • 음악적 능력과 개인적 재능을 함께 사용하고 음악적 이해가 형성되기 시작한다. • 간단한 춤 스텝을 배우고 이를 리듬에 적용한다. • 보다 정확하고 정교하게 악기를 연주한다. • 많은 노래를 알게 된다. • 속도와 셈여림의 변화를 이해하고, 극적인 동작을 향상시키기 위해 음악을 사용한다. • 집단에서 모두가 차례로 노래하는 것을 즐기고, 단어들이 종종 반복되는 음악게임에 특히 관심을 가진다. • 음반을 들을 때 집중하는 시간이 더 길어진다. • 어떤 소리와 음의 높낮이를 비교할 수 있다.

출처: Edwards(2013) 재인용.

영유아의 동작으로 표현하기 능력은 연령과 경험에 따라 증가한다. 어린 영아의 경우 활동을 통해 형식에 얽매이지 않고 자유롭게 움직인다. 또한, 짧은 선율의 노래를 부를 수 있지만 모든 노랫말을 기억하지 못하고 때로는 의미도 정확하게 이해하지 못할 수도 있다. 그러나 그들이 노래를 부르거나 동작으로 표현하는 동안 경험한 감정이나 정서는 기억할 수 있다.

2. 동작으로 표현하기 내용

동작으로 표현하기는 정해진 동작의 정도에 따라 구조적 동작표현하기, 반구조적 동작표현하기, 창의적 동작표현하기로 나누어 살펴볼 수 있다.

1) 기본동작의 유형

모든 동작의 기초가 되는 동작으로 이동 동작, 비이동 동작, 조작적 동작이 있다. 모든 움직임은 이 세 가지 기초적 동작으로 구성된다.

(1) 이동 동작

몸을 한 장소에서 다른 장소로 옮겨가는 동작을 말한다. 걷기, 달리기, 갤러핑(galloping), 두발 모아 뛰기(jumping), 스키핑(skipping), 호핑(hopping)과 같은 동작을 포함한다.

(2) 비이동 동작

몸을 한 장소에 고정한 상태에서 다양한 동작을 만들어 내는 것을 말한디. 뻗기, 구부리기, 벌기, 회전하기, 흔들리기, 꼬기 등이 있다.

활동의 예

〈동작 주사위 놀이〉
– 동작그림이 붙은 주사위와 일반 주사위를 함께 던져서 나오는 그림과 수만큼 동작을 해 본다.
– 또는 동물 그림이 붙은 주사위를 던져 나오는 동물의 움직임을 표현해 본다.

(3) 조작적 동작

도구를 이용해서 하는 동작으로, 사물의 조작적 활용을 포함한다. 던지기, 차기, 굴리기, 튀기기, 잡기, 공 되받아치기, 때리기 등이 있다.

2) 동작으로 표현하기

(1) 구조적 동작표현하기

구조적 동작표현하기는 노랫말이나 음악에 의해 구체적으로 정해진 대로 움직이는 활동이다. 주로 교사의 시범이나 지시에 따라 정해진 동작을 영유아가 반복해서 모방하며 이루어지며, 〈둘이 살짝〉, 〈머리 어깨 무릎 발〉, 〈옆에, 옆에〉 손유희 등이 있다. 이처럼 영유아가 노래에 맞추어 노랫말이 의미하는 것을 동작으로 표현해 볼 수 있다. 특히, 손유희 단어들은 무엇을 어떻게, 언제, 어디로 움직일지에 대한 방향이나 제안을 제공해 준다. 영유아는 단어에서 단서를 얻어 쉽고 재미있게 다음 과정으로 옮겨 간다. 손유희의 손동작과 손가락의 움직임은 음악적 기초를 형성한다. 뿐만 아니라 소근육 발달 및 언어, 수, 기억력 발달에 긍정적인 영향을 미친다. 구조적 동작표현하기는 모방을 즐기는 영유아에게 동작에 대한 관심과 흥미를 갖게 해 준다. 또한, 일련의 순서를 알게 해 주며, 단어의 의미를 쉽게 이해할 수 있고, 창의적 동작표현에 부담을 가지고 있는 영유아에게 쉽게 동작 경험의 기회를 제공해 줄 수 있다.

(2) 반구조적 동작표현하기

반구조적 동작표현하기는 부분적으로 정해진 동작을 따라 하지만 영유아가 창의적으로 동작을 구성해 보거나 자유롭게 움직여 보는 부분이 있는 활동이다. 예를 들어, 〈그대로 멈춰라〉와 같은 노래게임에서 노랫말 중 '그대로 멈춰라'에서 부분에서 반드시 몸을 멈춰야 하지만, '즐겁게 춤을 추다가' 부분에서는 자유롭게 창의적으로 동작표현을 할 수 있다. 이처럼 교사의 언어나 노랫말의 지시에 따라 제한된 범위 내에서 자유롭게 움직인다. 즉, 반구조적 동작표현하기는 구조적 동작표현하기보다는 덜 구체적이고 덜 제한적이다.

(3) 창의적 동작표현하기

창의적 동작이란 완성해야 하거나 정확하게 연습해야 하는 일정한 형식이 있는 것이 아니라 영유아가 탐색 과정을 통하여 나름대로 독특한 표현을 할 수 있는 활동이다(Mayesky, 1995). 창의적 동작표현하기는 영유아가 자신의 신체를 사용하여 주제에 따라 동작을 창의적으로 표현하고 영유아가 친숙한 사건이나 상황, 경험한 것에 대한 느낌과 생각, 분위기 등을 상상력과 창의력을 발휘하여 즉흥적으로 표현하는 움직임이다. 예를 들어, 나비가 어떻게 이 꽃에서 저 꽃으로 날아다니는지 상상해 본 후 나비처럼 날아다니는 것을 자신의 해석으로 재창조해 낼 수 있다. 또한, 영유아가 자발적인 호기심으로 탐색할 수 있도록 비 오는 날에 빗방울 표현하기, 팝콘 튀기기 요리를 한 후에 팝콘 표현하기, 수족관 견학을 다녀온 후 물고기 표현하기와 같이 영유아의 경험과 관련지어 표현활동을 진행하는 것이 효과적이다. 뿐만 아니라 동화 줄거리나 동시는 영유아의 창의적 동작표현이나 음악적 표현을 위한 중요한 매개적 역할을 담당한다.

창의적 동작표현의 예

- 즐겁게 움직이기
- 화난 것처럼 움직이기
- 슬픈 것처럼 움직이기
- 얼마나 부드럽게 또는 거칠게 움직일 수 있는지 보여 주기
- 헝겊 인형처럼 춤추기
- 나무가 되어 주위에 바람이 불고 있는 척하기
- 말처럼 교실 주위를 뛰어다니기
- 토끼처럼 교실 주위를 깡충깡충 뛰어다니기
- 뭔가 굉장히 무거운 것을 옮기는 것처럼 움직이기
- 원숭이처럼 몸과 팔을 흔들기
- 수영하고 있다면 몸, 팔, 다리가 어떻게 움직일까?
- 깜짝 장난감 상자인 것처럼 하기
- 바람 빠진 풍선처럼 만들고 천천히 부풀리기
- 누군가 움직이게 하는 꼭두각시 인형처럼 움직이기
- 뭔가 잃어버린 것을 찾고 있다면 어떻게 움직일까?
- 깊게 쌓인 눈, 깊은 강, 뜨거운 모래, 차가운 얼음 위를 걷는 것처럼 움직이기

출처: Edwards(2013).

영유아를 위한 창의적 동작표현하기는 짧은 이야기나 상황에 따라 동작으로 표현하는 활동과 음악을 듣고 음악적 요소에 따라 상상하여 동작으로 표현하는 활동으로 나누어진다.

❶ 이야기를 듣고 상상하여 동작으로 표현해 보는 활동

이야기의 내용을 중심으로 상상하여 동작으로 표현해 보는 활동이다. 예를 들어, 『배고픈 애벌레』, 『곰 사냥을 떠나자』 등의 같은 짧은 이야기나 동시를 듣고 상상하여 표현해 보는 활동과 '식물의 성장', '거인 되어 보기', '바닷속 풍경을 표현하기', '팝콘 동시 듣고 표현하기'와 같은 활동은 사물이나 현상을 상상하여 표현해 보는 활동으로 적당한 음악이나 음향과 함께 표현할 수 있다.

활동의 예

- 『곰 사냥을 떠나자』(글: 마이클 로젠, 그림: 헬린 옥슨버리)와 같은 움직임이 있는 동화를 듣는다. 동화의 전개 속에 나타나는 여러 가지 움직임의 요소를 찾아본다.
- 바람이 부는 숲에서 어떻게 움직일까? 물속을 걸을 때, 어두운 동굴 속에서, 도망칠 때 어떻게 움직일까에 대하여 의견을 나누고 각각의 동작에 대해 몇몇 유아가 자신의 생각을 보여 주게 한다.
- 동화의 내용에 따라 움직임의 시작 지점과 움직이는 동선을 결정한다.
- 교사가 동화의 내용을 이야기하면 유아는 자신의 신체를 조절하며 이야기에 맞게 움직인다.
  - 물속을 걷는 것처럼 천천히 무겁게 걷기, 동굴 속인 것처럼 몸을 구부리고 기어가기, 곰으로부터 도망치듯이 재빠르게 달리기와 같이 다양하게 움직인다.
- 교사는 동작을 나타내는 언어를 사용하여 정확하게 지시해야 하며, 필요에 따라 악기나 음향을 적절하게 사용하여 분위기를 조성해 준다.
- 활동이 마무리되면 활동에 대해 평가해 보고 부족한 부분을 보완하여 한 번 더 해 본다.

출처: 이정환 · 김희진(2017).

❷ 음악적 요소에 맞추어 창의적으로 표현해 보는 활동

음악적 요소에 따라 창의적 동작으로 표현하는 활동을 말한다. 영유아는 음악의 박, 음길이, 리듬, 음높이, 셈여림, 빠르기 등 음악적 요소를 인식하며 이에 맞는 창의적인 동작을 만들어 표현한다. 즉, 음악의 박에 맞추어 걷거나 특정한 멜로디가 나올 때 특정한 동작을 할 수 있다. 또한, 영유아는 특정 개념을 나타내는 동작을 창작할 수 있다(김용희, 2016). 예를 들어, 슈만의 ≪어린이 정경≫ 중 〈술래잡기〉, 쇼팽의 〈강아지 왈츠〉와 같은 음악을 듣고 음악의 박자, 리듬, 음높이 등에 따른 느낌에 초점을 두고 창의적으로 표현한다. 영유아에게 동작은 그 자체만으로도 의미가 있으나 음악과 함께 경험하게 되며, 걷거나 달리거나 미끄러지기 등과 같은 기본 동작에 빠르게/느리게, 가볍게/무겁게, 크게/작게 등의 음악적 요소가 첨가되어 상호보완적 역할을 하게 됨으로써 더 큰 의미를 갖게 된다. 따라서 몸의 움직임을 통한 음악적 표현들은 개인의 독창적인 음악적 해석의 근원을 제공한다.

3. 동작으로 표현하기 교수방법

1) 교수자료

창의적 동작표현을 위해 활동자료를 함께 준비해 주면 영유아의 동작표현을 격려하고 자극할 수 있다. 특히, 소품은 어떤 특정한 동작의 특성을 이끌어내는 데 유용하다. 이처럼 소품을 사용하는 것은 흥미로울 수 있으나 일부 영유아가 이것을 쓰는 이유도 모른 채 단순한 도구로 사용하지 않도록 세심한 설명이 필요하다. 다음 자료들은 영유아에게 즐거움을 준다(Barbara & Williamson, Diana, 1993; Edwards 2013; Zimmer, 2012).

- 스카프: 공간을 움직일 때 스카프를 위로, 아래로, 어깨에 두른다. 스카프는 날아가는 망토, 하늘 높이 나는 날개 또는 빗속에서 춤추는 우산으로 변형될 수 있다. 스카프는 위로 던질 수도 있으며, 스카프를 들고 뛰고, 가라앉고, 빙빙 돌며 공간 안에 아름다운 색깔의 원을 그리며 커다란 동작의 형태를 만들 수 있다.
- 리본막대: 몸을 좌우로 흔들면서 리본막대로 물이 흐르는 모양을 만들 수 있다. 리본막대를 바닥에 놓고 공간을 표시할 때도 사용할 수 있다.

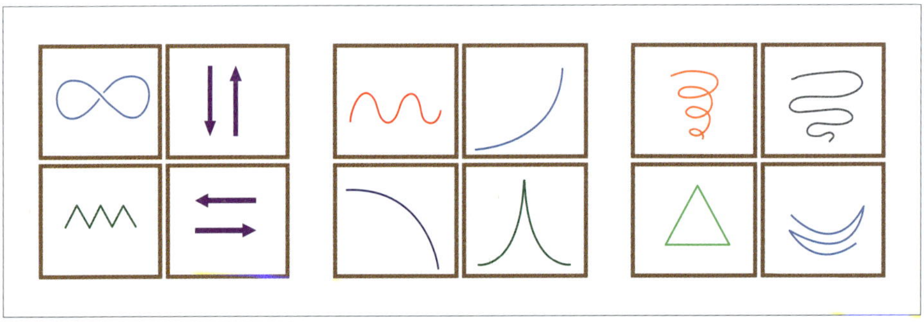

[그림 11-1] 스카프와 리본으로 동작표현하기의 예

- 훌라후프: 바닥에 훌라후프를 몇 개 놓아두고 징검다리 건너기, 터널 통과하기 등 여러 가지 다른 방식으로 건널 수 있다. 신체의 어떤 부분은 훌라후프 안에 집어넣고 다른 부분은 바깥으로 나오게 한다. 예를 들어, "두 발을 후프 안에 넣고 손으로 후프를 짚고 걸어 볼래?"라고 지시할 수 있다. 또한, 훌라후프를 뛰뛰기 기술을 연습하기 위해 줄넘기처럼 사용할 수도 있다.

- 콩주머니: 콩주머니 게임을 위해 영유아에게 각각 콩주머니를 나누어 준다. 리더(교사)가 제안하는 신체표현을 영유아가 따라 한다. 콩주머니를 어깨, 팔, 팔꿈치, 발에 올려놓는다. 콩주머니를 위로 높이 던진 후 두 손으로 잡는다.
- 낙하산(parachute): 사각형 또는 원 모양의 가벼운 천으로 크기도 다양하다. 특히, 그룹놀이에 활용하기 좋다. 영유아는 낙하산을 위아래로 움직여 보기, 아래로 지나가기, 낙하산을 들고 원을 그리며 움직이기 등을 시도해 볼 수 있다. 예를 들어, '바닷속 파도'는 영유아가 천을 잡고 동그랗게 서서 천을 힘 있게 흔들어 파도가 생기며, 몇몇 영유아는 천 위에 누워 바람을 직접 느껴 볼 수 있다. 또는 낙하산 천 위에 여러 개의 풍선을 놓고 천을 움직여 공중으로 높이 올려 '춤추는 풍선'처럼 보이게 할 수 있다. 교사의 신호에 따라 다 같이 낙하산 천을 위로 펼쳐 올리고 재빨리 손에서 천을 놓은 다음 낙하산 천 안으로 들어가 앉는 '거대한 텐트'를 만드는 놀이도 할 수 있다.

[그림 11-2] 낙하산 활동의 예

그 밖에 고무줄, 깃발, 풍선, 낙엽 등도 상상력을 자극할 수 있다. 이처럼 동작표현의 질을 향상시킬 수 있는 것은 모두 소품이 될 수 있으며, 안전하게 사용하도록 한다.

2) 동작으로 표현하기 지도방법

구조적 동작표현하기, 반구조적 동작표현하기, 창의적 동작표현하기 지도방법은 다음과 같다(고영자 2015; 김지혜, 2015; 심성경 외, 2015).

(1) 구조적 동작표현하기

① 영유아 발달 수준에 맞는 동작과 집단 크기로 지도한다.

구조적 동작표현하기는 영유아가 수행하기에 어렵지 않아야 하며, 성취감을 느낄 수 있도록 쉬운 동작으로 전개한다. 어린 영아의 경우 사회성이 덜 발달되어 있기 때문에 대집단 활동으로 지도하는 것은 부적절하다.

② 너무 상투적인 동작은 피하며, 동작에 변화를 주어 지도한다.

일반적으로 구조적 표현활동의 경우 상투적인 동작으로 전개되는 경우가 많다. 똑같은 〈작은 별〉 노래에 맞춘 율동이더라도 좀 더 새로운 동작으로 전개하는 것이 영유아의 흥미를 유도하는 데 효과적이다.

③ 쉬운 부분부터 따라 해 보고 범위를 점점 넓힌다.

노래의 전체 동작 중 처음에는 영유아가 따라 하기 쉬운 부분만을 선택하여 동작을 만들어 본다. 이러한 동작이 익숙해지면 그다음에 다른 동작을 하나씩 익혀간다. 처음 동작을 소개할 때 영유아가 집중할 수 있는 시간과 동작의 양을 고려하여 여러 날에 걸쳐 동작을 익혀 나가는 것이 좋다.

④ 정확한 동작을 강요하지 않는다.

정확한 동작 수행을 요구하여 동작활동에 대한 부담감을 주지 않도록 하며, 과정 중심의 즐거운 경험이 되도록 한다. 동작활동에 대한 긍정적인 인식으로 적극적인 참여를 유도하는 것이 바람직하다.

⑤ 영유아와 함께 동작을 변형시키거나 새로 만들어 본다.

노랫말과 동작에 익숙해지면 영유아의 의견을 반영하여 창의적으로 동작을 변형시키거나 동작을 위해서 만들어진 노래가 아니더라도 영유아가 좋아하는 노래의 노랫말에 맞추어 동작을 만들어 볼 수 있다.

〈표 11-2〉 구조적 동작표현하기 활동계획안의 예

<table>
<tr><th>활동명</th><td>가을바람</td><th>주제</th><td>가을</td></tr>
<tr><th>활동형태</th><td>대소집단</td><th>대상연령</th><td>4세</td></tr>
<tr><th>활동목표</th><td colspan="3">• 가을 날씨를 떠올리며 즐겁게 노래 부른다.
• 노랫말에 맞춰 동작을 창의적으로 표현한다.</td></tr>
<tr><th>누리과정 관련요소</th><td colspan="3">• 신체운동건강 〉 신체활동 즐기기 〉 실내외 신체활동에 자발적으로 참여한다
• 예술경험 〉 창의적으로 표현하기 〉 신체나 도구를 활용하여 움직임과 춤으로 자유롭게 표현한다
• 자연탐구 〉 자연과 더불어 살기 〉 날씨와 계절의 변화를 생활과 관련짓는다</td></tr>
<tr><th>활동자료</th><td colspan="3">〈가을바람〉 음원, 가사판</td></tr>
<tr><th>사전경험</th><td colspan="3">가을 바람이 부는 풍경과 '가을바람' 동시를 감상 해 본다.</td></tr>
<tr><th colspan="4">활동방법</th></tr>
<tr><th>도입</th><td colspan="3">1. 가을 풍경의 사진을 제시하며 활동을 소개한다.
– 선생님이 오늘은 어느 계절 사진을 가져왔을까?
– 가을 날씨는 어떤 특징이 있니?
– 가을바람이 불면 어떤 것들이 움직였니?
– 가을 나뭇잎은 다른 계절의 나뭇잎과 어떻게 다를까?
–오늘은 어제 배운 〈가을바람〉이라는 노래에 맞춰 동작 만들기를 해 볼 거야.</td></tr>
<tr><th>전개</th><td colspan="3">2. 미리 배운 노래를 함께 불러 본다.
– 어제 배운 〈가을바람〉 노래에 어떻게 동작을 만들면 좋을지 생각하면서 선생님과 함께 노래를 불러 보자.

〈가을바람〉
살랑살랑살랑 살랑살랑살랑 가을바람 살랑 불어옵니다.
뱅글뱅글뱅글 단풍잎 뱅글뱅글뱅글 은행잎
살랑살랑살랑 살랑살랑살랑 가을바람 살랑 불어옵니다.

3. 노랫말에 동작을 만들어 본다.
– '살랑살랑살랑 살랑살랑살랑' 바람이 부는 모습은 동작으로 어떻게 하면 좋을까?
– '가을바람 살랑 불어옵니다' 부분에 어떤 동작을 만들면 좋을까?
– '뱅글뱅글뱅글 단풍잎 뱅글뱅글뱅글 은행잎' 부분은 어떤 모습으로 할까?
4. 유아들과 협의하여 동작을 정한다.
– 너희가 만든 여러 가지 동작 중 어떤 동작으로 결정하면 좋을지 생각해 보자.
– 너희가 결정한 동작을 노랫말 아래에 그림으로 그려 줄게.
5. 협의하여 만든 동작을 노랫말판을 보며 표현해 본다.</td></tr>
<tr><th>마무리</th><td colspan="3">6. 활동에 대한 생각이나 느낌을 이야기 나눈다.
– 오늘 〈가을바람〉 노래에 맞춰 동작 만들기를 했는데 어떤 느낌이 들었니?
– 어떤 노랫말의 동작표현이 제일 재미있었니?
– ○○는 다른 동작으로 만들고 싶었구나.</td></tr>
<tr><th>확장활동</th><td colspan="3">• 스카프, 리본막대 등 소품을 활용하여 가을바람을 친구와 함께 표현해 보도록 한다.</td></tr>
<tr><th>참고사항</th><td colspan="3">• 유아가 가을바람의 움직임을 떠올리며 노래 부를 수 있도록 지도한다.
• 노래를 배우고 율동을 만들어서 해 볼 때 부끄러움을 많이 느끼는 유아는 너무 강요하지 않고 교사가 옆에서 도움을 주어 해 볼 수 있도록 한다.</td></tr>
</table>

구조적 동작표현하기의 지도방법

- 익숙한 노래나 음악을 선택한다.
- 노랫말에 따라 동작을 만들어 본다. 처음에는 일부분만 선택하여 동작을 만들어 본 후, 익숙해지면 점차 노랫말 전체를 동작으로 만들어 본다.
- 하나의 노랫말에 다양한 동작이 만들어졌다면, 영유아와 협의하여 적절한 동작을 정한다. 노랫말에 적절하게 결정된 동작은 노랫말 게시판 아래에 그림으로 기록한다.
- 동작이 만들어지면, 노래나 음악에 맞추어 함께 만든 동작을 해 본다.

(2) 반구조적 동작표현하기

① 활동 전에 노래 내용과 활동의 목표를 잘 파악하여 지도계획을 세운다.

② 영유아가 쉽게 해 볼 수 있는 동작이 포함된 노래를 선정하고 게임 방식으로 진행해 볼 수 있다.

③ 노래의 내용과 활동방법, 즉 노래게임을 이해한 후 동작을 해 보도록 지도한다.

- 처음 노래게임을 소개할 때 먼저 노래를 들려준 후, 영유아와 함께 게임 방법을 알아보거나, 노래와 동작을 동시에 가르칠 수 있다. 노래게임이 진행되기 전에는 영유아가 노래게임 방법과 어느 부분에서 어떤 종류의 동작을 해야 하는지에 대한 이해가 반드시 선행되어야 한다. 그렇지 않을 경우 혼란스러워하기 쉽고 제대로 동작표현을 하지 못할 우려가 있다.

④ 활동 내용에 적합한 다양한 소품을 사용한다.

- 간단한 머리띠나 가면 등의 소품을 사용하면 흥미를 더해 줄 수 있으며, 더 적극적이고 적절한 동작표현을 촉진할 수 있다.

반구조적 동작표현하기의 지도방법

① 활동 전에 노래게임의 내용과 활동방법을 잘 파악하여 지도한다.
② 쉽게 실행할 수 있는 동작들이 포함된 노래를 선정한다.
③ 노래의 내용과 게임 방법을 이해한 후 동작을 해 보도록 한다.
④ 동작에 변화를 주어 창의적 표현 기회를 확대한다.
⑤ 노래의 박자에 맞추어 움직이도록 격려한다.
⑥ 가능한 한 소집단으로 지도하여 혼잡을 피한다.
⑦ 노래게임의 내용에 맞는 다양한 소품을 사용한다.

〈표 11-3〉 반구조적 동작표현하기 활동계획안의 예

<table>
<tr><td>활동명</td><td>나처럼 할 수 있을까?</td><td>주제</td><td>유치원/어린이집과 친구</td></tr>
<tr><td>활동형태</td><td>대소집단</td><td>대상연령</td><td>4세</td></tr>
<tr><td>활동목표</td><td colspan="3">• 노랫말에 맞게 신체를 움직여본다.
• 자신의 생각과 느낌을 창의적으로 표현한다.</td></tr>
<tr><td>누리과정 관련요소</td><td colspan="3">• 신체운동건강 〉 신체활동 즐기기 〉 신체 움직임을 조절한다
• 신체운동건강 〉 신체활동 즐기기 〉 실내외 신체활동에 자발적으로 참여한다
• 예술경험 〉 창의적으로 표현하기 〉 신체나 도구를 활용하여 움직임과 춤으로 자유롭게 표현한다</td></tr>
<tr><td>활동자료</td><td colspan="3">〈나처럼 할 수 있을까?〉 악보(교사용), 가사판</td></tr>
<tr><td>사전경험</td><td colspan="3">• 여러 가지 동작 카드를 준비하여 제시된 동작을 표현해 본다.
• 거울처럼 친구의 모습을 따라해 본다.</td></tr>
<tr><td colspan="4">활동방법</td></tr>
<tr><td>도입</td><td colspan="3">1. 오늘의 활동을 소개한다.
– 오늘은 노래를 부르면서 노랫말 중에 '나처럼 할 수 있을까? 함께 따라 해 봐요'하는 부분에서 친구가 하는 동작을 보고 따라 해 보는 활동을 할 거야.</td></tr>
<tr><td>전개</td><td colspan="3">2. 노래를 함께 불러 본다.
– 먼저 노래를 다 함께 불러 보자.

〈나처럼 할 수 있을까?〉
나처럼 할 수 있을까? 함께 따라 해 봐요
무릎에 발등에 손뼉을 치며 돌아요

3. 리더의 동작을 따라 한다.
– 선생님이 먼저 리더가 될게. 선생님이 하는 동작을 동시에 따라서 표현해 보자.
– 이번에는 친구의 이름을 부를 거야. 이름이 불린 친구의 동작을 거울이 되어서 따라 해 보는 거야.
– ○○처럼 할 수 있을까? 함께 따라 해 봐요. 무릎에 발등에 손뼉을 치며 돌아요.</td></tr>
<tr><td>마무리</td><td colspan="3">4. 활동에 대한 이야기를 나누어 본다.
– 친구의 행동을 따라 하는 활동을 해 보았는데, 어떤 동작이 가장 기억에 남았니?
– 따라 하기 힘든 동작은 무엇이었니?</td></tr>
<tr><td>확장활동</td><td colspan="3">• 부분적으로 노랫말을 바꾸어 불러 본다.</td></tr>
<tr><td>참고사항</td><td colspan="3">• 노래와 리듬에 맞추어 몸 움직이는 것을 즐기도록 한다.
• 유아 스스로 창의적인 움직임을 표현할 수 있도록 격려한다.</td></tr>
</table>

나처럼 할 수 있을까?

강보라 작사
외국 곡

[그림 11-3] 〈나처럼 할 수 있을까?〉 동작표현하기

(3) 창의적 동작표현하기

① 연관된 사전 활동을 실시한다.

창의적 동작표현을 위해 실물 자료를 보여주거나 대상을 충분히 탐색하고 관찰하게 하여 그 사물의 모양이나 움직임, 변화과정을 창의적으로 표현해 보게 한다. 표현은 구체적 경험을 바탕으로 더 섬세하고 창의적으로 표출될 수 있다. 예를 들어, 풍선을 불면서 풍선이 부푸는 모습, 바람이 빠져나가는 모습, 둥둥 뜨는 모습을 영유아가 직접 경험하고 관찰한 후 몸으로 풍선의 변화를 표현해 보면 더욱 효과적이다.

② 질 좋은 음악을 사용하여 지도한다.

특히, 음악적 요소에 초점을 둔 창의적 동작표현하기 활동의 경우 음악적 요소를 선명하게 인식할 수 있는 음악으로 선택한다.

③ 음악적 요소와 관련된 언어적 지원을 한다.

교사는 영유아와 함께 음악을 듣고 어떤 느낌과 생각이 드는지, 음악이 어떻게 빨라지고 느려졌는지, 빠를 때, 느릴 때 어떻게 몸을 움직여야 하는지에 대한 언어적 지원을 해 준다.

④ 창의적 표현을 할 수 있는 언어적 지원을 한다.

'가볍게', '무겁게', '느리게' 등과 같은 동작 요소를 포함한 언어적 표현이나 영유아의 동작표현 과정에서 다양한 경험과 사고를 확장시켜 주는 발문을 한다. 예를 들어, "또 다르게 표현해 볼까?", "정말 독특한 표현이다.", "만약 ~ 라면 어떻게 표현할 수 있을까?"라는 질문을 통하여 영유아 나름대로 생각을 찾을 수 있도록 지속적인 제안을 할 수 있다.

⑤ 독특한 창의적 표현을 격려한다.

영유아가 비슷한 동작을 따라 하거나 교사를 일방적으로 모방하지 않도록 한다. 이를 위해 교사는 영유아의 작은 표현까지도 유심히 살펴보고 새로운 시도, 상상을 동원한 창의적 표현과 태도를 격려한다. 예를 들어, "○○는 말 위에 탄 모습으로 신나게 움직이고 있고, △△는 말처럼 뛰어다니고 있구나."와 같이 이야기할 수 있다.

⑥ 이야기나 음악의 내용에 맞는 다양한 소품을 제시한다.

리본막대, 스카프, 가면이나 의상 등과 같은 간단한 소품만으로도 활동에 대한 적극적 참여를 유도할 수 있다. 단, 소품에 대한 일시적 흥분으로 동작활동 자체에 대한 집중이 떨어지지 않도록 주의한다.

⑦ 영유아가 만들어 낸 동작표현을 발표할 기회를 제공한다.

영유아를 두 집단으로 나누어 한 집단은 자신이 만들어 낸 동작을 발표하고 다른 집단의 영유아들은 감상한 후 평가해 본다. 발표와 감상의 기회는 더 다양한 창의적 동작표현을 이끄는 기초를 제공한다.

⑧ 몸과 마음을 준비·정리시키는 시간을 갖는다.

활동이 시작하기 전에 기초적 동작으로 스트레칭, 구부리기, 돌리기, 흔들기와 같은 신체를 유연하게 풀어 주는 시간을 갖는다. 활동 후에도 몸과 마음을 정리하는 기회를 가질 수 있다. 예를 들면, 동작활동이 끝났다는 신호로 가만히 누워 숨쉬기, 명상 음악을 들으며 흥분된 상태를 가라앉히며 편히 쉴 수 있다. 이러한 활동 준비와 정리활동은 짧고 간단하게 실시하여 본 활동에 지장을 주지 않도록 한다.

이야기 듣고 상상하여 창의적 표현하기의 지도방법

- 교사가 준비한 이야기를 들려준다.
  - 선생님이 들려주는 이야기를 가지고 동작으로 표현해 보는 활동을 할 거야. 어떻게 움직일 수 있을지 생각하면서 이야기를 잘 들어보자.
- 교사는 다양하고 창의적인 움직임을 표현할 수 있도록 이야기의 줄거리와 관련된 언어적 지원을 제공한다.
  - 공원에 커다란 단풍나무가 있어요. 가을바람이 불어오니 나뭇잎들이 떨어지기 시작했어요. 떨어진 나뭇잎은 바람을 타고 멀리 여행을 떠나려고 해요. 어디로 날아갈까요?
  - 나뭇잎이라면 어느 곳으로 여행을 가고 싶니?
- 이야기의 내용을 표현하기에 적절한 다양한 자료(효과음, 배경음악, 소품)를 제공해 준다.
  - (나뭇잎 머리띠를 하고 나서) 우리 모두 나뭇잎이 되어 보자.
  - 음악을 들으면서 표현해 보자.

음악적 요소에 따른 창의적 동작표현하기의 지도방법

- 교사가 준비한 음악을 들려준다.
  - 음악을 들어 보도록 하자.
- 교사는 음악적 요소와 관련된 언어적 지원을 제공한다.
  - 어느 부분에서 빠르게 들리니?
  - 어느 부분에서 부드럽게 들리니?
  - 어느 부분에서 큰 소리로 쾅쾅 울리니?
  - 음악을 들어 보면서 큰 소리(작은 소리)가 날 때 우리 몸으로 어떻게 표현할 수 있니?
- 준비한 음악을 표현하기에 적절한 다양한 자료를 제공해 준다.
  - 바람에 날리는 부드러운 깃털과 리본막대를 준비했단다.

〈표 11-4〉 창의적 동작표현하기 활동 계획안의 예

<table>
<tr><td>활동명</td><td>아름답고 푸른 도나우 강</td><td>주제</td><td>우리 동네</td></tr>
<tr><td>활동형태</td><td>대소집단</td><td>대상연령</td><td>4세</td></tr>
<tr><td>활동목표</td><td colspan="3">• 음악을 감상하며 음악의 아름다움을 느낀다.
• 음악에 대한 느낌을 스카프나 리본막대를 이용하여 창의적으로 표현해 본다.</td></tr>
<tr><td>누리과정 관련요소</td><td colspan="3">• 예술경험 〉 창의적으로 표현하기 〉 신체나 도구를 활용하여 움직임과 춤으로 자유롭게 표현한다
• 예술경험 〉 예술 감상하기 〉 다양한 예술을 감상하며 상상하기를 즐긴다</td></tr>
<tr><td>활동자료</td><td colspan="3">요한 슈트라우스 2세의 〈아름답고 푸른 도나우 강〉 음원, 스카프, 리본막대</td></tr>
<tr><td>사전경험</td><td colspan="3">• 실외놀이를 하면서 스카프를 흔들며 다양한 방법으로 바람을 탐색한다.
• 음률영역에 동작카드를 제공하여, 스카프나 리본 막대로 표현해본다.</td></tr>
<tr><td colspan="4">활동방법</td></tr>
<tr><td>도입</td><td colspan="3">1. 〈아름답고 푸른 도나우 강〉 음악을 감상한다.
– 이 곡의 제목은 무엇일까?
– 왜 제목을 〈아름답고 푸른 도나우 강〉으로 지었을까?
– 내가 작곡가라면 어떤 제목을 지었을 것 같니?
– 곡을 들은 느낌이 어떤지 말해 보자.
– 음악에서 어떤 소리가 들렸니?
– 빠르기는 어땠니?
– 어떤 모습을 표현한 것 같니?</td></tr>
<tr><td>전개</td><td colspan="3">2. 음악을 소개한 후 곡에 대한 느낌을 이야기 나눈다.
– 이 음악을 만든 작곡가는 요한 슈트라우스 2세이고, 유유히 흐르는 강의 모습을 표현한 곡이란다.
– 강 주변의 아름다운 풍경이 떠오르니?
– 강가의 사람들은 무엇을 하고 있을 것 같니?
– 음악을 듣고 강의 어떤 모습이 떠올랐니?
3. 음악을 감상하며 스카프나 리본막대를 이용하여 신체표현을 해 본다.
– 음악의 느낌을 몸으로 표현해 볼까?
– 음악에 맞추어 리본막대와 스카프를 흔들어 보자.
– 어떻게 흔들면 곡의 느낌을 잘 표현할 수 있을까?
– 강물이 흐르는 느낌을 표현할 수 있겠니?
– 친구와 함께 스카프를 양쪽에서 잡고 흐르는 강물을 표현해 볼까?
– △△이처럼 스카프를 위로 올려 흔들어 보자.
– ○○이는 리본막대를 빙글빙글 돌리면서 표현하고 있구나.</td></tr>
<tr><td>마무리</td><td colspan="3">4. 활동을 마친 후 느낀 점을 이야기 나눈다.
– 어떤 표현이 가장 재미있었니?
– 음악을 들으며, 표현해 보았는데 어려운 점은 없었니?
– 다음에 또 음악을 듣고 표현해 본다면 어떤 도구를 이용하면 좋을까?</td></tr>
<tr><td>확장활동</td><td colspan="3">• 음악에 어울리는 장면을 상상하여 그려 보는 활동을 한다.</td></tr>
<tr><td>참고사항</td><td colspan="3">• 유아의 신체 기능이나 예술적 표현능력이 다를 수 있음을 고려하여 서로의 표현방법을 존중해 줄 수 있도록 안내한다.
• 리본막대나 스카프를 흔들면서 옆의 친구에게 방해가 되지 않도록 주의한다.</td></tr>
</table>

3) 동작으로 표현하기 지도 시 유의점

동작으로 표현하기의 지도방법이 항상 일정한 것은 아니다. 어떤 경우에는 교사가 주도하여 영유아를 이끌고 수업을 진행할 때도 있고 어떤 경우에는 영유아가 주도하여 활동을 진행하는 경우도 있다. 또한, 영유아의 연령, 흥미, 활동 진행, 활동 경험 정도에 따라 각각 다르게 진행될 수 있다. 동작으로 표현하기 지도 시에 유의해야 할 점은 다음과 같다(김지혜, 2015; 심성경 외, 2015; 이정환 · 김희진, 2017; 하정희 외, 2013; Bredekamp & Copple, 1997).

- 영유아가 자유롭게 몸을 움직일 수 있도록 충분한 공간을 준비한다. 집단 수를 고려하여 영유아가 팔을 벌려 서로 닿지 않을 정도의 충분한 공간이 필요하다. 또한, 공간은 밝고 환기 상태가 좋고 소음으로부터 자유로운 곳이어야 한다.
- 영유아의 표현을 주의 깊게 관찰한다. 교사는 세밀한 관찰을 통하여 소극적 표현이더라도 영유아 스스로 다양한 동작을 발견할 수 있도록 격려해 준다. 영유아의 동작표현은 서서히 발달하므로 교사의 기다림과 인내심이 필요하다.
- 최대한 개방적이고 자유로운 분위기를 마련한다. 영유아가 자신의 생각을 표현할 수 있도록 최대한 개방적으로 수용해 준다. 동작활동에 자신감이 없어 참여하지 못하는 영유아에게 참여를 강요하기보다는 관찰할 수 있는 시간을 주고 서서히 참여하도록 유도한다.
- 주의사항 및 규칙 등에 대해 미리 알려 준다. 동작활동 중 자칫 충돌이 일어날 수 있으므로 한 방향으로 움직이기, 움직일 때 다른 사람과 부딪히지 않기, 정해진 공간 안에서 움직이기 등의 약속을 정해 주의한다.
- 활동에 필요한 다양한 교수자료를 준비한다. 영유아는 새로 접하는 자료에 흥미를 느끼고 사용하지만 자료에 익숙해지면 목적에서 벗어나 잘못 사용할 수 있으므로 교수자료를 소개할 때 올바른 사용방법, 다루는 태도 등에 대해 토의한다.
- 동작활동을 위한 적절한 시간을 안배한다. 교사 중심으로 일정한 시간을 정해 놓고 하기보다는 일과 중에 연관된 활동과 통합되도록 계획하는 것이 바람직하다. 동물에 대한 이야기 나누기 활동이 진행되었다면 이를 연계하여 몸으로 표현해 본다. 산책이나 견학 시 직접 본 것을 즉각적으로 표현해 보는 것도 효과적이다.

- 활동하는 중간에 영유아의 심리 상태와 체력 상태를 파악한다. 동작활동 중에 영유아의 흥미와 집중도를 고려하여 활동을 진행하고 확장시킬 것인지, 멈출 것인지 결정한다. 실외놀이, 점심시간, 동적인 신체게임과 같이 신체적 피로감이 올 수 있는 활동 후에는 하지 않는다. 영유아에 따라 건강 · 심리적인 이유로 동작활동에 대한 개별적인 요구가 다를 수 있으므로 이를 반영한다.

동물가면

스카프

리본 마라카스

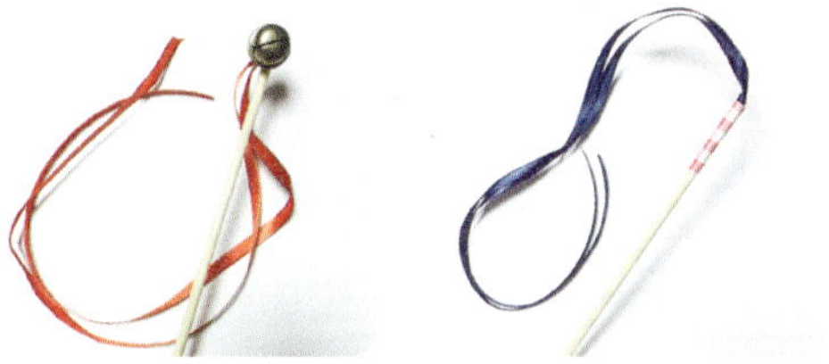
리본막대

리본 링

동작표현을 위한 다양한 소품

4. 동작으로 표현하기 평가

1) 동작으로 표현하기를 할 때 관찰할 내용

자유선택활동과 집단 활동 시 동작으로 표현하기를 할 때 영유아가 보이는 다음과 같은 행동을 관찰하고 기록할 수 있다(하정희 외, 2013).

- 음악적 기본 요소를 동작표현을 통해 자연스럽게 인식하는가?
- 노랫말(동작노래)에 따른 동작표현에 즐겁게 참여하는가?
- 노래 내용에 따른 동작표현에 적극적으로 참여하는가?

- 음악을 듣고 그 느낌과 분위기를 동작으로 표현하는 활동에 자발적으로 참여하는가?
- 손유희를 정확하게 익히고 따라 하는가?

2) 교사 평가

교사가 동작으로 표현하기의 효과를 높이기 위해 자신이 준비하고 실행한 수업이 계획대로 잘 이루어졌는지 평가해 볼 수 있는 도구는 다음과 같다.

〈표 11-5〉 동작으로 표현하기 지도 평가표

범주	내용	그렇다	아니다
활동 선정	주제와 연계되는가?		
	영유아의 신체발달에 적절한가?		
환경	활동을 할 수 있는 충분한 공간이 확보되어 있는가?		
	영유아의 안전이 고려되는 공간인가?		
매체	활동을 설명하기 위해서 매체(그림, 사진 등)를 사용하는가?		
	활동을 위한 기구와 자료가 유용하게 활용되었는가?		
사전 활동	동작과 관련된 사전 활동이 있는가?		
동작표현 지도과정	도입을 하는가?		
	활동 속에 동작표현이 다양하게 포함되었는가?		
	시범을 보이는가?		
	영유아가 음악을 듣고 느낌을 동작으로 표현해 보게 하는가?		
	개별 또는 소집단(또는 반 집단)으로 나누어 활동을 해 보는가?		
	전체 집단이 함께 활동을 해 보는가?		
	움직임 방향, 속도, 앞 영유아와의 거리 등에 주의를 기울이며, 영유아의 안전을 고려하는가?		
	동작표현활동에 참여하고 싶어 하지 않는 영유아를 배려하는가?		
마무리	동작표현에 대한 평가를 하는가?		
	동작표현시간이 끝났음을 알리고 다음 활동을 소개하는가?		

출처: 교육인적자원부(2001), 박정민 · 박미경(2017) 재구성.

5. 동작으로 표현하기 활동의 실제

활동 1 자석이 되어 보아요

대상연령 만 2세

주제 나와 가족

활동목표
- 자유롭게 몸을 움직이다가 조절하여 멈춘다.
- 노랫말의 지시를 듣고 움직여 본다.

표준보육과정 관련요소
- 신체운동 〉 신체활동 즐기기 〉 대소근육을 조절한다.
- 의사소통 〉 듣기와 말하기 〉 상대방의 이야기를 듣고 말한다.
- 예술경험 〉 창의적으로 표현하기 〉 움직임과 춤으로 자유롭게 표현한다.

활동자료
- 모양 스티커(동그라미- 파랑, 하트- 빨강, 네모- 노랑/영아 1명- 모양 스티커 3장), 〈그대로 멈춰라〉 음원

활동방법

1. 준비한 세 가지의 모양 스티커를 보여 주고 탐색해 본다.
   - 무슨 모양일까요? 무슨 색일까요?
   - 같은 색을 찾아볼까? 같은 모양을 찾을 수 있겠니?
2. 교사는 영아의 신체 부위에 스티커를 붙인다.
   - ○○이는 스티커를 몸 어디에 붙이고 싶니?
   - ○○는 ◇◇에 스티커를 붙이고 싶었구나.
3. 〈그대로 멈춰라〉 노래에 맞춰 자유롭게 몸을 움직이다가 멈춰본다.
   - 교사는 신체 부위에 모양 스티커를 붙이고 노래에 맞춰 춤을 추다가 모양 이름을 말하면서 자석처럼 같은 모양을 맞대는 모습을 보여 준다.
     : 즐겁게 춤을 추다가 그대로 멈춰라. 노랑! (노랑끼리 붙인다)
     : 즐겁게 춤을 추다가 그대로 멈춰라. 하트! (하트끼리 붙인다)
   - ○○는 △△이랑 딱 붙었구나.
   - 노래를 들으면서 다시 춤을 춰 보자.

확장활동

- 실내에 전신거울이 있는 경우, 거울 앞에서 영아가 자신의 움직임을 보면서 멈춤 놀이 활동을 진행해 본다.

참고사항

- 신체활동에 방해되지 않도록 위험한 물건이나 책상 등을 치워 공간을 충분히 확보한다.
- 색과 모양을 찾지 못하는 영아가 있으면 교사가 자석처럼 다가가서 같은 색과 모양을 붙여 볼 수 있다.
- 관심을 보이는 영아와 1:1 또는 소그룹으로 진행한다.

자석이 되어 보아요 활동의 예

활동 2 꼬마야 꼬마야

대상연령 만 2세

주제 나와 가족

활동목표

- 다양한 방법으로 몸을 움직여 본다.
- 전래놀이에 즐겁게 참여한다.

표준보육과정 관련요소

- 신체운동 〉 신체활동 즐기기 〉 실내외 신체활동을 즐긴다.
- 의사소통 〉 듣기와 말하기 〉 상대방의 이야기를 듣고 말한다.
- 예술경험 〉 창의적으로 표현하기 〉 움직임과 춤으로 자유롭게 표현한다.

활동자료

- 전래동요 〈꼬마야 꼬마야〉 음원

활동방법

1. 〈꼬마야 꼬마야〉 노래를 들려준다.
   - 무슨 노래가 들리니?
   - '꼬마야 꼬마야'하고 부른 다음에 무엇을 하라고 하니?
   - 땅을 짚어 보라는 것은 어떻게 해 보라는 것일까?
2. 노랫말에 맞추어 몸을 움직여 본다.
   - 노래를 들으면서 움직여 볼까?
3. 노랫말을 바꿔 다른 동작으로 움직여 보도록 격려한다.
   - 이번에는 선생님 이야기를 잘 듣고 움직여 보자.
   - 꼬마야, 꼬마야! 엉덩이를 흔들어라. 꼬마야, 꼬마야! 친구 손을 잡아라.
   - ○○반 ○○반 앉아 보아라. ○○반 ○○반 참 잘했다.

확장활동

- 영아의 이름을 불러, 자신의 이름이 불린 영아만 노랫말에 따라 움직여 본다.

참고사항

- 활동 전 노래를 충분히 들려주어 자연스럽게 관심을 갖고 익힐 수 있도록 돕는다.

꼬마야 꼬마야

작자 미상

Am Em Am Em
꼬마야 꼬마야 뒤 로 돌아라 꼬마야 꼬마야 한 발을들어라
Am Em Am Em
꼬마야 꼬마야 땅 을 짚어라 꼬마야 꼬마야 손 뼉을쳐 라
Am Em Am
꼬마야 꼬마야 만 세를불러라 꼬마야 꼬마야 잘 – 가거라

활동 3 사랑하는 친구

대상연령 만 3, 4, 5세

주제 유치원 / 어린이집과 친구

활동목표

- 노래에 맞추어 움직임을 표현한다.
- 친구와 함께 노래에 맞춰 율동 할 때의 즐거움을 경험한다.

누리과정 관련요소

- 신체운동 · 건강 〉 신체활동 즐기기 〉 신체 움직임을 조절한다.
- 사회관계 〉 더불어 생활하기 〉 친구와 서로 도우며 사이좋게 지낸다.
- 예술경험 〉 창의적으로 표현하기 〉 신체나 도구를 활용하여 움직임과 춤으로 자유롭게 표현한다.

활동자료

- 〈사랑하는 친구〉 악보(교사용)

활동방법

〈율동 방법〉
① 사랑하는 친구! 누구일까? 친구!(서로 마주 보고 머리 위로 팔을 올려 하트를 만든다.)
② 뒤, 뒤 친구 (친구끼리 서로 돌아서 등을 부딪친다.)
③ 옆, 옆 친구 (친구끼리 서로 옆으로 서서 팔을 부딪친다.)
④ 앞, 앞 친구 (친구끼리 서로 마주 보고 손뼉을 마주친다.)
⑤ 사랑하는 친구 (친구끼리 서로 마주 보고 안아 준다.)

뒤, 뒤 친구　　옆, 옆 친구　　앞, 앞 친구　　사랑하는 친구

1. 노래에 맞추어 어울리는 동작을 표현한다.
   - 친구와 서로 마주 보고 노랫말을 따라 몸을 움직여 보자.
2. 노래의 빠르기에 맞춰 신체를 부딪쳐 본다.
   - 노래를 천천히 불러 보자. 천천히 부딪쳐 볼까?
   - 노래를 빠르게 불러 보자. 빠르게 부딪쳐 볼까?

3. 두 개의 원형으로 서로를 마주 보고 서서 돌아가며 다른 친구들과 율동을 한다.

4. 친구와 함께 노래에 맞추어 몸을 움직여 본 느낌을 이야기해 본다.
   - 친구와 서로 몸 부딪쳐 보니 어떤 기분이 드니?
   - 친구와 서로의 몸을 부딪칠 수 있는 곳이 또 있을까?

확장활동

- 한 개의 원형으로 일어서서 노래게임으로 진행해 볼 수 있다.

〈노래게임 방법〉
① 사랑하는 친구! 누구일까? 친구! (술래 1명이 노래에 맞춰 원 밖을 걷는다.)
② 뒤, 뒤 친구 (술래는 ○○에게 다가가 친구끼리 서로 돌아서 등을 부딪친다.)
옆, 옆 친구 (술래와 ○○은 서로 옆으로 서서 팔을 부딪친다.)
앞, 앞 친구 (술래와 ○○은 서로 마주 보고 양손을 부딪친다.)
사랑하는 친구 (술래와 ○○은 서로 마주 보고 안아 준다.)
③ ○○이가 새로운 술래가 되어 원 밖을 걷는다.

참고사항

- 사전 활동으로 노래를 미리 불러 보고 본 활동에 참여 하도록 하면 유아가 더 흥미를 보이며 적극적으로 참여할 수 있다.
- 친구와 서로 닿는 신체 부위를 긍정적으로 인식하며 활동에 참여할 수 있도록 한다.

사랑하는 친구

강보라 작사
외국 곡

활동 4 소리에 맞추어 걷다가 멈춰요

대상연령 만 3세

주제 나와 가족

활동목표

- 신체 각 부분을 조절하여 소리에 맞춰 걸어 본다.
- 리듬에 따라 다양하게 걸어 본다.

누리과정 관련요소

- 신체운동 · 건강 〉 신체활동 즐기기 〉 신체 움직임을 조절한다.
- 예술경험 〉 아름다움 찾아보기 〉 예술적 요소에 관심을 갖고 찾아본다.

활동방법

1. 북에 대해 이야기 나눈다.
   - (북을 보여 주며) 이것은 어떤 악기일까?
   - 북을 연주해 본 적이 있니?
   - 북은 어떻게 소리를 낼 수 있을까?
   - (북채를 보여 주며) 이것은 무엇일까? 이 채로 북을 두드리면 소리가 난단다.
2. 북의 소리를 탐색해 본다.
   - 어떤 소리가 나는지 함께 들어 보도록 하자.
   - (북을 세게/ 약하게 두드리며) 어떤 소리가 나니?
   - 북을 세게 두드릴 때와 약하게 두드릴 때 어떻게 다르니?
   - (북을 빠르게/느리게 두드리며) 북소리가 어떻게 들리니?
3. 북소리에 맞춰 다양하게 걸어 본다.
   - 이번에는 북소리에 맞춰 걸어 볼 수 있겠니?
   - (북을 세게 두드리며 ♩ ♩ ♩ ♩) 하나, 둘, 셋. 제자리에서 힘차게 걸어 보자.
   - (북을 약하게 두드리며 ♩ ♩ ♩ ♩) 이번에는 살금살금. 발소리가 나지 않도록 걸어 보자.
   - (북을 느리게 두드리며 𝅗𝅥 𝅗𝅥) 느릿느릿 거북이처럼 느리게 걸어 보자.
   - (북을 빠르게 두드리며 ♫ ♫ ♫ ♫) 이번에는 달리기 선수처럼 빨리 뛰어 보자.
   - 북소리에 맞추어 움직이다가 북소리가 멈추면 '얼음' 동작으로 멈춰 보자.
   - 북소리가 바뀌면 방향을 바꾸어 걸어 보자.
   - 또 어떤 방법으로 걸어 보고 싶니?

4. 활동한 후 느낌을 이야기 나눈다.
   - 북소리의 다양한 빠르기에 따라 몸을 움직여 보니 어떠니?
   - 어떻게 걸어 보는 것이 재미있었니?
   - 북소리에 맞춰 걸어 보는 것이 어렵지는 않았니?

확장활동

- 북 외에도 여러 가지 악기를 제시하여 다양한 크기와 빠르기에 따라 걸어볼 수 있다.

소리에 맞추어 동물들의 움직임 표현하기

빠르게	탬버린	
느리게	트라앵글	
캥거루	틱톡블록	
생쥐	마라카스	
코끼리	북	

참고사항

- 북소리를 충분히 탐색하는 시간을 가질 수 있도록 한다.
- 제시된 방법 외에 다양한 방법으로 북소리에 맞춰 걸어 볼 수 있다.

활동 5 머리 어깨 무릎 발

대상연령 만 5세

주제 나와 가족 / 건강과 안전

활동목표

- 음악을 들으며 신체 움직임을 조절해 본다.
- 노랫말에 맞게 몸을 움직여 본다.

누리과정 관련요소

- 신체운동 · 건강 〉 신체활동 즐기기 〉 신체를 인식하고 움직인다
- 예술경험 〉 예술적 표현하기 〉 움직임과 춤으로 표현하기

활동자료

- 그리그의 ≪페르귄트 모음곡≫ 1번 〈산속 마왕의 궁전〉 음원

활동방법

1. 그리그의 ≪페르귄트 모음곡≫ 1번 〈산속 마왕의 궁전〉을 연주 시작부터 2분 정도 주의 깊게 음악을 들어 본다.
   - 어떤 음악이 나오는지 함께 들어 볼까?
   - 음악을 들어 보니, 어떤 느낌이 드니?
   - 생각나는 멜로디가 있니?
2. 주선율에 따라 움직임 약속을 정한다.
   - 이 멜로디가 들리면 약속한 대로 움직여 볼까?

페르귄트 모음곡 1번 산속 마왕의 궁전

그리그 작곡

- (교사가 시범을 보이며) 이 부분에서 우리 몸의 머리, 어깨, 무릎, 발을 손으로 짚으며 움직여 보면 어떨까?

3. 다시 음악을 감상하고, 노래를 부르며 우리 몸의 각 부분을 손으로 짚으며 움직인다.
   - (주선율을 들으며) 다시 음악의 멜로디를 허밍으로 흥얼거리면서 들어 보자.
   - (멜로디를 익숙해지도록) '라', '아' 또는 '루' 불러 볼까?
   - 몸을 움직일 수 있도록 멜로디에 가사를 붙여 볼까?
   - 음악을 들으며 자유롭게 움직이다가 주선율을 연주하면 약속한 대로 움직여 본다.

4. 활동을 평가하는 시간을 갖는다.
   - 노래를 부르며 몸의 부분을 움직여 보니 어땠니?
   - 다음에는 어떻게 활동해 보고 싶니?

확장활동

- 본 동작이 익숙해진 신체 부위를 짚는 순서를 바꾸거나, 다른 신체 부위를 짚는 활동으로 확장하여 진행해 본다.

참고사항

- 유아가 순서를 잘 기억할 수 있도록 동작카드의 순서를 머리→ 어깨 → 무릎 → 발 → 눈 → 귀 → 입 → 코 순으로 보여 준다.

활동 6 폴짝폴짝 춤추는 캥거루

대상연령 만 4세

주제 동식물과 자연

활동목표

- 음악을 듣고 자신의 느낌이나 생각을 표현한다.
- 음악의 특징(빠르기, 셈여림, 리듬 등)에 따라 동작을 신체로 표현한다.

누리과정 관련요소

- 신체운동 · 건강 〉 신체활동 즐기기 〉 실내외 신체활동에 자발적으로 참여한다.
- 예술경험 〉 아름다움 찾아보기 〉 예술적 요소에 관심을 갖고 찾아본다.
- 예술경험 〉 창의적으로 표현하기 〉 신체나 도구를 활용하여 움직임과 춤으로 자유롭게 표현한다.

활동자료

- 생상스의 ≪동물의 사육제≫ 중 〈캥거루〉 음원, 캥거루 모습이 담긴 동영상

활동 방법

1. 생상스의 ≪동물의 사육제≫ 중 〈캥거루〉를 들으며 느낌에 대해 이야기 나눈다.
   - 음악을 들으니 어떤 느낌이 드니?
   - 어떤 악기의 소리가 들리니? 피아노 소리가 어떻게 들렸니? (빠르게 또는 느리게)
   - 이 곡의 작곡자는 누구일까?
   - 이 음악을 들으니 떠오르는 동물이 있니?
2. 동영상으로 캥거루의 움직임을 살펴본다.
   - 풀을 먹을 때는 어떻게 먹었니?
   - 캥거루가 걸을 때는 어떻게 걸었니? 캥거루가 뛸 때는 어떻게 뛰었니?
3. 캥거루의 움직임을 상상하며 다시 음악을 들어 본다.
   - 음악의 느린 부분(빠른 부분)에서는 캥거루의 어떤 모습을 표현하고 있을까?
4. 음악을 들으며 캥거루의 움직임을 몸으로 표현하고 느낌을 나눈다.
   - 네 다리로 걷는 캥거루의 모습은 어떻게 표현할까?
   - 풀을 뜯어 먹고 있는 캥거루의 모습을 표현해 볼까?
   - 뒷다리로 껑충껑충 뛰어다니는 캥거루의 모습을 표현해 볼까?
   - 캥거루의 움직임을 몸으로 표현해 보니 어떠니?
   - 어떻게 표현한 것이 재미있었니?

확장활동

- 그림악보(Listening map)을 보면 음악 감상을 해 본다.

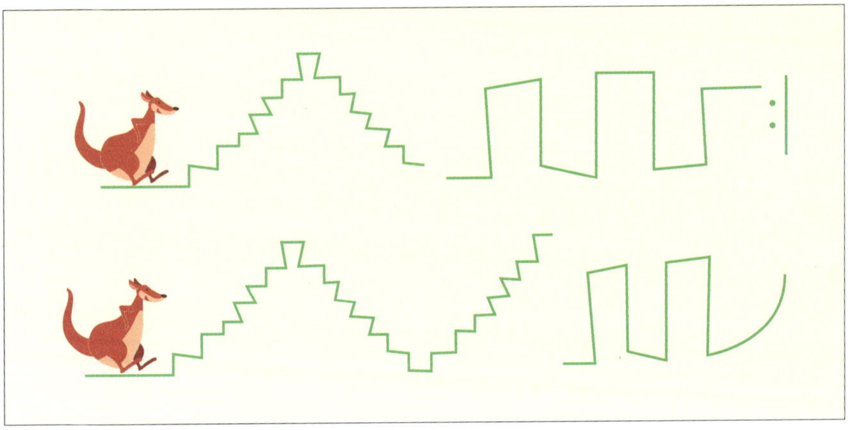

생상스 ≪동물의 사육제≫ 중 〈캥거루〉

- 게임으로 '캥거루 뜀뛰기'를 해 본다.

〈게임 방법〉
① 팀을 나눈다.
② 커다란 주머니에 들어가 출발선에 선다.
③ 주머니를 손으로 잡은 후 두 발을 모으고 뜀뛰기를 해서 반환점을 돌아온다.
④ 먼저 들어오는 사람이 이긴다.
⑤ 뛰면서 넘어질 수 있으므로 안전에 유의한다.

참고사항

- 캥거루의 움직임을 창의적으로 표현할 수 있도록 격려한다.
- 음악에 대한 표현활동을 할 때, 친구와 부딪쳐서 서로에게 방해되지 않도록 활동 전에 미리 이야기한다.

활동 7 서주와 사자 왕의 행진

대상연령 5세

주제 동식물과 자연

활동목표

- 빠르기, 리듬, 셈여림 등의 음악적 요소에 관심을 갖는다.
- 사자의 특징적인 모습을 탐색하고 다양하게 표현해 본다.

누리과정 관련요소

- 신체운동 · 건강 〉 신체활동 즐기기 〉 신체 움직임을 조절한다.
- 예술경험 〉 아름다움 찾아보기 〉 예술적 요소에 관심을 갖고 찾아본다.
- 예술경험 〉 창의적으로 표현하기 〉 신체나 도구를 활용하여 움직임과 춤으로 자유롭게 표현한다.

활동자료

- 생상스의 ≪동물의 사육제≫ 중 〈서주와 사자 왕의 행진〉 음원, 사자 그림 자료, 파라슈트

활동방법

1. 그림 자료를 보며 사자에 대해 이야기한다.
   - 이 그림 속의 사자들은 무엇을 하고 있는 것일까?
   - 사자는 언제 서로의 힘을 자랑하며 싸울까?
2. 음악 감상 후 음악에 대한 느낌을 이야기 나눈다.
   - 음악을 들어 보니 어떤 느낌이 들었니?
   - 이 음악은 생상스라는 작곡가가 동물의 축제를 상상하며 만든 곡 중의 하나란다. 축제의 시작을 알리는 음악과 함께 사자 왕의 걸음걸이를 표현한 〈서주와 사자 왕의 행진〉이라는 곡이야.
3. 다시 음악을 감상해 본다.
   - (사자의 울부짖는 소리에 주의를 기울이며) 음악 소리가 커지면 몸을 크게 펴거나, 소리가 작아지면 몸을 오므리면서 들어 보자.
   - 음악에서 사자의 모습이 느껴지니? 음악의 어떤 부분에서 그런 느낌이 들었니?
4. 파라슈트를 소개하고, 탐색하며 이야기 나눈다.
   - (파라슈트를 탐색하며) 이것은 무엇인 것 같니? 만져 본 느낌이 어떠니?
   - 위아래로 흔들어 볼까? 팔을 위로 쭉 뻗고 파라슈트를 머리 위에서 흔들어 보자.
5. 파라슈트를 가지고 음악을 들으며 셈여림을 표현하여 본다.

- 친구들과 파라슈트의 끝을 잡아 보자.
- 사자가 행진할 때 이 파라슈트를 어떻게 할까? (파라슈트 끝을 잡고 같은 방향으로 걷기)
- 사자가 으르렁거리면 이 파라슈트를 어떻게 할까? (파라슈트를 위아래로 움직이기)
- 낮은 음/높은 음에서는 이 파라슈트를 어떻게 할까?
- 큰 소리/작은 소리는 어떻게 표현하면 좋을까?

6. **활동한 후 느낌을 이야기 나눈다.**
   - 어떻게 하면 더 멋진 사자처럼 움직여 볼 수 있을까?
   - 음악 속에서 어떤 부분이 사자를 생각나게 했니?
   - 어떤 점이 재미있었니?

파라슈트 활동의 예

확장활동

- 생상스 ≪동물의 사육제≫의 다른 여러 동물을 감상하고, 동물의 특징을 몸으로 표현해 본다.

참고사항

- 파라슈트를 충분히 펴고 활동할 수 있는 공간에서 놀이한다.
- 유아의 발달 수준에 따라 파라슈트를 잡는 인원을 적절하게 조정한다.

활동 8 날아라 비행기

대상연령 만 4세

주제 교통기관

활동목표

- 비행기의 특징을 몸의 움직임으로 표현한다.
- 다른 사람의 표현을 존중하는 태도를 기른다.

누리과정 관련요소

- 신체운동 · 건강 〉 신체활동 즐기기 〉 신체 움직임을 조절한다.
- 예술경험 〉 창의적으로 표현하기 〉 신체나 도구를 활용하여 움직임과 춤으로 자유롭게 표현한다.
- 예술경험 〉 예술 감상하기 〉서로 다른 예술 표현을 존중한다.

활동자료

- 비행기 모습이 담긴 동영상, 〈고양이의 하루〉 음원

활동방법

1. **비행기가 날아가는 모습이 담긴 동영상을 보며 비행기의 움직임을 탐색한다.**
   - 비행기가 어떻게 날아갔니?
   - 비행기가 땅에서 하늘로 올라갈 때 날개의 모양이 어떻게 되었니?
   - 하늘에서 동그란 모양의 연기가 만들어질 때 비행기가 어떻게 움직였니?
2. **비행기가 날아가는 모습을 상상하며 어떻게 몸으로 표현할 수 있는지 이야기해 본다.**
   - 비행기가 날아가는 모습을 몸으로 어떻게 표현할 수 있을까?
   - 비행기가 땅에서 하늘로 올라가는 모습은 표현하려면 몸을 어떻게 움직여야 할까?
   - 팔은 어떻게 해야 할까?
   - 비행기가 빠르게 움직이는 모습은 어떻게 표현할 수 있을까? 다리는 어떻게 해야 할까?
   - 비행기가 땅에서 멈추는 모습은 어떻게 표현할 수 있을까?
3. **비행기의 움직임을 표현해 본다.**
   (먼저 제자리에서 팔을 벌려 비행기처럼 움직이다가 익숙해지면 공간을 이동하면서 움직여 보도록 한다. 이때 다른 비행기와 부딪치지 않도록 한다.)
   - 하늘이라고 상상해 보고 움직여 보자. 비행기가 되어 볼까?
   - 높이 날아요. 점점 낮아져요.
   - 바람이 불기 시작해요. 점점 더 세게 불어요.
   - ○○이는 팔을 벌려 주었구나!

- △△이는 뛰어다니며 비행기의 모습을 표현해 주는구나!

〈교사의 상호작용 예〉
- 비행기가 날아갈 준비를 합니다.
- 비행기 엔진에 시동이 걸리고 바퀴가 조금씩 움직입니다.
- 비행기가 땅에서 하늘로 올라갑니다.
- 비행기가 구름 위를 조용히 날아다닙니다.
- 비행기가 뱅글뱅글 돌며 동그란 모양을 만들고 있어요.
- 여러 대의 비행기가 한 줄 기차를 만들어 차례대로 날아가네요.
- 비행기가 땅으로 내려옵니다.

4. 활동을 평가하는 시간을 갖는다.
   - 하늘을 나는 또 다른 탈 것이 있을까?
   - 움직이면서 어떤 기분이 들었니?
   - 어느 부분이 가장 재미있었니?

확장활동

- 그림책『내 친구 깡총이』에서 본 움직임에 대해 이야기 나눈 후 동작으로 표현해 본다.
- 공간이나 경로를 지정하고 여러 가지 탈 것을 상상하여 움직임으로 표현해 본다.
- 도로 위에서 타는 것, 물에서 타는 것 등 여러 가지 탈 것을 움직임으로 표현해 본다.

참고사항

- 유아가 자신의 생각을 창의적으로 표현해 볼 수 있도록 교사는 비행기의 움직임을 구체적인 언어로 표현해 준다.
- 유아가 적극적으로 참여할 수 있도록 교사도 함께 몸을 움직이며 격려한다.

이륙 준비하는 모습

비행하는 모습

비행하는 모습

착륙하는 모습

비행기 동작표현하기

활동 9 톡톡 튀는 팝콘

대상연령 만 3, 4세

주제 건강과 안전 / 여름

활동목표

- 팝콘이 만들어지는 과정을 신체로 표현한다.
- 서로의 생각이나 표현이 다른 점을 이해하고 존중하는 태도를 기른다.

누리과정 관련요소

- 신체운동 · 건강 〉 신체활동 즐기기 〉 실내외 신체활동에 자발적으로 참여한다.
- 예술경험 〉 창의적으로 표현하기 〉 신체나 도구를 활용하여 움직임과 춤으로 자유롭게 표현한다.

활동자료

- 앤더슨의 〈타이프라이터〉 음원

활동 방법

1. 팝콘을 만들거나 먹어 본 경험에 대해 이야기 나눈다.
   - 팝콘을 먹어 본 경험이 있니?
   - 팝콘을 만들어 본 경험이 있니?
   - 팝콘을 만들 때 무엇이 필요했니?
   - 냄비가 달궈지면서 옥수수가 어떻게 되었니?
   - 팝콘이 만들어질 때 그 소리를 표현해 볼 수 있겠니?
2. 음악을 들으며 옥수수가 팝콘이 되는 과정을 신체를 이용해 표현해 본다.
   - 음악을 들으면서 뜨거운 냄비 속에 있는 팝콘이 되어 보자.
   - '땡' 소리가 나는 부분에서 팝콘처럼 움직여 볼까?
   - 옥수수가 노란 알맹이일 때는 어떻게 표현해 볼까?
   - 팝콘이 만들어질 때 옥수수가 톡톡 튀기는 모습은 어떻게 표현해 볼까?
   - 팝콘이 익을 때 어떤 소리가 났었지? 소리도 함께 표현해 볼까?
   - 완성된 팝콘의 모습은 어떻게 표현해 볼까?

3 활동 후 느낌에 대해 이야기 나눈다.
   - 팝콘처럼 움직여 볼 때 어떤 느낌이 들었니?
   - 가장 재미있었던 점은 무엇이니?
   - 활동을 하면서 어려운 점은 없었니?

확장활동

- 여러 가지 음식(밤, 오징어, 빵 등)이 익는 모습을 표현해 본다.
- 동시 「팝콘」을 동작으로 표현해 본다.

팝콘

팬에 버터 넣고, 팬에 옥수수 넣고
뚜껑을 덮고, 불을 켜고
지글지글, 지글지글
지글지글, 지글지글, 팝!
팝콘이 뻥뻥, 팝팝팝
팝콘이 뻥뻥, 팝팝팝
팝팝팝팝, 팝팝팝팝, 완성!

참고사항

- 사전 활동으로 〈팝콘 만들기〉(299쪽) 노래를 부르며 유아의 관심을 이끈다.
- 옥수수 알맹이가 팝콘이 되어 가는 모습을 찍은 사진이나 영상을 본 후 본 활동을 진행한다.
- 유아가 참여하는 모습을 영상으로 찍어서 유아에게 보여 준다.

활동 10 호두까기 인형 '행진곡'

대상연령 5세

주제 겨울

활동목표

- 음악을 감상하고 음악적 요소(셈여림, 빠르기, 리듬)에 관심을 갖는다.
- 〈행진곡〉의 리듬에 맞추어 걸어 본다.

누리과정 관련요소

- 신체운동 · 건강 〉 신체활동 즐기기 〉 신체 움직임을 조절한다.
- 예술경험 〉 아름다움 찾아보기 〉 예술적 요소에 관심을 갖고 찾아본다.
- 예술경험 〉 창의적으로 표현하기 〉 신체나 도구를 활용하여 움직임과 춤으로 자유롭게 표현한다.

활동자료

- 호두까기 인형, 크리스마스트리 그림 자료, 악기 사진(트럼펫, 호른, 클라리넷), ≪호두까기 인형≫ 중 〈행진곡〉 음원

활동방법

1. 호두까기 인형, 크리스마스트리 그림 자료를 제시하며 이야기를 나눈다.
   - (호두까기 인형 그림 자료를 제시하며) 이 그림을 본 적 있니? 어떤 그림 같니?
   - 이 그림 속에 있는 것은 호두까기 인형인데 혹시 들어 본 적이 있니?
   - 이 호두까기 인형이 등장하는 아름다운 음악이 있는데 같이 들어 볼까?
2. 차이콥스키 ≪호두까기 인형≫ 중 〈행진곡〉을 들려주면서 호두까기 인형과 악기 사진(트럼펫, 호른, 클라리넷)을 보여 준다.
   - 지금 들려준 음악의 제목이 무엇일까?
   - 음악을 들으면서 무엇을 하고 싶다는 생각이 드니?
   - 어떤 악기 소리가 들렸니?
3. 차이콥스키 ≪호두까기 인형≫ 중 〈행진곡〉을 소개한다.
   - 우리가 방금 들었던 음악은 차이콥스키가 작곡가가 만든 ≪호두까기 인형≫ 중 〈행진곡〉이란다. 이 곡은 아이들이 크리스마스트리를 둘러싸고 행진하는 모습을 그린 곡이야.
4. 〈행진곡〉을 감상하면서 씩씩하게 걷는 모습을 자유롭게 표현한다.
   - 팡파르 소리는 어떻게 표현해 볼까? (팡파르 소리가 들리면 멈춰서 트럼펫 연주하는 모습 흉내 내기)
   - 음악에 맞춰 병정들처럼 행진해 보자.

- 갑자기 큰 소리가 들리면 어떻게 표현해 볼까? (손뼉 치기)
- 음악의 리듬이 빨라지면 어떻게 움직여야 할까? (빠르게 뛰어 보기)

5. 감상한 음악에 대해 이야기를 나누며 활동을 마무리한다.
   - 오늘 감상한 음악의 제목은 무엇이니?
   - 오늘 감상한 곡의 빠르기는 어떠했니?
   - 음악을 들으며 행진하니 어떤 기분이 들었니?

확장활동

- '카주(kazoo)'를 만들어 팡파르 소리 '빰빠라빰빰 빰빰빰'을 흉내 내 본다.

참고사항

- 행진곡의 특성을 생각하면서 음악을 듣고 느낄 수 있도록 지도한다.
- 유아 스스로 음악과 동작을 느끼고 감상하며 직접 몸을 움직여 보도록 한다.

CHAPTER 12

음악 창작하기

1. 영유아와 음악 창작하기

모든 영유아는 음악을 창작할 수 있는 능력이 있다. 즉, 음악적 옹알이부터 시작해서 찬트를 만들고, 영유아만의 독창적이고 새로운 방법으로 노래를 만들어 흥얼거리는 모습을 흔히 관찰할 수 있다. 이러한 과정에서 영유아는 무엇과도 바꿀 수 없는 창작과 표현의 기쁨을 경험한다. 음악 창작하기는 음악 창작의 과정으로 음악 감상하기, 노래 부르기, 악기 다루기, 동작으로 표현하기 등을 포함하며, 이는 영유아의 창의적인 음악적 잠재력 발달에 가장 중요한 경험이 될 수 있다. 영유아의 음악 창작하기는 성인이 인지하는 오선 악보에 음표를 그리는 작곡의 의미와는 구별되며, 영유아가 놀이 활동을 하면서 즉흥적으로 노래를 만들어 부르거나, 악기를 자신의 방식대로 연주하거나, 목소리나 악기로 음악적 아이디어를 표현하는 다양한 활동이다. 또한, 음악 창작하기는 소리 모방하기부터 노랫말 바꾸기, 멜로디 바꾸기, 리듬 바꾸기 등 음악을 재창조하는 과정이 포함된 것으로, 자연스럽게 노랫말과 멜로디, 리듬을 만들어 궁극적으로는 새로운 노래와 음악을 만드는 경험으로 발전시켜 나갈 수 있다. 영유아는 어느 때나 자신의 생각을 표현할 수 있으며, 그 표현의 형식에 상관없이 교사가 긍정적으로 반응해 준다고 여길 때 창의적인 시도를 할 수 있다. 교사는 항상 획일적인 수업을 계획하기보다는 음악교육에 다양한 활동 유형을 계획하며, 창의적인 활동 경험이 활발하게 이루어지도록 지도해야 한다. 음악 창작하기는 개개인의 즉흥표현뿐만 아니라 음악적 탐색 시간이 될 수 있도록 하며, 마음으로부터 즐기고 감동을 표현하는 음악적 활동이다. 이를 통해 내면적인 예술감각 및 정서발달은 물론 실제 생활에서 음악을 생활화하는 태도를 형성할 수 있다.

2. 음악 창작하기 내용

음악 창작하기의 주요내용을 살펴보면 다음과 같다.

- 소리모방하기(주변의 여러 소리를 이용하여 음악 만들기): 목소리나 악기, 다른 소리를 내는 소재를 사용하여 짧은 음악 만들기, 다양한 소리가 어디에서, 어떻게 나는지 알아보기 위해 다양한 재료로 여러 가지 소리를 탐색하며 만들기
- 리듬, 멜로디 만들기: 놀이 활동을 할 때 리듬과 노래를 즉흥적으로 만들기, 이미 알고 있는 노래의 리듬 또는 멜로디 일부분을 바꿔 보거나 새롭게 만들기
- 노랫말 바꾸어 부르기: 이미 알고 있는 노래를 불러 보면서 일부 노랫말 바꾸기
- 이야기나 그림의 내용을 음악으로 만들기: 그림을 이야기로 연결시키고, 만든 이야기를 음악으로 표현하기, 이야기에 어울리는 악기 선정과 효과음을 창의적으로 만들기, 목소리와 악기의 소리, 음악적 사고를 나타내기 위해 그림이나 상징체계를 사용하거나 발명하기, 이야기나 시 등을 악기로 즉흥연주하기

이러한 내용은 영유아에게 스스로 자신의 음악적 경험을 탐구하도록 유도한다. 또한, 이러한 경험이 지속적으로 제공되면 영유아가 글을 짓고 노래를 만드는 것도 가능해진다.

3. 음악 창작하기 교수방법

1) 지도방법

음악 창작하기는 영유아의 내면에 잠재된 음악적 아이디어를 표현하게 함으로써 부담 없이 즐겁게 창의적으로 표현하는 활동에 중점을 두고 활동을 전개한다. 영유아에게 음악 창작하기를 지도하는 방법은 다음과 같다.

(1) 소리 모방하기

음악 창작하기는 소리 모방하기 활동부터 시작할 수 있다. 소리 모방하기는 음악 소리뿐만 아니라 신체를 이용하여 만들어 내는 소리, 생활용품, 도구를 이용하여 만들어 내는 소리, 동물이나 자연의 소리와 움직임 등을 자유롭게 모방하는 것을 포함한다. 모방단계에서는 먼저 단순한 한두 음의 소리 모방부터 시작한다. 소리 모방하기 활동이 익숙해지면, 모방하기에 변화를 주면서 심화된 활동으로 전개할 수 있다. 즉, 의성어, 의태어와 같은 짧은 말을 음악적으로 표현하는 활동을 활발히 전개함으로써 즉흥적이고 창의적인 표현능력을 마련하도록 한다. 다양한 소리에 대한 모방은 이후의 소리 만들기를 위한 재료가 되며, 소리 모방하기는 소리 만들기의 기초를 이루는 경험이 된다. 따라서 교사는 의도된 여러 가지 소리를 들을 수 있는 음악 자료를 준비하고 음악의 기본 개념 형성을 위한 탐색(소리 듣기와 구별하기, 소리 찾기 등)과 소리 만들기 등의 활동을 통해 자신의 생각과 느낌을 음악적 표현으로 이끌어 가도록 도와주어야 한다.

❶ 소리모방하기 지도방법

- 사물, 목소리 등을 이용하여 단순한 한 가지 소리를 들려준다.
- 영유아가 소리를 따라 해 보게 한다.
  - 다양한 방법으로 소리를 탐색하며 음색의 변화 따라 하기: 교사가 어떤 소리 나는 물체를 단순하게 '톡톡', '토도독' 쳐 보이고 영유아도 똑같이 흉내 내도록 한다.
  - 음정, 멜로디 따라 하기: 교사는 영유아가 소리 내기 편안한 음역에서 2~3음을 이용하여 소리를 내면 영유아가 그대로 모방하여 소리 낸다. 처음에는 단순히 '도-미', '솔-미', '미-레-미' 등 음정만 따라 해 보는 것에 그치나 익숙해지면 각 음을 길게 혹은 짧게 만들어 리듬도 함께 표현해 본다.

(2) 리듬 만들기

리듬 만들기는 언어 리듬이나 악기로 리듬 따라 연주하기 활동을 통해 다양한 리듬 패턴을 경험한 후, 영유아 스스로 리듬 패턴을 만드는 활동으로 확장할 수 있다. 예를 들면, 어린 연령의 경우 아무 조건 없이 즉흥적으로 리듬을 만들어 보도록 하며, 좀 더 높은 연령에서는 일정한 박의 단위 내에서 리듬 패턴을 만들 수 있도록 4박자를 한 단위로 하여 리듬 패턴을 만들도록 유도하면 박자 개념도 얻어지고, 좀 더 체계적인 리듬 패턴을 이끌어낼 수 있다.

〈표 12-1〉 4박자 리듬 만들기

리듬 기보법	♩ ♩ ♩ ♩	♩ ♩ ♩ 𝄽	♩ ♩ 𝄽 ♩
리듬 읽기	밤 밤 밤 밤	밤 밤 밤 쉼	밤 밤 쉼 밤
리듬 기보법	♩ 𝄽 ♩ 𝄽	♩ 𝄽 ♩ ♩	♩ 𝄽 𝄽 ♩
리듬 읽기	밤 쉼 밤 쉼	밤 쉼 밤 밤	밤 쉼 쉼 밤

❶ 리듬 만들기 지도방법

- 일정한 박자 안에서 리듬 만들기를 한다.
- 리듬을 보고 신체나 악기로 표현한다.
- 익숙해지면 직접 리듬을 만들어 본다.

활동의 예

4박자 리듬 만들기

1. 여러 가지 시계 소리를 흉내 내 본다.

아빠 시계	개구쟁이 시계	할아버지 시계
♩ ♩ ♩ ♩	♫ ♫ ♫ ♫	𝅗𝅥 𝅗𝅥
똑 딱 똑 딱	째깍 째깍 째깍 째깍	땡 땡

2. 위의 음표을 이용하여 2마디의 4박자 리듬 패턴을 만든다.
   ① 만든 리듬 패턴을 읽으면서 리듬막대(트라이앵글)로 연주해 본다.
   ② 𝅗𝅥는 두 칸, ♩와 ♫는 한 칸에 들어가게 한다.

𝅗𝅥		♩	♩
땡		똑	딱

♫	♫	♩	♩
째깍	째깍	똑	딱

   ③ 다음 음표를 사용하여 4박자의 리듬을 만들고 리듬막대(트라이앵글)로 연주해 본다.

♫	♩	𝅗𝅥	

(3) 멜로디 만들기

멜로디 만들기는 기본적으로는 배운 노래의 일부분을 정해서 그 부분만 멜로디를 바꾸어 부르는 활동이 있으며, 익숙해지면 영유아가 멜로디를 직접 만들어 볼 수도 있다. 멜로디 만들기가 자연스럽게 이루어지기 위해서 교사는 평소에 영유아의 관심과 흥미를 보이는 주제에 초점에 맞추어 대화를 노래처럼 만들어서 자주 하는 것이 좋다. 예를 들면, 이름이나 요일, 좋아하는 사람이나 좋아하는 음식, 색깔, 계절, 동물 등을 노래로 묻고 대답해 보도록 한다. 특히, 낮은 수준에서 교사가 먼저 단순하게 노래로 묻고 영유아가 노래로 대답하는 형식의 놀이로 접근하면 즐거운 경험이 될 수 있다. 또한, 처음에는 영유아 전체를 대상으로 묻고 대답해 볼 수 있으며, 그다음은 교사가 개별적으로 영유아와 묻고 대답할 수 있다.

❶ 멜로디 만들기 지도방법

- 자신의 이름에 멜로디를 만들어 본다.

내	이름	은	송	하	랑
♩	♫	♩	♩	♩	♩
솔	미미	미	도	도	도
내	이름	은	김	시	아
♩	♫	♩	♩	♩	♩
도	미미	미	솔	솔	솔

- 간단한 대화를 노래로 만들어 묻고 대답하면서 멜로디를 만들어 본다.
  - 여러분 안녕하세요? / 선생님 안녕하세요.
  - 오늘은 무슨 요일인가요? / 월요일이요.
  - ○○○ 아침에 무얼 먹었니? /볶음밥을 먹었어요.
  - 어디로 갈까요? / 놀이터로 나가요.
- 익숙해지면 좀 더 긴 대화를 노래로 불러 본다.
  - 예: 동극의 대사를 노래로 불러 본다.

❷ 멜로디 바꾸기 지도방법

- 〈비행기〉를 다 함께 불러 본다.
- 교사는 '떴다 떴다 비행기'라는 가사에서 '비행기' 부분을 다른 멜로디로 불러 본다.
- 한 명의 유아가 '비행기' 부분을 독창적으로 표현해 본다. 이때 '비행기' 부분을 제외한 나머지 부분은 다른 유아가 불러 준다.

가사	떴다 떴다 *<u>비행기</u>* 날아라 날아라	높이 높이 날아라 우리 *<u>비행기</u>*
멜로디	미레 도레 ○○○ 레레레 미미미	미레 도레 미미미 레레 ○○○
색깔악보	●●●● ○○○ ●●● ●●●	●●●● ●●● ●● ○○○

- '비행기' 가사뿐 아니라 '날아라' 부분도 멜로디를 바꾸어 연주해 본다.

(4) 노랫말 바꾸기

노랫말 바꾸기는 영유아가 쉽게 할 수 있기 때문에 현장에서 가장 많이 이루어지는 활동이다.

❶ 노랫말 바꾸기 지도방법

- 2절 가사를 만들어 본다.
  - 무엇이, 무엇이 똑같을까? 털장갑 두 짝이 똑같아요.
  - 당신은 누구십니까? 나는 꼬마 우-산 비 막기 편리하군요.
- 또는 전체 노랫말을 개사한다.
  - 크레파스 (〈고기를 잡으러〉 개사): 크레파스 가지고 무엇을 그릴까? 크레파스 가지고 무엇을 그릴까? 세-모 네-모 동-그-라미 랄랄랄랄랄랄랄라 재미있구나!
- 만든 노랫말을 가지고 함께 노래를 불러 본다.

(5) 이야기 음악 만들기

동화, 동시, 동극 등의 집단 활동에 효과음으로 음악이나 음향을 다양하게 활용한다. 예를 들어, 동화책을 읽어줄 때 내용에 맞는 효과음을 넣어가며 읽어 주거나, 동시 감상을 위한 배경음으로 분위기에 맞는 음악이나 음향을 사용할 수 있다. 간단한 스토리와 음악이 있는 작품을 만들어 공연할 수 있다.

❶ 이야기를 음악으로 만들기 지도방법

- 그림책 또는 PPT 동화로 이야기를 들려준다.
- 준비한 악기를 함께 보면서 이야기를 나눈다.
- 이야기 속 다양한 소리를 악기로 만들어 본다.
- 리듬, 빠르기, 셈여림 등을 이야기 내용에 맞게 소리를 표현한다.

〈눈 오는 날〉

생일 날, 빨간 썰매를 선물 받은 모모는 매일매일 눈이 오길 기다렸어요.

사박, 사박 눈일까? 아니, 아니 모래놀이 소리야.
(샌드블록)
뽀드득, 뽀드득 눈일까? 아니, 아니 손 씻는 소리야.
(귀로)
스르륵, 스르륵 눈일까? 아니, 아니 문 여는 소리야.
(스터드럼)
소복, 소복 눈일까? 맞아, 맞아 눈 오는 소리야.
(핑거심벌즈)

야호! 눈이 내리기 시작했어요. 이제 언덕 위에 올라가 신나게 빨간 썰매를 탈 수 있어요.
눈 오는 날 모모는 썰매를 타면서 특별한 하루를 보냈어요.

그 밖에 동시 중 재미있는 부분을 선택하여 리듬, 빠르기, 셈여림 등 어울리는 소리를 악기 연주로 표현한다.

〈웃음〉

아빠 웃음소리 으허허허
북

엄마 웃음소리 호 호 호
탬버린

내 웃음소리 히호히호히
투톤블록

(6) 그림을 이용하여 음악 만들기

그림을 보고 그림에서 느껴지는 이미지나 감정을 음악으로 표현할 수 있다.

❶ 그림의 내용으로 음악 만들기 지도방법

- 그림의 특징을 나타내는 소리, 음악 요소에 대해 이야기한다.
- 각 장면에 어울리는 악기를 선택한다.
- 그림의 특징을 표현한 음악 요소(빠르기, 셈여림)에 맞게 음악을 만들어 표현한다.

〈그림을 보며 빗소리 만들기〉

이렇게 비가 내리면,
(트라이앵글, 세게)
우비입고 숲으로 가 신나게 뛰어놀자.

이렇게 비가 내리면,
(마라카스, 여리게)
풀잎 위에 소풍 나온 달팽이를 만나러 가자.

또한, 작은 소리, 큰소리, 긴소리, 짧은 소리 높은 소리, 낮은 소리 등을 도형 그림으로 표현할 수 있으며, 다양한 악기로 도형에 어울리는 연주를 할 수 있다.

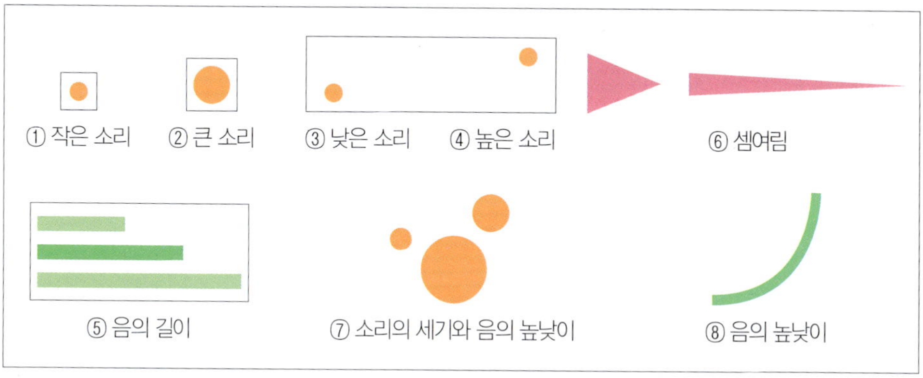

[그림 12-1] 소리 도형 표현하기

출처: 승윤희 외(2013) 재구성.

2) 음악 창작하기를 위한 교사의 역할

교사는 자연스럽고 적극적인 음악 창작하기 활동을 위해서 무엇보다 교사 스스로 음악 만들기 활동을 즐기는 모델 역할을 잘 수행해 나가야 한다. 음악 창작하기를 위한 교사의 역할은 다음과 같다(방금주 · 김용희, 2000; 장은주, 남옥선.2018; Greenberg, 1979).

① 영유아의 모든 창의적인 노력을 인정하고 음악 창작하기를 반복해 볼 수 있도록 격려한다.
  - 네가 만든 노래 참 재미있다.
  - 네가 만든 노래에 대해 너는 어떻게 느끼니?
  - 이 노래를 만들기 위해 너는 틀림없이 열심히 노력했을 거야!

  이러한 관심과 격려는 스스로 자신의 아이디어가 유용하고 중요하다는 느낌과 자신을 긍정적으로 바라보게 하는 기회가 되어 음악적 자존감을 높여 줄 수 있다.

② 어느 때라도 영유아의 창의적 음악활동이 일어날 수 있도록 여러 가지 소품, 놀잇감, 악기, 음반, 미술 재료 등으로 다양한 음악적 환경을 구성한다.

③ 준비된 자료를 실험할 수 있는 분위기와 충분한 시간을 준다.

④ 다양한 상황이나 분위기를 리듬악기로 연주해 본다(예: 생일축하 할 때, 기쁘거나 화가 날 때 기분을 리듬악기로 표현하기).

⑤ 교사가 먼저 리듬과 멜로디의 창작을 위한 모델을 보여 줄 수 있지만, 일방적으로 강요하지 않는다.
⑥ 음악의 결과보다는 새롭게 표현하고 만들어 내는 과정에 더 많은 관심을 갖는다. 예를 들면, "이렇게 하면 안 되는데.", "이런 식으로 하면 더 좋을 텐데."와 같은 언급은 자제한다.
⑦ 모든 과정에서 개방적인 질문을 함으로써 영유아의 여러 가지 대안을 생각해 내어 창의적인 표현이 되도록 돕는다.
- 음악에 어떤 악기를 사용할 수 있을까?
- ○○이가 느끼는 대로 음악에 맞추어 동작으로 보여 줄 수 있겠니?

이처럼 교사는 영유아에게 영감을 주고, 다른 시도를 할 수 있도록 돕는다. 이를 위해 교사는 지속적으로 안정적이고 체계적인 양질의 교육 자료를 제공해야 한다. 이러한 과정 안에서 영유아는 음악을 탐색하고 새로운 것을 발견한 후 새로운 놀이, 즉 결과에 얽매이지 않는 자유로운 창작 활동을 할 수 있다.

4. 음악 창작하기 평가

1) 음악 창작하기를 할 때 관찰할 내용

자유선택활동과 집단 활동 시 음악 창작하기를 할 때 영유아가 보이는 다음과 같은 행동을 관찰하고 기록할 수 있다.

- 음악을 만들 때 음악적 요소를 실험 · 탐색하는가?
- 악기 이외의 대체용품을 찾아 연주하는가?
- 신체 또는 사물을 이용하여 소리를 만드는가?
- 즉흥연주에 즐겁게 참여하는가?
- 자신만의 독특한 아이디어가 나타나는가?

2) 음악 창작하기 평가

교사가 음악 창작하기 활동을 진행한 후 전반적으로 음악 창작하기 지도 절차가 적절했는지 평가해 볼 수 있는 도구는 다음과 같다.

〈표 12-2〉 음악 창작하기 지도 평가표

범주	내용	그렇다	아니다
활동 선정	주제와 연계되는가?		
	유아의 발달(박자, 리듬, 멜로디 등)에 적절한가?		
	교육적 가치가 있는가? (창의적 활동, 이야기, 동시, 그림 활용 등)		
대형	유아는 자신이 원하는 자리에 자율적으로 앉는가?		
	유아의 주의집중을 위해 주변의 교구나 물건이 정리되어 있는가?		
매체	리듬카드, 리듬악기, 실로폰 등의 적절한 자료를 사용하는가?		
	음악 창작하기를 설명하기 위해서 매체(그림, 사진 등)를 사용하는가?		
음악창작 지도과정	주의집중 활동을 하는가?		
	사전 활동을 통해서 도입을 실시하는가?		
	활동에 필요한 자료를 소개하는가?		
	활동과정에 따른 순차적인 발문인가?		
	교사 혹은 유아가 시범을 보이는가?		
	다양한 방법을 활용하여 음악을 창작하였는가? – 자신의 생각과 느낌을 즉흥적으로 연주하는가? – 새로운 리듬 또는 멜로디를 만드는가? – 노랫말을 바꾸어 부르는가? – 가사나 분위기에 적합한 악기를 제안하는가?		
	창의적인 표현을 격려하는가?		
	창작을 위한 노력을 격려하고 인정하는가?		
	유아의 느낌이나 생각을 자유롭게 표현하도록 허용하였는가?		
마무리	창작활동 목표에 대한 평가를 하는가?		
	창작활동 시간이 끝났음을 알리고 다음 활동을 소개하는가?		

5. 음악 창작하기 활동의 실제

활동 1 소리를 만들어요

대상연령 만 3, 4세

주제 나와 가족 / 환경과 생활

활동목표

- 집에서 들을 수 있는 다양한 소리에 관심을 갖는다.
- 여러 가지 재료를 이용하여 소리를 표현해 본다.

누리과정 관련요소

- 예술경험 〉 아름다움 찾아보기 〉 예술적 요소에 관심을 갖고 찾아본다.
- 예술경험 〉 창의적으로 표현하기 〉 신체나 도구를 활용하여 움직임과 춤으로 자유롭게 표현한다.

활동자료

- 집에서 들을 수 있는 소리(초인종, 전화기, 방문 닫는 소리, 도마에 음식을 자르는 소리, 계란 부치는 소리, 가족들이 이야기하는 소리, 샤워기 물소리, 청소기, 세탁기, 전자레인지 소리) 음원, 소리와 관련된 카드, 다양한 리듬악기(리듬막대, 귀로, 탬버린, 실로폰 등)

활동방법

1. 집에서 들을 수 있는 소리에 대한 경험을 이야기한다.
   - 어떤 소리가 들리는지 한번 들어 보자.
   - (도마를 사용하는 소리를 들으며) 어떤 소리일까?
   - 이 소리는 어디에서 나는 소리일까?
   - 여기 있는 사진 카드 중에서 찾아보겠니?
2. 카드를 보며 입이나 실물을 사용하여 다양한 소리를 표현해 본다.
   - 집안에서 들리는 소리를 입으로 표현해 보자. (초인종 소리-'띵동')
   - 계란 부치는 소리, 방문 닫는 소리는 어떻게 흉내 낼까? (계란 부치는 소리-비닐봉지 문지르기 / 방문 닫는 소리-교실 문 닫기)
3. 악기를 통해 집에서 들리는 소리들을 탐색해 본다.
   - 여기 있는 악기들의 이름을 알고 있니?
   - 악기에서 어떤 소리가 나는지 소리 내어 볼까?
   - 집에서 나는 소리를 악기를 이용해 표현해 보자.
   - (카드를 제시하며) 이 사진 속에서는 어떤 소리가 들릴까?

4. **소리 카드를 보며 악기를 이용해 소리를 만들어 본다.**
   - 도마질하는 소리는 어떤 악기로 표현할 수 있을까? (도마질 소리-리듬막대, 이야기하는 소리-탬버린)

5. **활동 후 느낌을 이야기하고 평가한다.**
   - 집에서 들리는 소리를 표현해 보니까 어땠니?
   - 우리가 만든 소리 중에서 어떤 소리가 실제 소리와 가장 비슷한 것 같니?
   - 다음에는 어떤 소리를 만들어 보고 싶니?

확장활동

- 소리를 듣고 어디에서 들리는 소리일지 맞추어 보는 게임으로 진행할 수도 있다.
- 집안 소리 이외에 실외에서 들을 수 있는 소리들을 찾아 악기를 이용해 소리를 만들어 볼 수 있다.

참고사항

- 집에서 들을 수 있는 여러 소리를 빠르기와 크기 등을 달리하여 다양한 방법으로 연주해 보도록 한다.

Tip

-소리 산책-

- 집안에서 들리는 소리를 찾아 소리카드를 만들어 볼 수 있다.
- 바깥놀이 또는 주변을 산책할 때, 소리산책 활동지를 가지고 나가서 어떤 소리가 들리는지 표시해 보거나 소리산책 그림을 직접 그려 볼 수 있다.

소리산책 활동지의 예

활동 2 감정 즉흥 연주하기

대상연령 만 5세

주제 나와 가족

활동목표

- 다양한 자신의 감정을 이해한다.
- 리듬악기의 소리를 탐색하며 감정에 맞게 연주한다.
- 악기를 이용하여 창의적인 표현 과정을 즐긴다.

누리과정 관련요소

- 사회관계 〉 나와 다른 사람의 감정 알고 조절하기 〉 나와 다른 사람의 감정 알고 표현하기
- 예술경험 〉 창의적으로 표현하기 〉 신체나 도구를 활용하여 움직임과 춤으로 자유롭게 표현한다.

활동자료

- 다양한 리듬악기, 다양한 표정 그림 자료, 감정 카드(기쁨, 슬픔, 화남, 놀람)

활동방법

1. 감정(표정)이 그려진 카드(기쁨, 슬픔, 화남, 놀람)를 보며 이야기 나눈다.
   - 기분이 좋을 때는 언제였니? 속상하거나 슬플 때는 언제였니?
   - 친구에게 선물을 받으면 기분이 어떠니?
   - 저 표정은 어떤 감정을 나타낼까?

2. 리듬악기의 소리를 탐색하며 감정(표정)과 어울리는 소리를 찾는다.
   - 우리가 이야기한 감정을 악기 소리로 표현해 볼 거야.
   - 너희가 말한 기분을 악기로 표현할 수 있을까? 있다면 어떤 악기로 어떻게 표현할 수 있겠니?
   - 부드러운 소리를 낼 수 있는 악기에는 어떤 것들이 있을까?
   - 강하고, 큰 소리를 표현할 수 있는 악기도 있을까?
   - 이런 소리는 어떤 기분과 어울리는 것 같니?

3. 감정 카드와 어울리는 리듬악기의 소리를 짝지어 본다.
   - 화난(기쁜, 슬픈, 놀란 등) 표정은 어떤 악기로 표현하면 좋을까?
   - 기분이 좋을 때는 어떤 악기로 표현할 수 있을까? 왜 그 악기로 표현하고 싶었니?
   - 표정과 잘 어울리려면 어떤 방법으로 연주해야 할 것 같니?

4. 제시하는 감정 카드에 맞춰 리듬악기를 연주한다.
   - 감정 카드를 보고 어울리는 소리를 연주해 보자.

5. 활동을 마무리 후 평가한다.
   - 감정을 표현해 보니 어땠니?
   - 감정을 표현하는 데 어려운 점은 없었니?

확장활동

- 다양한 감정 카드(예: 짜증 난다/즐겁다/행복하다/사랑한다)를 만들어 리듬악기로 표현해 본다.
- 신체를 활용하여 나의 감정으로 표현하여 상대방에게 전달해 본다.

참고사항

- 유아가 자신만의 독특한 리듬을 즉흥적으로 연주해 볼 수 있도록 격려한다.

활동 3 소리 카드

대상연령 만 3, 4, 5세

주제 나와 가족

활동목표

- 선의 느낌을 소리로 표현하는 것에 관심을 갖는다.

누리과정관련요소

- 예술경험 〉 아름다움 찾아보기 〉 예술적 요소에 관심을 갖고 찾아본다.
- 예술경험 〉 창의적으로 표현하기 〉 신체나 도구를 활용하여 움직임과 춤으로 자유롭게 표현한다.

활동자료

- 그림 카드

활동방법

1. 여러 가지 추상적인 그림 카드를 보여 준다.
   - 무슨 그림일까?
   - 이 그림 카드의 선은 어떤 느낌이니?
2. 그림 카드를 보여 주며 그림의 느낌대로 목소리, 몸을 이용하여 소리를 만들어 본다.
   - 이 그림의 느낌대로 소리를 만들어 표현할 수 있을까?
3. 유아들의 의견대로 다양하게 소리를 만들어 본다.
   - (스타카토의 느낌으로) 재미있게 소리 낼 수 있는 방법이 없을까요?
   - (매우 느리게 혹은 빠르게) 손가락으로 선을 따라가며 소리를 내어 보자.
4. 활동에 대한 평가를 한다.
   - 그림을 보며 소리를 표현해 보니 어땠니?
   - 다음에는 어떤 소리를 만들어 보고 싶니?

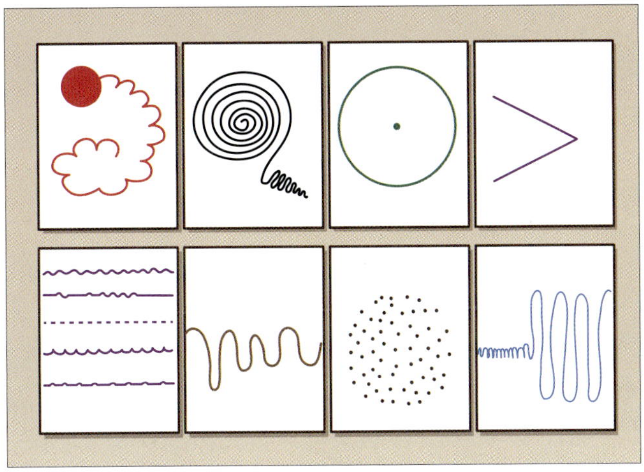

소리카드

확장활동

- 그림 카드를 보고 그 그림을 잘 표현할 수 있는 악기를 선택하여 자유롭게 연주해 본다.
- 익숙해지면 그림 카드를 유아가 직접 만들어 추가한다.
- 소리 주사위를 만들어 소리 만들기 게임을 진행해 본다.

참고사항

- 유아의 다양한 시도를 격려하며, 일회성 활동으로 끝나지 않고 교실에 카드를 비치하여 유아가 여러 가지 방법으로 느낌을 표현할 수 있도록 한다.

소리 주사위

활동 4 작은 집 창가에서

대상연령 5세

주제 우리 동네

활동목표

- 다양한 리듬 패턴에 대해 관심을 가진다.
- 노래 부르기와 악기연주활동에 즐겁게 참여한다.

누리과정 관련요소

- 예술경험 〉 아름다움 찾아보기 〉 예술적 요소에 관심을 갖고 찾아본다.
- 예술경험 〉 창의적으로 표현하기 〉 신체나 도구를 활용하여 움직임과 춤으로 자유롭게 표현한다.

활동자료

- 〈작은집 창가에서〉 음원, 가사판, 여러 가지 리듬카드, 리듬막대

활동방법

1. 교사는 리듬 패턴 카드를 제시한다.
   - 창문이 몇 개인지 세어 볼까?
   - (창문에 노래하는 아이들을 하나씩 붙이며) 친구들의 얼굴이 보이면 '라'(♩)하고 노래를 불러 보자.
   - 하나의 창문에 두 명의 아이가 있으면 조금 짧게 '라라'(♫)로 불러 보자.

2. 지난 시간에 배운 〈작은 집 창가에서〉 노래를 부르며, '랄라라' 부분에서 손뼉 치기를 해 본다.

3. 교사가 제시하는 리듬 패턴 카드를 맞추어 노래를 불러 본다.

4. 리듬 패턴을 만들어 본다.
   - (총 4개의 창문) 각각 창문에 얼굴을 하나, 또는 둘을 그려 넣을 수 있단다.
   - 너희들이 원하는 대로 창문을 채워 보렴.

5. 새로 만든 리듬 패턴으로 노래를 부르며 리듬막대를 연주해 본다.

6. 음악활동을 평가한다.
   - 가장 재미있었던 리듬 패턴은 무엇이었니?
   - 너희가 직접 리듬 패턴 만들기를 해 보니 어땠니?

확장활동

- 유아가 익숙해지면 리듬 패턴에 온쉼표, 2분음표, 4분쉼표 등을 활용해서 활동해 본다.
- 리듬 패턴 만들기 활동자료를 소개하며 음률영역에서 자유롭게 만들어 본다.

참고사항

- 유아가 만든 리듬패턴을 다양한 악기로 연주해 본다.
- 사전에 〈작은 집 창가에서〉 노래를 먼저 배운 후 본 활동을 진행한다.

작은 집 창가에서

김진영 작사
김진영 작곡

활동 5 동물과 어울리는 악기 소리 찾기

대상연령 만 3, 4, 5세

주제 동식물과 자연

활동목표

- 리듬악기를 사용하여 동물의 소리를 즉흥적으로 연주한다.
- 음악적 요소(높게/낮게, 길게/짧게, 크게/작게)를 탐색한다.

누리과정 관련요소

- 예술경험 〉 아름다움 찾아보기 〉 예술적 요소에 관심을 갖고 찾아본다.
- 예술경험 〉 창의적으로 표현하기 〉 신체나 도구를 활용하여 움직임과 춤으로 자유롭게 표현한다.

활동자료

- 동물 그림 카드, 여러 가지 리듬악기(우드블록, 트라이앵글, 탬버린, 핑거심벌즈, 마라카스, 실로폰, 귀로 등)

활동방법

1. 다양한 동물 카드를 보며 이야기 나눈다.
   - 어떤 동물들이 있니? 이 동물은 어떤 소리를 낼 것 같니?
   - 그림 카드의 동물은 어떤 소리가 날까? (예: 아기새-삐리삐리 삐리리, 사자-쁘리렁 쁘르렁 쁘리리, 코끼리-뿌루뿌루 뿌루루, 하마-푸라 푸라 푸라라, 물개-뿌엉 뿌엉 뿌어엉)
   - 울음소리는 어떠니? 소리로 표현해 볼 수 있겠니?
   - 느릿느릿 움직이는 모습을 어떻게 표현할 수 있을까?
   - 어떻게 하면 날아다니는 새의 소리를 표현할 수 있을까?
   - 그 소리(움직임)를 악기로 표현할 수 있을까?
2. 악기를 다양하게 사용하여 동물의 소리를 표현한다.
   - 우드블록으로 어떤 동물의 소리(모습)을 표현할 수 있을까?
   - 어떻게 연주하면 동물의 소리와 비슷할까?
   - 배고플 때(재밌을 때, 슬플 때)는 어떤 소리를 낼까?
3. 자신이 만든 동물의 소리를 친구에게 들려준다.
   - 다른 친구에게 내가 만든 소리를 들려주고 싶은 사람이 있니?
   - 어떤 동물의 소리를 표현했니?
   - 어떻게 소리를 만들었니?

4. 만든 소리를 녹음해서 들어 본다.
   - 어떤 소리를 녹음해 볼까?
   - 만든 소리를 들어 보자. 네가 원하는 소리니? 아니라면 어떻게 바꾸어 볼까?

동물과 어울리는 악기 소리 찾기

확장활동

- 악기 외에도 장난감이나 생활도구, 신체 등 여러 가지 방법으로 동물의 소리를 만들어 볼 수 있다.

참고사항

- 정형화된 소리를 표현하기보다는 다양한 상황의 소리를 만들어 보도록 한다.
- 울음소리, 행동을 나타내는 모습 등 동물에서 연상되는 소리를 만들 수 있도록 상호작용한다.
- 사전에 동물에 관심을 가질 수 있도록 이야기에 나오는 여러 가지 동물을 찾아본다(예: 그림책『아기 참새 잠 깨우기』,『시끄러운 이웃들』).

활동 6 과일 리듬 놀이

대상연령 5세

주제 동식물과 자연 / 건강과 안전

활동목표

- 리듬에 맞춰 리듬악기를 연주한다.
- 친구들과 함께 놀이에 즐겁게 참여한다.

누리과정 관련요소

- 예술경험 〉 아름다움 찾아보기 〉 예술적 요소에 관심을 갖고 찾아본다.
- 예술경험 〉 창의적으로 표현하기 〉 신체나 도구를 활용하여 움직임과 춤으로 자유롭게 표현한다.

활동자료

- 여러 가지 과일 리듬 카드, 리듬막대

활동방법

1. 그림 카드를 보면서 과일 이름에 맞추어 리듬을 소개한다.
   - 어떤 그림이 그려져 있니?

2. 과일리듬을 말하면서 함께 손뼉 치기를 해 본다.
   - 그림 카드의 과일을 읽으면서 함께 손뼉을 치자. 배(쉼), 귤~, 사과, 바나나.
   - '배(쉼!)'을 할 때 쉼표에서는 손뼉을 치지 않을 거야.
   - 이번에는 두 장의 리듬 카드를 이어서 표현해 볼까?
3. 교사는 '냠냠 맛있다(♩ ♩ ♫ ♩)' 말리듬을 손뼉을 치며 소개한다.
   - 먼저 선생님이 과일 리듬 두 가지를 손뼉 치며 말하면, 너희는 "냠냠 맛있다."라고 손뼉 치며 답해 주는 거야.
   - (교사) 사과, 바나나. / (유아들) 냠냠 맛있다.

4. 유아가 순서에 따라 한 명씩 과일 리듬 두 가지씩 말하고, 모두 다 함께 "냠냠 맛있다."라고 응답하는 리듬게임을 한다.

사과, 배 (유아 A) → 냠냠 맛있다 (다 함께) → 귤, 바나나 (유아 B) → 냠냠 맛있다 (다 함께) → 배, 사과 (유아 C) → 냠냠 맛있다 (다 함께)

5. 과일리듬을 리듬막대로 연주해 본다.
   - 과일 리듬을 리듬막대를 연주하며, 다시 리듬게임을 시작해 볼까?

6. 리듬 연주를 하고 난 후의 느낌이나 생각을 나눈다.
   - 더 표현해 보고 싶은 과일리듬이 있니?
   - 리듬에 맞춰 리듬악기를 연주해 보니 어땠니?

확장활동

- 리듬 패턴이 익숙해지면 과일 이름을 말하지 않고 손뼉 치기를 듣고 어떤 과일 리듬인지 맞춰 보는 게임을 해 본다.

참고사항

- 과일 리듬을 충분히 익힌 후에 리듬게임을 진행한다.

활동 7 소리를 듣고 그림으로 표현하기

대상연령 만 5세

주제 동식물과 자연

활동목표

- 동물의 소리의 특성을 구별할 줄 안다.
- 그림을 이용하여 창의적인 표현 과정을 즐긴다.
- 서로의 생각이나 표현이 다른 점을 이해하고 존중하면서 음악적 표현을 즐긴다.

누리과정 관련요소

- 예술경험 〉 아름다움 찾아보기 〉 예술적 요소에 관심을 갖고 찾아본다.
- 예술경험 〉 창의적으로 표현하기 〉 다양한 미술 재료와 도구로 자신의 생각과 느낌을 표현한다.

활동자료

- 다양한 동물 소리 음원, 여러 가지 그리기 도구, 도화지

활동방법

1. 동물의 소리를 들어 보며 이름과 특징에 대해 알아 본다.
   - 이 소리를 들으니 머릿속에 무엇이 가장 먼저 떠오르니?
   - 이런 소리를 들은 적이 있니? 누구의 소리일까?
   - 어떤 동물의 소리가 나왔니?
   - 동물의 소리를 그림으로 표현해 보자.

돼지: 꿀꿀, 꿀꿀	말: 히잉, 히잉	염소: 음매에, 음매에
고양이: 야옹, 야옹	젖소: 음매	오리: 꽥!꽥! 꽥! 꽥!
개: 멍멍, 멍멍	양: 매에, 매에	수탉: 꼬끼오 꼬꼬

2. 다양한 동물 소리를 듣고 난 뒤, 느낌을 특이한 부호나 선과 면으로 자유롭게 그림으로 표현해 본다.
   - 소리에 대한 느낌을 여러 가지 미술 재료로 표현해 보자.
   - 높은 소리/낮은 소리는 어떻게 표현할 수 있을까?
   - 조용한 소리는 작게, 큰 소리는 크게 그림으로 표현해 보자.
   - 짧은 소리는 짧게, 긴 소리는 길게 그림으로 그려 보자.
   - ○○이는 어떤 소리를 표현한 것이니?
   - 곡선이 점점 삐죽삐죽 산의 모양이 되었구나.
   - 선이 아래로 내려가고 있구나. 왜 그렇게 표현했니?

3. **자신의 그림에 대해 친구들에게 소개하는 시간을 갖는다.**
   - 너희가 표현한 그림을 친구들에게 소개해 줄 수 있을까?
   - 왜 소리를 이렇게 표현했는지 친구들에게 알려 주자.
   - 너무 멋지구나. 같은 소리를 들었는데도 우리의 생각은 이렇게 서로 다르구나.

4. **평가 후 활동을 마무리한다.**
   - 소리를 듣고, 느낌을 그림으로 그려 보니 어땠니?
   - 어떤 점이 재미있었니?
   - 어려운 점은 없었니?

확장활동

- 다양한 악기로 다양한 동물의 소리를 표현해 본다.

참고사항

- 유아가 소리에 대한 느낌을 자신만의 방법으로 다양하게 표현할 수 있도록 한다.
- 같은 소리일지라도 친구와 나의 미술 표현이 다르다는 것을 설명해 주고, 서로의 생각과 표현을 존중하는 마음을 가질 수 있도록 지도한다.

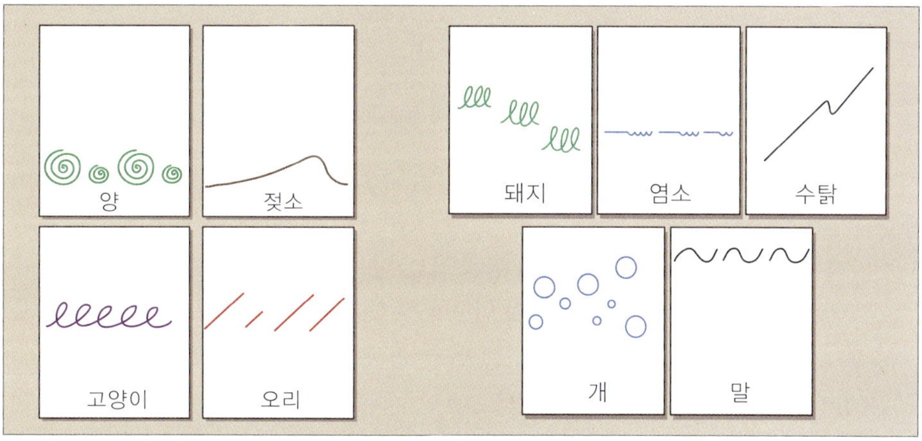

동물의 소리를 그림으로 표현하기

활동 8 실로폰을 쳐 보자

대상연령 만 5세

주제 생활과 도구

활동목표

- 리듬과 박자에 맞추어서 악기를 연주한다.
- 악기를 사용하여 자신의 생각과 느낌을 다양하게 표현한다.

누리과정 관련요소

- 예술경험 〉 아름다움 찾아보기 〉 예술적 요소에 관심을 갖고 찾아본다.
- 예술경험 〉 창의적으로 표현하기 〉 신체, 사물, 악기로 간단한 소리와 리듬을 만들어 본다.

활동자료

- 〈실로폰을 쳐 보자〉 가사판, 공명실로폰(도, 레, 미, 솔, 라 5음)

활동방법

1. 노래를 부분적으로 나누어 불러 본다.
   - 다 함께 노래를 시작하지만 '이 소리를 들어봐' 부분은 선생님 혼자 부를게. 나머지 부분은 다 함께 불러 보자.
2. 다시 노래를 부른 후 두 마디 정도 자유롭게 즉흥연주를 해 본다. 교사가 먼저 시범을 보인다.
   - 다 함께 노래를 하면서 선생님이 언제 실로폰을 연주하는지 잘 들어 보렴.
   - (노래가 끝나면) 그럼 선생님처럼 연주할 수 있겠니?
3. 유아가 두 마디 정도를 실로폰으로 즉흥연주할 수 있도록 다른 유아들은 8박자 손뼉 치기 또는 무릎 치기로 사인을 준다.
   - '이 소리를 들어봐' 부분은 ○○가 혼자 부르고, 노래가 끝나면 ○○가 연주해 보자.
   - 친구가 연주하는 동안 다른 친구들은 8박자 무릎 치기를 해 보자.
4. 평가 후 활동을 마무리한다.
   - 이 연주를 들려주고 싶은 사람이 있니?
   - 연주하면서 어렵거나 아쉬운 점이 있었니?

확장활동

- 두 명의 유아가 번갈아 가며 주고받듯이 즉흥연주를 해 본다.
- 음률영역에 활동지를 제공한다.
- 실로폰 색깔에 맞추어 원하는 색(빨주노초파남보)을 골라 색칠하여, 그림 악보를 완성한 후 연주해 본다.

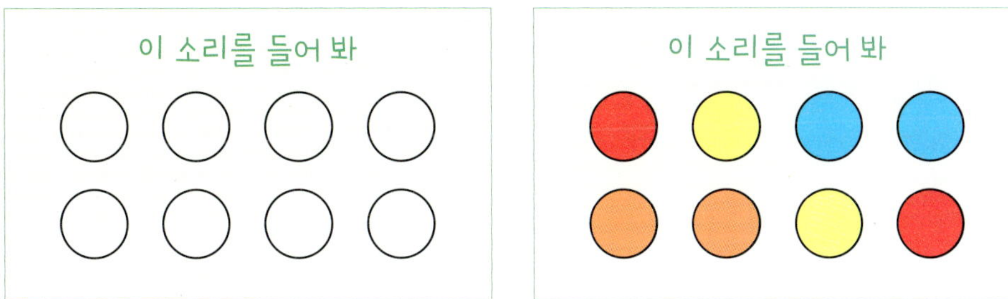

활동지의 예

참고사항

- 펜타토닉 음계(도, 레, 미, 솔, 라) 안에서 아름다운 멜로디와 화음을 만들 수 있다.
- 악기 연주를 하기 전에 〈실로폰을 쳐 보자〉 노래를 먼저 배운 후 노래가 익숙해지면 악기연주활동을 진행한다.

실로폰을 쳐 보자

김진영 작사
김진영 작곡

활동 9 꽃씨야, 잠에서 깨렴

대상연령 만 3, 4, 5세

주제 봄

활동목표

- 식물의 성장 과정을 안다.
- 음악적 요소(셈여림, 음색, 멜로디, 리듬)에 맞춰 식물의 성장 과정을 다양하게 표현한다.

누리과정 관련요소

- 자연탐구 〉 자연과 더불어 살기 〉 생명과 자연환경을 소중히 여긴다.
- 자연탐구 〉 자연과 더불어 살기 〉 날씨와 계절의 변화를 생활과 관련짓는다.
- 예술경험 〉 아름다움 찾아보기 〉 예술적 요소에 관심을 갖고 찾아본다.
- 예술경험 〉 창의적으로 표현하기 〉 신체, 사물, 악기로 간단한 소리와 리듬을 만들어 본다.

활동자료

- 리듬악기(북, 탬버린, 마라카스, 트라이앵글, 핑거심벌즈 등)

활동방법

1. 소그룹으로 모여 식물을 심고 가꾸면서 성장을 관찰한 경험을 이야기 나눈다.
   - 봄에는 어떤 꽃들이 필까?
   - 꽃들은 어떻게 자라날까?
2. 꽃씨를 싹틔우기 위해 무엇이 필요한지 짧은 이야기로 소개한다.

   봄이 찾아왔는데 아주 작은 꽃씨는 깊이 잠이 들어서 아직 싹이 나오지 않았어요. 그래서 해, 비, 바람이 꽃씨를 찾아가 잠을 깨워주려고 해요. 먼저 해님이 찾아가 꽃씨를 깨우고, 다음날은 바람이, 그다음 날에 비가 찾아갔지만 꽃씨는 아직 일어나지 않았어요. 그래서 해, 바람, 비가 모두 함께 꽃씨를 찾아가 깨워보기로 했어요. 꽃씨는 잠에서 깨어날 수 있을까요?

   - 해, 바람, 비는 꽃씨에게 어떻게 도움을 줄까?
3. 꽃씨, 해, 바람, 비의 모습을 상상하며 이야기 나눈다.
   - 해, 바람, 비의 모습을 어떻게 표현해 볼까?
   - 꽃씨는 어떤 모습으로 있으면 될까?
   - 꽃씨는 음악을 듣고 어떻게 몸을 움직이는 것이 좋을까?
4. 작은 씨앗이 꽃으로 성장하는 과정을 악기 연주와 움직임으로 나누어 표현한다.
   - 해, 바람, 비는 각각 어떤 악기로 소리를 표현하면 좋을까? (북, 탬버린, 핑거심벌즈 등)

- 어떻게 말하면 꽃씨가 일어날까?
- 아직 더 자고 싶은 꽃씨는 뭐라고 대답할까?
- 그럼 노래하는 목소리로 표현해 볼까?
- 해, 바람, 비: "작은 꽃씨야! 잠에서 깨렴." (악기를 자유롭게 연주하며 노래 부른다)
  꽃씨: "아니, 아니, 더 잘 거야. 난 너무 피곤해."

비, 바람, 해:

꽃씨:

5. 음악과 몸으로 표현한 것들을 회상하며 이야기해 본다.
   - 너희가 어떤 모습을 표현할 때 가장 흥미로웠니? 그 이유는?
   - 표현하기 가장 어려웠던 것은 무엇이었니? 그 이유는 무엇일까?
   - 음악과 몸으로 표현해 보니 어떤 점이 좋은 것 같니?

확장활동

- 언어영역에서 날씨와 식물의 성장과 관련된 그림책을 비치해 놓고 대상을 구체적으로 이해할 수 있도록 한다.

참고사항

- 꽃씨의 성장 과정에 참여한 유아의 모습을 담아 사진으로 기록한다. 기록한 사진을 음률영역에 전시하여 유아가 성취감과 만족감을 느낄 수 있도록 돕는다.
- 유아의 활동 장면을 비디오로 녹화하여 추후 활동 시 제시하면 좀 더 다양한 신체표현활동이 될 수 있다.

해	바람	비

꽃씨야 잠에서 깨렴

해: 꽃씨야, 잠에서 깨렴.
꽃씨: 아니, 아니. 더 잘 거야. 난 너무 피곤해.

바람: 꽃씨야, 잠에서 깨렴.
꽃씨: 아니, 아니. 더 잘 거야. 난 너무 피곤해.

비: 꽃씨야, 잠에서 깨렴.
꽃씨: 아니, 아니. 더 잘 거야. 난 너무 피곤해.

해, 바람, 비(함께): 꽃씨야, 잠에서 깨렴.
꽃씨: 시끄러워서 더 못 자겠다. (서서히 일어난다)

활동 10 동물들의 울음소리 연주하기

대상연령 만 5세

주제 동식물과 자연

활동목표

- 동화를 감상하고 내용을 이해하여 이야기 나눈다.
- 음색과 셈여림을 동화 내용에 맞게 악기로 연주한다.

누리과정 관련요소

- 의사소통 〉 책과 이야기 즐기기기 〉 동화, 동시에서 재미를 느낀다.
- 예술경험 〉 아름다움 찾아보기 〉 예술적 요소에 관심을 갖고 찾아본다.
- 예술경험 〉 창의적으로 표현하기 〉 신체, 사물, 악기로 간단한 소리와 리듬을 만들어 본다.

활동자료

- 동화 자료 PPT(『개구리는 어떤 노래를 부를까?』), 리듬악기(탬버린, 귀로, 마라카스, 핑거심벌즈, 샌드블록, 클래터 필러, 트라이앵글)

활동방법

1. PPT로 동화를 들려준다.
2. 준비한 악기를 탐색하면서 이야기 나눈다.
   - 이 악기를 연주해 본 적이 있니? 이름을 알고 있니?
   - 동화 속에 나왔던 어떤 동물 소리를 연주하면 좋을까?
3. 역할을 정하고 각 동물의 소리를 악기로 연주해 본다.
   - 누가 '개굴개굴' 하는 소리를 귀로로 연주해 주겠니?
   - 누가 뱀이 '쉭~ 쉭~' 다가오는 모습을 샌드블록으로 연주해 주겠니?
4. 동화를 다시 들려주고, 소리 만들기 역할을 맡은 유아는 각자 자기 순서대로 악기를 연주해 본다.

등장인물과 리듬악기

개구리	귀뚜라미	오리	아기 새	생쥐	부엉이	뱀

5. 활동을 평가하고 마무리한다.
   - 동화를 들으며 연주해 보니 어땠니?
   - 연주하면서 어려운 점은 없었니?

〈개구리는 어떤 노래를 부를까?〉

숲속 동물들은 곧 열릴 노래자랑대회를 위해 모두 열심히 연습을 하고 있어요.
작은 연못에 살고 있는 개구리도 큰 소리로 노래를 부르기 시작했어요. "개굴개굴, 귀뚤귀뚤~"
그러자 "그만, 그만! 그 노래가 아니야. 우리 귀뚜라미들이 부르는 노래야."
"그럼 다시 해 볼게. 개굴개굴, 꽥! 꽥!"
"그 노래가 아니야. 우리 오리들이 부르는 노래야, 꽥! 꽥!"
"그럼 다시 해 볼게. 개굴개굴, 호로롱, 호로롱~"
"그 노래가 아니야. 우리 아기 새들이 부르는 노래야, 호로롱, 호로롱~"
"그럼 다시 해 볼게. 개굴개굴, 찍찍, 찍찍~"
"그 노래가 아니야. 우리 생쥐들이 부르는 노래야. 찍찍, 찍찍~"
"그럼 다시 해 볼게. 개굴개굴, 부엉~ 부엉~"
"그 노래가 아니야. 우리 부엉이들이 부르는 노래야. 부엉~ 부엉~"
숲속 친구들은 개구리를 놀려댔어요. "하하하! 노래를 그렇게밖에 못하겠니?"라고 말이에요. 개구리는 무척이나 속상해서 잠이 오지 않아요. 그런데 그날 밤 풀숲에서 새근새근 잠을 자고 있는 토끼를 잡아먹으려고 뱀 한 마리가 "쉭~ 쉭~" 날름거리며 다가오고 있어요. 그러자 개구리는 계속 소리쳤어요. "개굴개굴, 귀뚤귀뚤~, 개굴개굴, 꽥! 꽥!, 개굴개굴, 호로롱, 호로롱~, 개굴개굴, 찍찍, 찍찍~, 개굴개굴, 부엉~ 부엉" 그 소리에 동물 친구들은 모두 잠에서 깨어 달려 나오고, 놀란 뱀은 멀리 도망가 버렸어요. 어느새 아침 해가 떠오르고 개구리는 사방을 둘러보며 자신도 모르게 "개애애굴, 개애애굴, 개구울, 개구울, 개굴개굴" 큰 소리를 내며 노래를 부르기 시작했어요. 바로 오늘은 숲속 노래자랑대회가 있는 날이에요. 과연 누가 우승을 할까요?

확장활동

- 반복되는 문장 패턴에 멜로디를 붙여 노래를 만들어 불러 본다.

그 노래가 아니야

강보라 작사
강보라 작곡

개구리:

동물:

- 대사를 추가하여 노래가 포함된 음악극으로 진행해 본다.
- 언어, 역할, 도서 영역과 연계하여 농장동물 인형극으로 확장하여 놀이해 본다.

참고사항

- 악기 소리와 등장인물 특징을 비교하며 악기를 정한다.
- 이야기를 들으며 상황에 따라 적당한 음색으로 악기를 연주하도록 한다.
- 연주 순서를 정하고 지휘자(교사)의 지휘에 맞추어 연습한다.

부록

1. 유치원, 어린이집과 친구

유치원에서

김진영 작사
김진영 작곡

사랑하는 내 친구

강보라 작사
외국 곡

내 친구

강보라 작사
외국 곡

2. 나와 가족, 우리 동네

옛날이야기

김진영 작사
김진영 작곡

까꿍놀이

강보라 작사
외국 곡

그런 집 보았니

김성균 작사
김성균 작곡

시장잔치

김성균 작사
김성균 작곡

3. 동식물과 자연

참 재미있었지

김성균 작사
김성균 작곡

동물 흉내

프랑스 민요

들짐승을 집에서 못 키우는 이유

김진영 작사
김진영 작곡

애벌레

강보라 작사
강보라 작곡

아기 곰

강보라 작사
강보라 작곡

코끼리와 거미줄

강소천 작사
한용희 작곡

나뭇가지에 참새 두 마리

강보라 작사
강보라 작곡

잉잉잉

김성균 작사
김성균 작곡

엄마닭

강보라 작사
강보라 작곡

4. 건강과 안전

코코아

강보라 작사
강보라 작곡

생일 케이크

강보라 작사
외국 곡

엄지 위로

강보라 역
외국 곡

팝콘 만들기

김진영 작사
김진영 작곡

팬케이크

강보라 작사
강보라 작곡

주먹 쥐고 손을 펴서

강보라 작사
강보라 작곡

다섯 개의 소시지

외국 곡

5. 생활도구

작은 주전자

이순례 작사
외국 곡

스카프 놀이

강보라 작사
독일 민요

단추

강보라 작사
외국 곡

술래: 누가 가지고 있나요?

유아: 제가 가지고 있어요.

컵 하나 그리고 주전자

강보라 작사
강보라 작곡

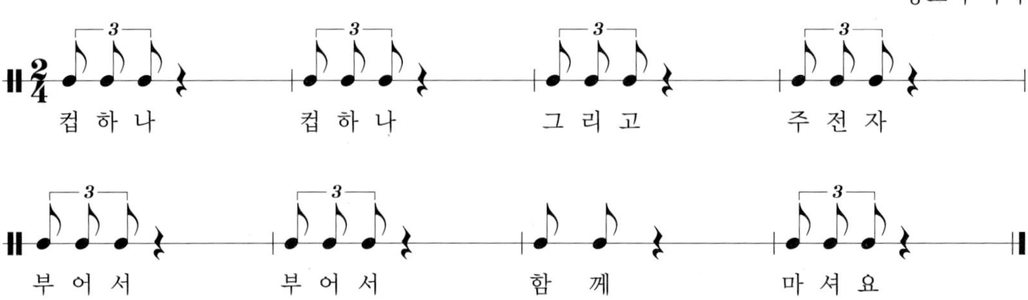

예쁜 종소리

김성균 작사
김성균 작곡

물에 뜰까?

김진영 작사
김진영 작곡

6. 교통기관

간다 간다

김성균 작사
김성균 작곡

병원차와 소방차

유경손 작사
유경손 작곡

더 빠른 것 더 느린 것

김옥련 작사
김숙경 작곡

배가 떠나네

강보라 작사
스코틀랜드 민요

기차, 출발!

강보라 작사
강보라 작곡

7. 우리나라와 세계 여러 나라

원더풀 코리아

임혜정 작사
임혜정 작곡

송편

박상문 작사
박상문 작곡

내가 해 줄게

장은주 작사
장은주 작곡

어디에서 왔나

김진영 작사
김진영 작곡

8. 환경과 생활

빗소리

국소연 작사
전예은 작곡

빗방울

강보라 작사
강보라 작곡

높고 푸른 산

강보라 작사
외국 곡

해와 달

강보라 작사
외국 곡

튼튼한 집

김진영 작사
김진영 작곡

누가 살까요

강보라 작사
강보라 작곡

9. 봄, 여름, 가을, 겨울

씨앗

김성균 작사
김성균 작곡

즐거운 여름

김성균 작사
김성균 작곡

수박파티

김영광 작사
오상철 작곡

가을

김성균 작사
김성균 작곡

가을바람

김규환 작사
김규환 작곡

하얀 눈

강보라 작사
강보라 작곡

산타할아버지 오시는 날

김진영 작사
김진영 작곡

참고문헌

강보라(2012). 그림책을 활용한 창의적 유아음악교육 프로그램 개발 및 효과. 성신여자대학교 대학원 박사학위논문.

고영자(2015). 영유아를 위한 아동동작교육. 서울: 동문사

고영자 · 김민정(2012). 가정의 음악 환경과 부모의 음악 관심도, 유아의 노래 흥미도 및 노래 이해도의 관계, 음악교육연구, 41(2), 41-66.

교육과학기술부 · 보건복지부(2013). 3-5세 연령별 누리과정 교사용 지침서.

교육과학기술부 · 보건복지부(2019). 2019 개정 누리과정 해설서

교육과학기술부 · 서울특별시유아교육진흥원(2010). 종일제 특성화 음악프로그램. 아해뮤직.

교육인적자원부(2001). 유치원 교사교육 프로그램.

김명순 · 조경자(2009). 유아를 위한 음악교육의 이론과 실제. 서울: 다음세대.

김성은(2014). 세상의 모든 음악은 엄마가 만들었다. 서울: 21세기북스.

김연주 · 양연숙 · 김현지(2020). 영유아음악교육. 서울: 창지사.

김용희(2016). 창의적 음악교육: 예비교사를 위한 음악교육개론서. 서울: 음악세계.

김지혜(2015). 영유아를 위한 동작교육과 다양한 실제. 서울: 공동체.

김진영(2010). 유아와 함께 노래 부르기. 서울: 교문사.

김혜경 · 고미애(2014). 영유아 음악교육. 서울: 창지사.

김희진 · 박은혜 · 이지현(2011). 유아교육기관에서의 관찰. 서울: 창지사.

노주희(2011). 음악감수성과 창의성의 만남 , 음악으로 읽는 그림책. 한국교원대학교.

문영희(2010). 숲에서의 음악활동이 유아의 음악능력 발달에 미치는 영향. 인천대학교 교육대학원 석사학위논문.

박숙희(2006). 리듬교육이 유아의 신체발달에 미치는 영향. 조선대학교 교육대학원 석사학위논문.

박정민 · 박미경(2017). 영유아 신체활동 지도. 서울: 창지사.

박현아(2015). 숲에서의 음악활동이 유아의 음악적 창의성에 미치는 영향. 경기대학교 교육대학원 석사학위논문.

방금주 · 김용희(2000). 음악 창작 아카데미. 서울: 학지사.

방은영(2015). 영유아 음악교육. 서울: 공동체.

방자현(2006). 유아들의 효과적인 노래지도 방법 연구. 원광대학교 교육대학원 석사학위논문.

보건복지부(2020). 제4차 어린이집 표준보육과정 해설서.

석문주(2001). 교실에서의 음악 감상. 서울: 교육과학사.

승윤희 · 민경훈 · 양종모 · 정진원(2013). 예비교사와 현장교사를 위한 초등 음악교육. 서울: 학지사.

심성경 · 이선경 · 변길희 · 김나림 · 박주희 · 심성경(2019). 유아를 위한 동작교육의 이론과 실제. 서울: 학지사.

안재신(2006). 유아음악교육. 서울: 교육과학사.

이숙재(2019). 영유아 놀이의 이론과 실제. 서울: 창지사.

이숙재 · 김경란 · 이방실(2013). 영유아 미술교육. 서울: 창지사.

이숙재 · 김경란 · 이방실 · 강보라(2016). 영유아 발달과 교육. 서울: 창지사.

이정환 · 김희진(2017). 영유아교육의 교수학습방법. 서울: 파란마음.

이춘자 · 조인경(2013). 예비교사와 현직교사를 위한 유아 음악교육. 서울: 창지사.

이희자 · 김경의 · 이효숙 · 함은숙 · 허은주 · 안연경(2007). 영유아를 위한 동작교육. 경기도: 공동체.

임혜정(2013). 유아음악교육. 서울: 파란마음.

장은주 · 남옥선(2018). 유아음악교육. 양서원

장은희 · 최영해 · 곽윤경 · 김명정(2014). 영유아 음악교육. 서울: 파워북.

정복주 · 채은희(2009). 성악예술. 서울: 예솔.

정현주(2011). 인간행동과 음악: 음악은 왜 치료적인가?. 서울: 학지사.

______(2015). 음악 치료학의 이해와 적용. 서울: 이화여자대학교출판문화원.

조윤미(2004). 함께 즐기는 유아국악교육. 서울: 창지사.

하정희 · 조영진 · 강혜정(2013). 유아음악교육. 서울: 공동체.

Barbara & Williamson, Diana (1993). Now for a Dance. Integrating dance and movement in primary and early childhood learning.

Bloom, B. (1985). *Developing talent in young people.* New York: Ballantine Books

Bredekamp, S. (Ed.) (1987). *Developmentally appropriate practice in early childhood programs serving children from birth through age 8.* Washington, DC: NAEYC.

Bredekamp, S., & Copple, C. (Eds.) (1997). *Developmentally appropriate practices in early childhood programs: Revised edition.* Washington, DC: NAEYC.

Campbell, P. S., & Scott-Kassner, C. (2014). *Music in childhood: From preschool through the elementary grades.* Boston, MA: Schirmer.

Chenfeld, M. B. (2002). *Creative experiences for young children*(3rd ed.). Portmouth, NH: Heinemann.

Cirelli, L. K., Einarson, K. M., &Trainor, L. J. (2014). Interpersonal synchrony increases prosocial behavior in infants. *Developmental Science, 17*(6), 1003-1011.

DeVries, R., Zan, B., Hildebrandt, C., Edmiaston, R., & Sales, C. (2002). *Developing constructivist early childhood curriculum: Practical principles and activities.* New York: Teachers College Press.

Edwards, Linda Carol (2013). *Music and Movement: A Way of Life for the Young Child*(7th edition). Pearson Merrill Prentice Hall Publishers.

Eliason, C., & Jenkins, L. (2003). *A practical guide to early childhood curriculum*(7th ed.). Columbus, OH: Merrill Prentice Hall.

Gardner, H. (1993). Creating minds: An anatomy of creativity seen through the lives of Freud, Einstein, Picasso, Stravinsky, Eliot, Graham and Gandhi. New York.

__________(1995). Reflections on Multiple Intelligences: Myths and Messages. Phi Delta Kappan. 76: 200 - 209.

__________(2006). *Multiple intelligences: New horizons.* New York: Basic Books.

Gembris, H. (2002). The development of musical abilities. In R. Colwell and C. Richardson (eds.) *The New Handbook of Research on Music Teaching and Learning*(487-508). New York: Oxford.

Gfeller, K., & Darrow, A. A. (1987). Music as a remedial tool in the language education of hearing impaired children. *The Arts in Psychotherapy*, 14, 229-235.

Gordon, E. E. (1993). Learning sequencese in music: Skills, contents and patterns. *A music learning theory.* Chicago: GIA Publication.

___________(1997). *A Music Learning Theory for Newborn and Young Children.* Chicago: GIA Publicxation.

Greenberg, M. (1979). *Your children need music: A Guide for parents and teachers of young children.* Englewood Cliffs, NJ: Prentice-Hall.

Hargreaves, D. J. (2010). 음악교육을 위한 음악발달심리학(나재용 역). 서울: 교학사.(원저 2001년 출판).

Hildebrandt, C. (1998). Creativity in music and early childhood. *Young Children, 53*(6), 68-74.

Honig, A. S. (1995). Singing with infants and toddlers. *Young Children, 50*(5), 72-78.

Keil, C., & P. S. Campbell (2012). Born to groove. <borntogroove.org>

Lindeman, C. (2015). Musical Children: Engaging Children in Musical Experiences, Routledge.

Mayesky, M. (1995). *Creative activities for Young Children.* New York: Delmar Publishers Inc.

Merriam, A. P. (1964) The Anthropology of Music. Evanston, IL: Northwestern University Press.

NAEYC (1995). 발달에 적합한 유아교육의 실제. (강현숙·최미숙 공역). 전남대학교 출판부. (원저 1987년 출판).

Scott-Kassner, C. (1993). *Music in prekindergarten: Planning and teaching*(pp.7-14). Reston, Virginia, The Music Educators National Conference.

Shenfield, T., Trehub, S., & Nakata, T. (2003). Maternal singing modulates infant arousal. *Psychology of Music, 31*, 365–375.

Sloboda, J. A. & Howe, M. J. A. (1991). Biographical precursors of musical excellence: An interview study. *Psychology of Music*, 19, 3-21.

Sluss, D. (2005). *Supporting play: birth through age eight / Dorothy Justus Sluss*. Clifton Park, NY: Thomson Delmar Learning.

Spodek, B., & Saracho, O. (1994). *Right from the start.* Boston: Allyn and Bacon.

Thaut MH.(1999). Music therapy for children with physical disabilities. In: Davis WB, Gfeller KE, Thaut MH, eds. An Introduction to Music Therapy: Theory and Practice. Boston, MA: McGraw-Hill.

Tillman, J., & K. Swanick (1989). Towards a model of development of children's musical creativity. *Canadian Music Educator*, 30(2), 169-174.

Turner, J. B. (2004). *YOUR musical CHILD Inspiring Kids to Play and Sing for Keeps*. New York: String Letter Publishing. Wainsborough, Gillian.

Upitis, R. (1992). *Can I Play You My Song? The Compositions and Invented Notations of Children*. Portsmouth, NH: Heinemann.

Van der Linde, C. (1999). The relationship between play and music in early childhood: Educational insights. *Education*, *119*(4), 610-615.

Wellhousen, K. (2002). *Outdoor Play Every Day*. Albany, NY: Delmar/ Thompson Learning.

Zimmer & Renate (2012). Handbuch der Bewegungserziehung. Grundlagen füur Ausbildung und päadagogische Praxis. Mit Illustrationen von Kerstin Tieste. 10. Auflage. Freiburg: Herder.

저자소개

강보라

- 성신여자대학교 대학원 교육학박사(유아교육전공)
- The Royal Conservatory of Music(Kodály, Orff Schulwerk Specialist)
- 현) 성신여자대학교, 을지대학교 강사

2판
음악활동과 동작표현을 위한
영유아 음악교육

초 판 1쇄 발행 2017년 6월 30일
초 판 2쇄 발행 2019년 2월 1일
제2판 1쇄 발행 2022년 8월 26일

지 은 이 | 강보라
펴 낸 이 | 김기섭
편 집 인 | 이혜란 · 오선율
펴 낸 곳 | 창지사 www.changjisa.com
08589 서울시 금천구 가산디지털 1로 83 파트너스타워 1차 9층
전화 (02)719-2211~3
팩스 (02)701-9386
등 록 | 1977년 4월 28일 · 제1-421호

ISBN 978-89-426-1544-5 (93370)

KOMCA 승인필

값 22,000원